AF318828

F. DUBIEF

A travers la Législation du Travail

PARIS

ÉDOUARD CORNÉLY ET Cie, ÉDITEURS

101, RUE DE VAUGIRARD, 101

—

1905

A travers

la

Législation du Travail

FERNAND DUBIEF

A travers

La Législation
du Travail

PARIS

ÉDOUARD CORNÉLY & Cⁱᵉ, ÉDITEURS

101, RUE DE VAUGIRARD, 101

1905

AVANT-PROPOS.

Ceci n'est point un livre de doctrine écrit d'un jet, dans le silence des bibliothèques, sur les graves problèmes qui sollicitent l'attention, chaque jour plus éveillée, des parlements, des pouvoirs publics, de tous ceux enfin que peuvent passionner les grands problèmes sociaux.

A travers la Législation du Travail n'est qu'un recueil, sans prétention, de notes écrites au jour le jour.

Il a semblé utile de réunir en un volume des articles parus de 1898 à 1904, dans divers journaux, et notamment dans *Le Siècle*, *Le Progrès de Lyon*, *La France du Sud-Ouest*.

Ces notes traduisent l'impression d'une séance, soulignent les travaux d'une commission, confirment l'espoir d'une Démocratie, retracent les efforts du Gouvernement de la République.

Présentés ainsi, ces articles — dont le texte primitif n'a été châtié que de quelques redites inévitables — forment un résumé de théories, un commentaire de lois, un exposé de faits et peuvent contribuer à la vulgarisation

des solutions possibles de grandes questions qui intéressent le monde ouvrier contemporain.

Un tel recueil s'adresse non aux légistes ou aux économistes mais bien au grand public qui pourra constater
que, sur bien des points, les législations étrangères sont,
moins timorées que la nôtre. Il ne prétend pas faire une
éducation complète du lecteur mais il aura rempli son
but s'il parvient à ébranler, dans leur scepticisme ou dans
leurs hésitations, ceux que toute innovation inquiète et
que tout mouvement effraie, et surtout s'il a pu faire la
démonstration en toute clarté, devant l'opinion, que
l'heure est venue, pour notre état social, de nécessaires
réformes.

F. D.

A TRAVERS
LA LÉGISLATION DU TRAVAIL

CHAPITRE PREMIER

L'ÉVOLUTION DE LA LÉGISLATION DU TRAVAIL

I. — *Dans le passé.*

Le travail, autrefois, était considéré comme indigne d'une personne de condition ; l'antiquité le réservait aux esclaves, le moyen âge aux serfs ; c'était « l'œuvre servile ». Le salaire n'était point la rémunération d'un service : c'était un bienfait. La seule profession honorable était de n'en avoir pas. « Vivre noblement » signifiait « vivre sans rien faire ». Le droit pour le patron et pour l'ouvrier à une égale considération dans la société appartient à notre temps ; il n'existait pas avant.

La royauté ne s'occupait des artisans que pour faire régner parmi eux l'ordre le plus favorable à ses intérêts. A part le bon roi Henri, qui rêvait pour son peuple la légendaire « poule au pot » du dimanche, l'État distinguait son bien de celui du particulier, sacrifiant toujours le second au premier, à telles enseignes que c'était souvent au moment où la France était la plus heureuse que les Français étaient le plus malheureux.

Tout l'arsenal des lois et ordonnances que le pouvoir dressait autour du travail né contenait que des armes contre les travailleurs : toutes les mesures prises l'étaient en faveur des employeurs, jamais au bénéfice des employés.

Ainsi, il était interdit aux ouvriers de quitter leurs maîtres sans les avertir un mois à l'avance, tandis que les maîtres pouvaient renvoyer les ouvriers dans un délai de prévenance de quinze jours seulement. Un édit frappait d'amendes les patrons qui attiraient chez eux, par l'appât d'un gain plus élevé, les « compagnons » de leurs confrères. Certaines lois avaient pour objet « de mettre quelque ordre à l'excès, des façons, labeurs et vacations payés à la journée » et limitaient les gages « du manouvrier et généralement de toutes personnes gagnant leur vie au travail de leur corps ». C'était là la loi du maximum de salaire. La course est longue qui nous amène aujourd'hui au minimum de salaire !

On se révoltait bien parfois, mais comment lutter contre les patrons groupés en corporations officiellement reconnues et contre des ordonnances menaçant de pendaison quiconque s'opposerait à l'exécution des lois « par monopoles, entreprises ou complots » ?

Les lois nouvelles ont pour but de faire respecter la liberté du faible, c'est-à-dire des travailleurs ; les édits d'antan ne visaient qu'à défendre les privilèges des patrons et des maîtres. Les règlements qui formaient en quelque sorte la charte du travail étaient durs aux prolétaires : le Gouvernement n'intervenait guère que pour les sanctionner.

Les métiers n'étaient pas accessibles à tous. Quiconque était entaché de bâtardise ne pouvait devenir apprenti et se trouvait condamné à la mendicité. Par contrat passé devant notaire, la puissance paternelle était suspendue au profit du patron. Si l'apprenti tombait malade, les frais de médecin et de pharmacien étaient à sa charge, et « si la maladie durait au delà d'une semaine », il lui fallait restituer à son maître le temps perdu. Par contre, on prenait grand soin de son âme :

la messe était d'obligation quotidienne. Bref, tous les statuts corporatifs parlaient des obligations de l'apprenti, aucun ne soufflait mot des obligations des patrons.

Si, d'aventure, le travail de nuit était interdit, c'était non pas comme une mesure de bienveillance envers les ouvriers, mais comme un moyen de restreindre la production de chaque maître. Si l'on chômait les dimanches et jours fériés, c'était par pur respect des prescriptions religieuses et au grand dommage des salaires.

A moins que le compagnon ne fût fils de maître, il ne lui était pas facile de s'élever au rang de patron ; dans certains métiers, c'était même impossible. On connaît toutes les difficultés qui barraient la route à l'ambitieux. En sus du chef-d'œuvre obligatoire, il fallait être agréé par les jurés de la corporation, qui tenaient peu à se donner un nouveau concurrent.

Voulait-on les gagner par les séductions de la table ? Il fallait payer, et cher ! Au xvii⁰ siècle, les frais d'un banquet pour un maître drapier s'élevaient à 3.250 livres. A qui voulait se soustraire à ces obligations, s'offrait la ressource des « lettres de maîtrise » créées par le roi au profit du Trésor. On en émettait à toute occasion solennelle : pour la naissance d'un Dauphin, pour le mariage d'un prince, pour la prise d'une ville ou la conclusion d'un traité.

En dépit de tout, les maîtrises restaient chères et seul l'ouvrier aisé pouvait espérer sortir de sa condition servile.

Depuis la loi de 1791, qui a déclaré que désormais « il serait libre à toute personne de faire tel négoce, d'exercer telle profession, art ou métier qu'elle trouverait bon » une double évolution s'est produite.

Dans l'ordre économique, la grande industrie s'est formée, écrasant d'abord le travail, jusqu'à ce que se soit dressée, en face de l'égoïsme capitaliste, la solidarité prolétarienne. Dans l'ordre politique, le pouvoir du roi est passé aux mains de la nation, et d'une poignée de privilégiés à la collectivité des citoyens. L'ouvrier y a conquis la protection légale dans ses justes revendications ; aux devoirs du travailleur de jadis, le travailleur d'aujourd'hui oppose ses droits.

S'il semble parfois que dans la marche vers la justice et vers la liberté, nous repassons par des formes qui rappellent celles du passé, cela ne prouve pas que nous rétrogradons. Les routes qui conduisent au faîte d'un mont dessinent des lacets et les ascensionnistes qui les suivent revoient plus d'une fois les mêmes paysages, mais avec une largeur d'horizon d'autant plus vaste qu'ils approchent davantage du sommet.

II. — *L'œuvre intérieure de la Révolution et de la République.*

Dans un remarquable discours, M. Ferdinand Buisson, disait un jour (¹) : « Notre vieille France, sous l'ancien régime, était une sorte de juxtaposition d'innombrables petites sociétés fragmentaires, de petits groupes hétérogènes dont chacune avait sa vie et ses droits propres... Cette société d'autrefois ne se composait pas d'individus, d'individus égaux, pareils les uns aux autres ; il n'y avait pas deux individus pareils, égaux dans l'ancienne France, et chacun d'eux n'avait de droits que les droits qui lui venaient de la corporation à laquelle il appartenait. »

C'est, en effet, la vérité historique. Et, par réaction, la Révolution de 1789 se fit sur l'affirmation éclatante du droit de l'individu et de la liberté de la « personne humaine ». Aux termes de la Déclaration, « tous les hommes naissent et demeurent libres et égaux en droits ».

C'est pourquoi, logiquement lorsque, sur le terrain écono-

(¹) 16 mars 1903.

mique, dans la lutte industrielle et commerciale, la Révolution se trouva en présence de ces privilèges et de ces réglementations plus ou moins arbitraires, elle proclama là aussi la liberté et l'égalité et, dès le début du dix-neuvième siècle, lorsque le régime corporatif fut aboli, elle décida que la maîtrise et le patronat ne seraient plus le bien propre de quelques-uns, mais que tous pourraient exercer librement la profession de leur choix.

L'ouvrier, armé de son seul droit, jouissant de sa seule liberté, apparut alors semblable au serf dont la chaîne a été subitement brisée, inhabile à sa propre défense, d'autant que l'interdiction par la loi du droit d'association dressait face à face les énergies individuelles, condamnées à se développer, à grandir, et par suite de la concurrence acharnée, à s'entrechoquer dans les plus graves conflits.

Mais, quels que fussent les risques d'une telle transition et la violence des heurts qui en résultèrent, ils ne suffirent pas à faire regretter l'ancien état de choses. Le système d'une réglementation à outrance avait bien disparu pour toujours et il ne peut plus être question aujourd'hui de ces prescriptions corporatives édictées uniquement en vue de fixer la qualité de la marchandise ouvrée, la quantité et le poids des fils nécessaires à la confection de telle ou telle pièce d'étoffe, l'interdiction du travail de nuit par crainte de malfaçon. Si, au lendemain de cette mémorable époque, on se prit à souhaiter une réglementation du travail, ce fut dans un but tout différent et plus humain, pour protéger l'ouvrier et ménager ses forces, conserver son intelligence et la vigueur de la race contre toute exploitation, même légitimée en apparence par le régime de la libre concurrence.

Ni la Restauration, ni l'Empire ne comprirent la grandeur, la beauté ou simplement l'utilité d'une œuvre législative de si haute portée sociale. Il s'en faut que le code Napoléon soit un code de travail. Il s'occupe du louage de choses et non du louage de services, et lorsqu'il vise le salarié, c'est pour établir son infériorité vis-à-vis de l'employeur. S'agit-il d'un accident, il exige que l'ouvrier fasse la preuve des torts du patron.

La réglementation nouvelle fut inaugurée par le Gouvernement provisoire en 1848, et lorsqu'on relit l'histoire de cette Révolution, on se sent pris d'admiration en face des initiatives et des efforts de l'ouvrier lui-même dans sa collaboration aux premières lois sur le travail. Chaque jour on édicte, on légifère, on formule, dans des textes de plus en plus précis, la condition sociale et économique du salarié, avec cet objectif d'améliorer le sort de la classe ouvrière.

On règlemente l'apprentissage, on fixe la durée du travail et l'obligation des repos, on recherche les règles du contrat de travail, on en prévoit la rupture, et Louis Blanc, dont la grande figure d'apôtre plane au-dessus de cette époque et de cette œuvre dans un rayonnement de bonté et de solidarité, proclame le droit au travail, crée et multiplie les associations, les unions, les coopératives, et demande « un ministère du travail et du progrès avec mission spéciale de préparer la révolution sociale et d'amener sans secousse l'abolition du prolétariat ».

On sait comment l'œuvre si péniblement échafaudée, avec l'enthousiasme seul pour guide, s'écroula — faute d'avoir préparé les transitions nécessaires — dans la fâcheuse expérience des ateliers nationaux.

La troisième République s'est donné pour mission de reprendre la tâche interrompue et d'élever sur des bases plus solides l'édifice protecteur. Déjà, les premières assises sont posées. Sans doute, il reste beaucoup à faire, d'autant que, plus on s'avance dans la voie nouvelle, plus l'horizon s'élargit, plus le champ des réformes apparaît vaste et fertile aussi ; mais on constate cependant que la notion, hier encore imprécise, d'une législation protectrice de l'individu, s'accuse sous des traits plus caractéristiques et se traduit avec vigueur dans les faits.

On ne proteste plus aujourd'hui contre la limitation des heures de travail pour l'enfant et pour la femme, et il apparaît comme naturel à tous que la protection de la loi, assurée à la faiblesse, s'étende aussi aux hommes qui prennent part, dans les mêmes locaux, à un labeur commun, de façon que par l'entrée à l'atelier et la sortie aux mêmes heures, par l'obligation des repas pris au même moment, la vie de la famille ouvrière soit reconstituée, dans la joie et dans la douceur des réunions au foyer, et aussi dans la surveillance des enfants, arrachés ainsi aux risques des longues heures d'abandon et à toutes les promiscuités de la rue.

Personne n'élève plus la voix contre la loi sur les accidents et cependant, il ne s'agit plus, pour l'ouvrier blessé dans son travail, de faire la preuve de la faute du patron, pas même d'obliger le patron, pour dégager sa responsabilité, à démontrer le tort de l'ouvrier, mais d'assurer, en toutes circonstances, au travailleur dont la capacité de travail a été diminuée une équitable réparation, et, s'il vient à succomber, à sa veuve et aux pauvres petits, qu'il laissait auparavant sans ressources, le pain et l'abri nécessaires.

Dans cet ordre d'idées, l'œuvre de ces dernières années a été considérable. On en peut prévoir le prochain développement dans un effort courageux qui honorera la République et que favorisera le sentiment de plus en plus net des devoirs du Parlement envers la démocratie travailleuse.

La loi en préparation sur les syndicats professionnels, déposée jadis au nom du gouvernement de M. Waldeck-Rousseau, reprise par M. Millerand, aura pour objet de donner à ces associations la grande personnalité civile. La loi pour l'arbitrage, destinée à réglementer l'exercice du droit de grève — qui ne serait plus ainsi l'*ultima ratio* des conflits qu'après épuisement des moyens de conciliation — et la législation des retraites ouvrières apporteront de nouvelles et solides colonnes à l'édifice en construction.

Mais, à travers cette évolution de la législation ouvrière, quelle était la conduite que tenait l'État vis-à-vis de ceux qu'il emploie ?

C'est ce que nous allons examiner.

*
* *

L'État est à coup sûr le plus important des patrons. Nul n'a plus d'employés ni d'ouvriers de toutes sortes. Il est sans doute un patron un peu spécial ; aussi bien, les tribunaux et le Parlement lui-même, ont-ils souvent proclamé que la situation légale de l'État, vis-à-vis de ses agents, n'est pas celle d'un patron quelconque à l'égard de ses salariés. Précisons.

Il y a, tout d'abord, une distinction essentielle à faire entre les ouvriers ou employés de l'État et les fonctionnaires détenteurs d'une parcelle de puissance publique.

Ceux qui exercent un pouvoir de contrainte ou de commandement — ministres, préfets, magistrats de divers ordres, agents à tous les degrés de la force publique — ont avec l'État, non des relations contractuelles régies par le Code civil, mais des rapports de souveraineté. Leur nomination équivaut à une délégation d'autorité. Pour eux l'État n'est pas un patron. Ils ne sont pas des ouvriers ou des employés, mais des délégués du pouvoir. Le droit commun ne peut leur être applicable.

Il en va autrement des instituteurs, des employés des administrations publiques, des ouvriers des manufactures nationales, par exemple. Ce sont des fonctionnaires ou des agents de gestion ; ils n'ont à aucun titre le caractère d'agents d'autorité. Leurs relations avec l'État dérivent d'un véritable contrat de louage d'ouvrage. Pour ceux-là, l'État est un véritable patron. Les lois protectrices du travail doivent s'étendre à eux. Par là le principe de la souveraineté de la nation ne peut être compromis, ni rompus les liens de la hiérarchie administrative.

Cette doctrine, pour claire et irréfutable qu'elle paraisse, n'est pas celle que consacre la jurisprudence. Le tribunal des conflits ne considère pas, en effet, comme des actes contractuels, la nomination et la révocation des fonctionnaires, qu'ils soient ou non détenteurs d'une part de la puissance publique. Il n'y voit que des actes administratifs, des actes de l'autorité échappant à la compétence des tribunaux.

C'est en vertu de cette théorie que l'on a refusé pendant longtemps, aux agents de l'État, le bénéfice de la loi du 21 mars 1884 sur les Syndicats professionnels.

On se souvient qu'en 1891, lorsque le personnel des postes tenta de se syndiquer, le ministre du Commerce d'alors, M. Jules Roche, déclara que la loi de 1884 ne pouvait s'appliquer aux employés du gouvernement « parce que, s'ils se syndiquaient, ce serait contre la représentation nationale elle-même qu'ils organiseraient le Syndicat ».

Trois ans plus tard, le ministère Casimir-Perier était renversé, à la suite de l'ordre du jour suivant : « la Chambre considérant que la loi de 1884 s'applique aux ouvriers et employés de l'État aussi bien qu'à ceux des autres industries privées, invite le gouvernement à la respecter et à en faciliter l'exécution. »

Au Sénat, M. Marcel Barthe dut, en 1896, battre en retraite et retirer l'amendement qu'il avait proposé et qui tendait à faire dissoudre, comme illégaux, les Syndicats formés entre les ouvriers et employés des arsenaux et autres services publics.

Il semblait que, dès cette époque, le droit à la liberté syndicale fût définitivement reconnu à tous les agents de l'État.

Survint la période de réaction du ministère Méline.

M. Rambaud, ministre de l'Instruction publique, s'avisa de dissoudre l'association des maîtres-répétiteurs, sous prétexte que la loi de 1884 était inapplicable aux fonctionnaires, et le préfet de la Seine, à diverses reprises, crut pouvoir, pour le même motif, dissoudre les Syndicats formés par les différents corps d'employés de la Ville de Paris.

Aujourd'hui, il semble bien admis que les fonctionnaires qui ne détiennent aucune part de la puissance publique ont droit à la liberté syndicale. Les employés des postes et télé-graphes, les ouvriers des manufactures nationales ne sont-ils pas syndiqués ? Le ministre de la Guerre n'a-t-il pas — tant le droit des employés et ouvriers de son département lui paraît certain — constitué une Commission chargée de recevoir et d'étudier les doléances et réclamations du personnel civil des établissements de la guerre, présentées par la Fédération des Syndicats ?

Reste la question du droit de grève.

Au moment où les facteurs des postes désertèrent un beau matin le travail, et où Paris eut tout d'un coup la surprise de voir les petits pioupious et les gardes-républicains, la boîte au cou, distribuant tant bien que mal lettres et jour-naux, M. Ch. Dupuy, président du Conseil, déclara inaccep-table que des agents commissionnés eussent le droit de se mettre en grève contre les pouvoirs publics.

Sans se prononcer au fond, la Chambre émit un vote de confiance dans la fermeté du Gouvernement qui, après quel-ques révocations, eut bien vite raison de la grève.

Il est à noter cependant que l'article 126 du Code pénal, qui prévoit le délit de coalition des fonctionnaires, est impuis-sant à refuser le droit de grève à tous les employés de l'État ; il ne vise, en effet, que les agents d'autorité et ne s'applique en aucune façon aux agents de gestion.

On peut seulement soutenir à l'égard de ces derniers qu'en se mettant en grève, ils rompent brusquement le contrat de travail et s'exposent civilement à des dommages-intérêts; en fait, l'administration ne les poursuit point, mais elle se réserve de rompre à son tour l'engagement qui la liait.

La vérité est que les agents de l'État seraient livrés sans défense au caprice de l'administration toute puissante, s'ils n'avaient pas le droit de grève.

En somme, l'assimilation entre l'État et un patron ordinaire n'est pas encore entièrement faite; les relations entre les fonctionnaires et l'administration ont une fixité, une rigidité, une durée qui les font se plier difficilement aux lois protectrices du travail. Cependant l'esprit moderne tend de plus en plus à envisager ces relations comme résultant d'un simple contrat de louage et par conséquent à leur appliquer le droit commun.

Un personnage autorisé a, d'ailleurs, pu dire à la tribune : « Nous n'oublierons jamais que le premier devoir d'un État républicain est de donner l'exemple à l'industrie privée et que le gouvernement de la République doit être le meilleur, le plus juste et le plus humain des patrons. »

Mais dans sa sollicitude pour la classe ouvrière, la République ne devait pas restreindre ses efforts à un territoire plus ou moins limité. Il importait, en outre, qu'entre les nations, les mêmes garanties fussent données, les mêmes avantages consentis.

L'œuvre déjà s'esquisse...

III. — *Un accord international ; la convention franco-italienne du travail.*

Si timide et si discret qu'il soit, l'acte que viennent d'accomplir les représentants des Gouvernements français et italien parle plus haut que toutes les manifestations sonores et enthousiastes d'amitié et de confiance réciproques, dont s'est entouré l'échange des visites présidentielle et royale de ces derniers temps,

L'étreinte cordiale des deux peuples dans l'éclat joyeux des fêtes, c'est bien ; mais la solidarisation, dans les bienfaits de lois communes pour la protection des faibles par-dessus les frontières est mieux.

Sans doute, nos Alpes resteront armées et la France ne déposera sa cuirasse que lorsque, d'un commun accord, se résoudront à désarmer à la fois toutes les nations qui ont fait de la vieille Europe un vaste camp retranché où, de temps en temps, se perçoit encore, comme une menace, quelque appel de clairon ou quelque frémissement tumultueux de troupes en marche. Mais il n'est pas de gage plus certain de la paix, ni de témoignage plus éloquent de l'amitié sincère des hommes, que ceux qui se puisent aux sentiments profonds de la bonté et de la justice et se manifestent dans des lois d'amour social.

Contre ces tendances généreuses ne peuvent rien ni les ambitions des castes, ni les secrètes visées des dynasties.

Voilà pourquoi il faut se réjouir de ce premier jalon d'une entente sur la législation du travail entre les deux pays, posé par MM. Camille Barrère et Arthur Fontaine pour la France et par MM. Tittoni, Luzatti, L. Rava et E. Stelluti Scala pour l'Italie, le 15 avril dernier à Rome, au nom de leurs gouvernements respectifs.

Désormais, les caisses d'épargne s'ouvriront indistinctement aux déposants des deux pays, d'un côté de la frontière et de l'autre. Les fonds versés aux caisses nationales d'épargne de France et d'Italie pourront être transférés, sans frais, de l'une à l'autre et les retraits pourront de même s'opérer gratuitement, d'un établissement pour l'autre, à la demande des intéressés.

Un arrangement en dix articles détermine le fonctionnement international des caisses d'épargne. Il demeure obligatoire pour une durée de cinq années, avec cette clause que les parties contractantes devront se prévenir mutuellement, une année à l'avance, si leur intention est d'y mettre fin à l'expiration de ce terme.

Pour les autres accords, la forme définitive n'en est pas acquise, mais l'intention en est bien marquée, d'une réciprocité bienveillante dans la protection que les lois des deux pays accordent aux ouvriers.

Les deux gouvernements s'engagent tout d'abord à faciliter, par l'entremise tant des administrations postales que des caisses nationales, le versement des cotisations des Italiens résidant en France à la Caisse nationale de prévoyance d'Italie et des Français résidant en Italie à la Caisse nationale des retraites de France, et, d'autre part, le paiement en France des pensions acquises, soit par des Italiens, soit par des Français, à la Caisse nationale italienne et réciproquement.

La convention prévoit l'admission des ouvriers et employés de nationalité italienne aux bénéfices des lois de retraites et d'invalidité en voie d'élaboration au Parlement français, comme aussi des ouvriers et employés de nationalité française au bénéfice du régime des retraites ouvrières en Italie, dans des conditions équitables de réciprocité.

S'il est des circonstances où l'esprit de justice est violemment méconnu et où le droit humain est, du fait de la nationalité, brutalement froissé, c'est bien en matière d'accidents professionnels.

Dans la même usine française, dans le même atelier, également menacés dans leur va-et-vient à travers l'entrecroisement des courroies qui se déroulent, des chaînes qui glissent d'une machine à l'autre dans la rotation rapide des volants et des engrenages, l'ouvrier italien et l'ouvrier français, compagnons de travail, ne sont pas également garantis contre les périls qui les entourent.

Blessés tous deux, l'un recevra une indemnité réparatrice du dommage subi, l'autre rien. Tués tous deux dans le même accident, la femme et les enfants de l'un seront pensionnés, la femme et les enfants de l'autre n'auront d'autre droit que celui de tendre la main dans la rue, à la merci de l'indifférence qui passe ou de la pitié qui s'arrête, et d'autre horizon que la misère sans abri dans l'angoisse des lendemains affamés.

La convention décide qu'il n'en devra plus être ainsi et que la loi française, qui garantit une indemnité aux ouvriers français victimes d'accidents, s'appliquera aux ouvriers italiens. La Caisse nationale italienne de prévoyance recevra les versements de garantie opérés par les patrons à la Caisse des dépôts et consignations, à charge par elle d'assurer le service des rentes — et réciproquement.

Les institutions éventuelles de secours contre le chômage admettront indistinctement les ouvriers de l'un et l'autre pays.

Mais, dira-t-on, tout l'avantage est au bénéfice de nos anciens et nouveaux amis, les Italiens. A Marseille, seulement, les ouvriers italiens sont cent mille. A peine les ouvriers français sont-ils dans la péninsule quelques milliers. C'est un marché de dupes. — Que non pas ! D'abord, parce que le fait de pouvoir embaucher, dans les anciennes conditions, des ouvriers étrangers, était pour le patronat une tentation d'employer la main-d'œuvre étrangère. Mais quand même ! Ce qui vaut dans une pareille convention, c'est la manifestation de l'esprit de solidarité internationale qui l'a inspiré : l'abaissement des barrières devant les droits des faibles et l'application des lois humaines pour la protection du travail humain par-dessus les frontières, ouvertes aux allées et venues des ouvriers.

N'est-ce rien que cette promesse contenue dans l'article 4 de la convention et qui dit :

« Le Gouvernement italien prend l'engagement de compléter l'organisation dans tout le royaume et particulièrement dans les régions où le travail industriel est développé, d'un service d'inspection, fonctionnant sous l'autorité de l'État et offrant, pour l'application des lois, des garanties analogues à celles que présente le service de l'inspection du travail en France.

« Les inspecteurs feront observer les lois en vigueur sur le travail des femmes et des enfants et notamment les prescriptions qui concernent : 1° l'interdiction du travail de nuit ; 2° l'âge d'admission au travail dans les ateliers industriels ; 3° la durée du travail journalier ; l'obligation du repos hebdomadaire. »

C'est créer entre les Parlements des deux pays une généreuse émulation pour l'élaboration des lois protectrices du travail, d'où ne peut résulter qu'un apaisement social et une entente de jour en jour plus cordiale et plus complète des deux peuples.

La France, à laquelle on a pu jadis reprocher son militarisme et son humeur batailleuse, la France des grandes épopées guerrières a cédé la place à la République de la paix, et toute certaine qu'elle soit d'être capable des mêmes héroïsmes qu'autrefois, si de douloureuses éventualités s'imposaient à elle, elle n'a d'élan aujourd'hui que pour les conquêtes fécondes de la science et du travail. Elle affirme ses tendances avec éclat, par l'alliance russe, pour la paix ; par les accords politiques anglo-français, pour la paix ; par la convention franco-italienne du travail, pour la paix, dans la bonté pour les faibles, dans la justice pour tous et dans le sentiment supérieur de la solidarité humaine.

CHAPITRE II

LA JOURNÉE DE TRAVAIL

I. — *Capital et travail.*

Les rentiers se plaignent que l'argent ne rapporte plus rien. « Tant mieux ! » disent les financiers habitués du café de la Comédie. Si l'intérêt du capital s'abaisse, le taux des salaires s'élève ; la part du rentier en diminuant fait grandir celle de l'ouvrier ! »

Les plus éminents des économistes admettent volontiers cette théorie : elle se publie en volumes et se répand couramment en copieuses leçons : elle a d'ailleurs pour elle de dangereuses vraisemblances, car elle s'appuie sur deux faits certains : la hausse des salaires et la baisse de l'intérêt. Ce qui manque, c'est le lien que suppose entre eux la doctrine orthodoxe.

Les statistiques de l'Office du travail accusent depuis cinquante ans une hausse notable des salaires. Dans les mines, la rémunération de l'ouvrier s'est élevée de 114 o/o. Entre 1840 et 1890, le salaire moyen passe à Paris de 3 fr. 50 à 6 fr. 15 ; en province, de 2 fr. 07 à 4 fr. L'augmentation moyenne est de 80 o/o environ.

Mais si la valeur nominale du salaire s'est accrue dans de

telles proportions, il n'en a pas été de même de sa valeur réelle, c'est-à-dire de son pouvoir d'acquisition. La cherté de la vie s'est sensiblement augmentée. L'ouvrier marié qui ne dépensait, en 1844, que 1.051 francs pour ses besoins urgents, dépense, dans la période de 1884 à 1894, 1.353 fr., soit 28 o/o de plus.

La baisse du taux de l'intérêt se constate à l'examen des cours du 3 o/o français qui joue le rôle de régulateur du marché financier. De 1855 à 1864, la rente atteint un taux de capitalisation moyen de 4,41 ; de 1865 à 1875 ce taux s'élève à 4,80 pour s'abaisser à 3,95 de 1876 à 1884, et à 3,33, de 1885 à 1897 ; il est aujourd'hui de 3,06. C'est une diminution, en moins de cinquante années, de près de 30 o/o.

Sur les actions et obligations des grandes Compagnies de chemins de fer, la diminution atteint même 40 o/o en quarante ans. Le chiffre moyen de 35 o/o représente donc approximativement la réduction du loyer de l'argent depuis un demi-siècle.

Cette baisse a des limites. Les découvertes se multiplient ; les industries se transforment, des contrées vierges s'entr'ouvrent, les initiatives s'exercent dans toutes les branches de l'activité humaine ; chaque jour, les trésors des bas de laine trouvent de nouvelles utilisations. En aucun temps l'appel des capitaux n'a été plus pressant, sans que la sécurité fût plus grande. La baisse de l'intérêt n'est sans doute qu'un phénomène passager ; déjà s'accuse un mouvement de hausse. L'histoire d'ailleurs ne nous l'apprend-elle pas ? A la fin de l'Empire romain, le loyer de l'argent était à peu près ce qu'il est chez nous, de nos jours ; en Hollande, au xviiᵉ siècle, il fut moins élevé encore ; en France, Law prêtait à 2 et 3 o/o.

La question est de savoir quelle relation existe entre la hausse des salaires et la baisse du taux de l'intérêt. Est-il vrai, comme le prétendent les économistes libéraux, qu'il y ait entre ces deux phénomènes un lien de cause à effet ?

Comment le supposer avec quelque apparence de raison, alors que la corrélation entre les deux faits n'est pas constante : depuis 1899, par exemple, le loyer de l'argent a cessé de décroître, pour reprendre même une marche ascendante ; les salaires n'ont pas pour cela diminué.

Il est facile de démontrer d'ailleurs qu'en dépit de la baisse apparente du taux de l'intérêt, dans la dernière moitié du xix° siècle, le capital, loin de se dépouiller au profit du travail, a continué à prendre sa large part, grâce à l'accroissement de la production, à l'élévation des prix de vente des objets fabriqués et à la diminution des frais généraux.

La hausse des salaires n'est même pas comparable à l'augmentation des profits du capital. Pourrait-on soutenir que la rémunération des employés de certaines Compagnies s'est accrue dans une proportion égale à celle dont ont bénéficié les actionnaires, dans le partage des dividendes ?

Les statistiques de l'enregistrement sont, du reste, significatives : en 1844, le chiffre des successions et donations était de 1.788.600.000 francs ; en 1894, ce chiffre est devenu 5.749.900.000 fr. Autrement dit, en cinquante ans, le capital nominal a plus que triplé. Nous avons vu que, pendant ce même temps, les salaires avaient augmenté de 80 o/o : la différence de traitement est visible.

Ces phénomènes sont d'ailleurs d'ordre général : on les constate en Angleterre, en Allemagne, en Belgique. Seuls quelques pays neufs échappent à la loi commune.

La condition sociale des travailleurs s'est améliorée, mais moins qu'on ne le veut dire. Leur situation présente peut sembler du bien-être auprès de ce qu'elle était dans le passé ; mais que vaut cette comparaison, si ce qui eût été l'aisance hier est la gêne aujourd'hui, par le fait du renchérissement de la vie. Il n'y a pas deux siècles, on s'en tirait convenablement avec trente sols par jour ; que deviendrait-on aujourd'hui avec pareille somme ? La misère est chose relative.

Il faut conclure de ces réflexions que si, selon le dicton, « l'argent ne rapporte plus rien », il convient de ne pas se hâter trop d'en accuser les exigences nouvelles du prolétariat. N'en souffre-t-il pas lui-même dans son épargne et dans sa prévoyance ? La baisse du taux de l'intérêt entraîne avec elle la réduction des allocations des Caisses de retraite. Au taux de 5 o/o, un versement annuel de 50 fr., par exemple, pendant trente ans, donne droit à une rente de 410 fr. ; au taux de 3 1/2 o/o, la rente n'est plus que de 270 francs !

Le travail est une marchandise assujettie quand même à la loi de l'offre et de la demande ; la diminution du loyer de l'argent a eu lieu en dehors de lui : il n'y est pour rien.

La vérité est que la distance économique qui existe entre le capitaliste et l'ouvrier va s'augmentant chaque jour davantage, alors que le souci de l'avenir commande de la diminuer. La paix sociale ne peut découler que de l'application des règles de justice. Aussi convient-il d'encourager toutes les associations du capital et du travail, depuis le timide système de la participation aux bénéfices jusqu'aux coopératives de production ; et, en outre, de protéger, par une réglementation minutieuse, l'ouvrier enfant, adulte ou parvenu à l'âge mûr, et à quelque sexe qu'il appartienne, contre le surmenage et les conditions anti-hygiéniques de travail que le patronat lui imposait.

II. — *Le travail de l'enfant.*

La vie est dure à gagner dans la famille ouvrière et rien de ce qui peut en alléger les peines n'est négligeable. A la campagne, où l'on se contente de peu, l'enfant est d'un grand secours, même tout petit ; il aide à la garde des troupeaux, à la cueillette des fruits, à la recherche du bois mort et à toutes sortes de menus soins du ménage. La fréquentation scolaire en souffre beaucoup pendant la belle saison et même en hiver dans les pays les plus pauvres.

La loi qui, cependant, a rendu l'école obligatoire, reste sans sanction parce que la nécessité parle plus haut qu'elle. Petit à petit, néanmoins, elle aura raison des résistances.

Mais combien est plus utile encore le secours de l'enfant dans l'agglomération ouvrière, où la perspective de mourir de faim est beaucoup plus qu'aux champs, une hantise, voire même une réalité !

Il semble à l'ouvrier tout naturel que l'enfant, dès son jeune âge, en compensation des sacrifices qu'il impose à la famille, travaille lui aussi, et rapporte de l'usine, où le père et la mère peinent, le léger pécule dont s'augmentera le budget toujours trop maigre de la maison.

Sans doute, rien n'est plus fâcheux que cette utilisation hâtive de l'enfance, soustraite à l'école et ainsi d'avance condamnée aux travaux grossiers, désarmée pour les luttes de la vie.

Mais que dire lorsque l'utilisation devient l'exploitation ? A l'âge où l'enfant se développe, où il a besoin d'air, de lumière et de libre exercice, l'industrie pourra-t-elle le saisir, l'enfermer dans l'atmosphère confinée, chargée de miasmes et de poussières, de l'atelier, l'attacher à la machine-outil, et du matin au soir, pendant douze, quatorze, seize heures même, le condamner à un travail où s'étiolent les fleurs de ses joues, se flétrit son intelligence et trop souvent se développent les poussées maladives du vice.

Il en a été ainsi depuis l'apparition de la grande industrie, et depuis l'heure où, dans le furieux assaut de la concurrence, l'emploi des enfants est apparu comme un élément de succès, jusqu'à la promulgation de la loi sur le travail des enfants.

Il est intéressant, à cette occasion, de parcourir la législation.

industrielle, non seulement pour constater l'apparition du principe de l'intervention de l'État en vue de la protection des faibles, mais aussi pour suivre, au fur et à mesure que la civilisation monte, la réalisation de progrès nouveaux. Dès que la machine apparaît, l'ouvrier dépossédé de son travail habituel, qui va désormais s'accomplir mécaniquement, cesse d'être le facteur principal pour devenir le serviteur de la machine. La force humaine est remplacée par la force mécanique, plus souple et plus continue. Bientôt on s'aperçoit que l'ouvrier, habile dans sa profession d'hier, n'est plus nécessaire et que l'enfant agile, de petite taille, plus que l'homme sera apte à se glisser d'un appareil à l'autre, dans l'entrecroisement des courroies et les complications des rouages, à surveiller les machines, à rattraper pour les renouer les fils qui se cassent... et c'est à l'enfant qu'on a recours. C'est aussi une question de salaire et le patronat n'y est point indifférent !.

Mais voici que la sollicitude des pouvoirs publics s'éveille. Presque au même moment, en France et en Angleterre, de 1833 à 1837, on procède à des enquêtes sur le sort des petits ouvriers. L'avis unanime est alors que l'emploi des enfants dans les ateliers industriels est une nécessité absolue de la lutte économique.

La durée du travail effectif était à cette époque de douze à quatorze heures par jour dans les ateliers, sans compter les heures de repas. Les enfants étaient admis au travail à dix ans dans l'Isère, le Nord, la Seine-Inférieure ; à sept ans, dans l'Ain, l'Aisne, la Marne, les Vosges.

A huit ou neuf ans, c'est partout qu'en France, on emploie les enfants aux travaux difficiles.

En Angleterre, c'est pire. « J'ai quatorze ans, déclare un enfant à l'enquêteur ; j'avais sept ans quand je suis entré dans une filature à Halling. C'est là que ma taille commença à se déformer. Il y a plus de trois ans que je suis complètement tordu en deux. »

« Mes enfants travaillent seize heures par jour, dit une malheureuse femme. J'ai bien du mal à les faire lever le matin. Parfois je suis obligée de les battre pour les réveiller. Cela me fait pleurer d'être obligée d'agir ainsi. »

Cette abominable exploitation de l'enfance n'allait pas sans un rapide dépérissement des enfants, remarquable surtout dans les manufactures de coton. Des protestations s'élevèrent, véhémentes, au nom de l'humanité et de l'intérêt de la race. La société industrielle de Mulhouse réclama avec énergie une limitation de la durée du travail dans les fabriques.

Il n'est pas sans intérêt de constater que, dès 1802 et la première, l'Angleterre, sous le règne de Georges III et par des bills relatifs à la réglementation du travail dans les manufactures de coton d'abord et ensuite dans les filatures de laine, inaugura un régime de protection des travailleurs et que ce fut la terre classique du « laissez faire » qui s'imposa, en pareille matière, les premières « interdictions ».

Ce n'est qu'en 1841, quarante ans après, que le législateur français intervint au nom de la moralité, de la santé et de l'instruction publique. La loi, applicable seulement aux manufactures, usines et ateliers à moteurs mécaniques ou à feu continu, interdit dès lors l'admission des enfants ayant huit ans, limitant à huit heures la durée du travail de huit à douze ans, et à 12 heures de douze à seize ans. Aucun enfant de moins de treize ans ne put travailler la nuit. Un livret devint obligatoire et l'inspection du travail fut créée.

Pour timide qu'elle fût, cette réglementation bienveillante se heurta aux résistances du patronat industriel, qui la déclara injustifiée et exagérée et en rendit l'application impossible.

En 1847, à la Chambre des pairs, on constata que la loi était lettre morte et l'on se préparait à la modifier lorsque éclata la Révolution de 1848.

Les choses restèrent en l'état jusqu'en 1874.

Cette fois, la loi réalise d'importantes améliorations. En principe, les enfants ne sont admis à l'atelier qu'à partir de douze ans ; jusqu'à seize ans, ils ne peuvent travailler plus de douze heures, avec interdiction absolue du travail de nuit et du travail souterrain. L'enfant de moins de douze ans doit fréquenter l'école. Le livret est obligatoire et l'inspection rétablie.

Le progrès, pour considérable qu'il fût, n'assurait encore à l'enfant qu'une protection insuffisante, et il faut arriver jusqu'en 1892 pour voir réaliser dans la loi un régime où fût à peu près respecté le droit des faibles.

A cette époque, sous la pression des revendications ouvrières, fut votée la loi actuellement en vigueur sur le travail des enfants, des filles mineures et des femmes dans les manufactures. Cette loi fixe la durée de la journée de travail à dix heures pour les enfants au-dessous de 16 ans, à 60 heures par semaine pour les jeunes ouvriers et ouvrières de 16 à 18 ans, sans que le travail journalier puisse excéder 11 heures ; à 11 heures pour les filles et les femmes au-dessus de 18 ans.

Par son article 3, la loi exige en outre que le travail soit coupé par un ou plusieurs repos, dont la durée ne peut être inférieure à une heure et pendant lesquels le travail est interdit.

Elle fixe les conditions du travail souterrain, organise la surveillance des enfants, établit des règles d'hygiène et de sécurité et fonde l'inspection du travail. Elle crée la commission supérieure et les commissions départementales du travail. Enfin elle détermine les pénalités qui pourront être encourues pour manquement aux dispositions qu'elle édicte.

Il semblait que tout eût été bien prévu et que le texte répondit exactement à la pensée du législateur. Il n'en fut rien, parce qu'on comptait trop sans l'habileté des industriels à faire tourner légalement les textes à leur profit et sans les difficultés pratiques à faire exécuter la volonté législative.

Dans les usines où tout se tient et se lie étroitement, où le travail de l'un commande le travail de l'autre ; dans les industries textiles où le travail requiert simultanément hommes, femmes, jeunes filles et enfants, on s'aperçut bien vite des difficultés d'application d'une loi qui fixait, pour les différentes catégories d'ouvriers, une durée de travail différente.

Pour respecter la loi, il fallait prendre pour base la durée de travail minima et ramener tous les ouvriers à la journée de dix heures. Cela ne pouvait faire l'affaire des patrons d'industrie.

Par le jeu savant des équipes volantes ou tournantes et des relais, la loi fut légalement méconnue et l'intention du législateur à ce point faussée que, tandis que l'usine continuait à marcher quatorze, seize et dix-huit heures, les ouvriers de toutes catégories, sans excéder la limite de travail permise, se trouvaient retenus à l'atelier beaucoup plus longtemps qu'autrefois, avec des heures perdues pour la vie de famille et pour le foyer domestique, heures propices pour toutes les tentations du vagabondage. On put tricher avec le travail de nuit et le service de l'inspection perdit son temps à rechercher les fraudes, dans la confusion de toutes les catégories de travailleurs créées par la loi.

Alors, par une sorte de transaction qui résultait des instructions données par le ministre aux inspecteurs, très illégalement d'ailleurs, l'unification du travail à onze heures fut un peu partout réalisée en fait.

La loi n'en était pas moins violée.

Le Parlement la remit sur le métier et la Chambre fut saisie d'une proposition, votée par le Sénat, qui effaçait les imperfections constatées de la législation actuelle.

L'honorable ministre du Commerce et de l'Industrie d'alors, M. Millerand, dont on ne saurait assez louer le large et généreux esprit, se mit dans l'idée que les lois étaient faites pour être appliquées et, après enquête, posément, sagement, avertit les intéressés qu'à partir du 1er janvier 1900, la loi serait obéie, dans toute sa rigueur.

Grand émoi dans le monde des patrons, à Rouen, à Lille, à Roubaix, dans les Vosges, un peu partout où s'emploient les enfants et les femmes. On s'y remua ferme et l'on protesta avec éclat.

La Chambre allait voter bientôt le projet du Sénat qui fixait uniformément la journée de travail à onze heures et supprimait les équipes tournantes et les relais. Mais était-ce le dernier mot ?

Non, si l'on ne voulait plus voir dans les usines ces pauvres petits êtres malingres, au teint hâve, vieillards précoces, avec dans les yeux, la flamme de la fièvre et du vice ; non, si l'on veut que la jeune fille ne s'étiole pas dans l'air impur, échauffé, chargé des débris et des miasmes des ateliers, par la continuité d'un travail uniforme et d'un surmenage quotidien ; non, si l'on veut que la femme puisse consacrer à son mari et à ses enfants, pour les soins intérieurs du ménage, dans les joies comme dans les peines du foyer, à défaut de sa journée entière, puisque l'appoint de son travail au dehors est nécessaire au maigre budget de la famille, au moins un nombre raisonnable d'heures par jour.

Si l'on voulait atteindre ce résultat, il fallait, comme le demandait en 1890 M. Richard Waddington, comme la Chambre l'a voté déjà, aboutir à la journée de dix heures.

On ne devait pas tarder à l'obtenir.

III. — *Le vote de la loi Millerand.*

La loi Millerand fut enfin votée à la Chambre comme au Sénat. C'était là un gros événement.

Désormais, dans les établissements industriels où sont occupées des personnes protégées par la loi du 2 novembre 1892, la durée de la journée de travail était unifiée pour tout le monde, hommes, femmes et enfants, à onze heures. Elle devait être de dix heures dans un délai de quatre ans! aujourd'hui expiré.

Au même coup de sifflet, entrée à l'usine ou à l'atelier pour tout le monde, repos pour tous, sortie pour tous.

Plus moyen de faire chevaucher les équipes roulantes et volantes : plus moyen de garder à la disposition des contre-maîtres certaines catégories d'ouvriers, pour assurer le jeu savant des relais, et obtenir ainsi, devant l'inspection désarmée et impuissante à se reconnaître dans le dédale des combinaisons de l'organisation du travail, des journées de 13, 14 ou 15 heures imposées à de pauvres filles anémiées, à des femmes surmenées par les charges du ménage et de l'atelier, à de misérables enfants hâves et chétifs, compromis dans leur développement physique contre tout intérêt social et contre toute loi humaine.

Plus moyen de tricher comme au temps où les ouvriers étaient divisés en cinq catégories et où la journée était de 9 heures pour le travail à deux équipes successives ; de 10 heures pour les enfants au-dessous de 16 ans ; de 60 heures par semaine, sans que le travail journalier pût dépasser 11 heures pour les enfants de 16 à 18 ans ; de 11 heures pour les filles et femmes majeures et enfin de 12 heures pour les hommes.

En deux ans, l'unification du travail devait être faite à 10 heures et demie pour tous les travailleurs des établissements industriels protégés, et au bout d'un nouveau délai de deux ans, à 10 heures !

Ainsi le voulut la loi nouvelle.

Elle indigna également les défenseurs du haut patronat criant misère, et ceux qu'indignait si justement le relèvement momentané d'une heure de la durée de la journée de travail pour l'enfant — alors même que cette prescription ne fût réelle que sur le papier et que l'enfant avec le régime en vigueur eût été, en fait, condamné à 12 ou 15 heures de travail, entrecoupées d'un certain temps de vagabondage plus malsain encore que le travail lui-même.

Mais les uns et les autres ne protestèrent point et ils ont bien fait ! Les uns parce que l'égoïsme a des limites et les autres parce qu'ils ont compris, entre les deux délibérations, qu'ils avaient choisi un mauvais terrain de lutte dans leur campagne contre M. Millerand et qu'à prêcher l'absurde, même avec des tons de bravoure, en jouant avec les plus généreux instincts du cœur humain, en se donnant l'air de servir les intérêts des petits et des faibles qu'en réalité on compromettait, on perd son temps, et que cela ne suffit pas pour avoir raison d'un ministre, — fût-il socialiste.

La vérité est qu'il faut bien se rendre à l'évidence et reconnaître l'excellence d'une loi qui, sans porter un préjudice réel à l'industrie nationale, a assuré une protection efficace aux femmes et aux enfants qui y sont employés.

Les patrons, en effet, n'eurent plus besoin de recourir, pour régler le travail de leurs ateliers, à des combinaisons compliquées, en rusant constamment avec l'inspection dans la préoccupation absorbante d'échapper à des condamnations toujours menaçantes. Ils ont eu, d'autre part, dans l'espace de quatre ans, tout le temps nécessaire pour organiser la journée de dix heures. Ils ont pu se rendre compte, bien vite aussi, qu'il est facile d'obtenir des ouvriers, dans cette durée réduite de travail, le maximum de production effective. N'est-ce pas d'ailleurs la journée de dix heures qui s'est imposée, sans réglementation légale, à toute l'industrie de la métallurgie et à l'industrie de la soie, en même temps que la journée de neuf heures, devenait la durée moyenne acceptée en fait dans les mines et minières ?

Les ouvriers des établissements protégés ont gagné à

l'application de cette loi une réduction importante et immédiate de la durée actuelle du travail et une organisation qui leur a assuré, en même temps que la présence en commun à l'atelier, l'unité de la vie à la maison dans la famille réunie.

Enfin, le pays lui-même y a trouvé des garanties pour l'avenir de la race, par la protection de l'enfant, arraché à la fois aux dangers de la rue comme au surmenage d'un travail trop prolongé et rendu à la surveillance continue de ceux qui en ont charge, à l'usine comme dans la famille.

Pour parler comme l'honorable M. Richard Waddington, on peut dire que cette loi bienfaisante « devait être fertile en résultats pour le pays », et pour reprendre le mot du rapporteur de la loi à la Chambre des députés, on peut ajouter « qu'elle fait le plus grand honneur au Gouvernement qui l'a défendue, au ministre dont elle portera le nom et au Parlement qui l'aura votée ».

IV. — *L'application de la loi de 10 heures.*

La loi a été promulguée le 1ᵉʳ avril 1900. Depuis cette époque là journée de travail pour le personnel protégé a été réduite de 11 heures à 10 heures et demie, puis à 10 heures. Mais des protestations se sont produites. Il fallait s'y attendre. L'expérience faite en Angleterre de la réduction du travail pour la protection des enfants employés dans les manufactures nous avait prévenu de ce qui allait arriver.

La législation anglaise de 1847 et de 1850 avait, elle aussi, provoqué une violente levée de boucliers des économistes et des industriels, qui considéraient le bill des dix heures comme une atteinte mortelle portée à l'industrie, rendue désormais incapable de lutter contre la concurrence des pays où la loi n'avait pas limité le travail des ouvriers, leur laissant ainsi une supériorité redoutable. La réduction du temps de travail devait, d'après les protestataires, entraîner une réduction proportionnelle de la production et une diminution correspondante des salaires.

C'était la ruine pour les patrons et pour les ouvriers qu'on proclamait dans de navrantes prophéties.

Aujourd'hui, les mêmes affirmations se produisent chez nous. Tout est perdu si l'on ne revient bien vite sur d'aussi détestables mesures.

Cependant, en Angleterre, les années qui suivirent la promulgation de la loi de 1850, qui limitait à dix heures et demie par jour, à soixante heures par semaine, la durée du travail des enfants, des filles mineures, des femmes et aussi des adultes occupés dans les mêmes locaux dans l'industrie textile, furent des années remarquables par leur éclatante prospérité.

L'exportation des cotonnades anglaises qui s'élevait en chiffres ronds à 1.000 millions de yards en 1850, montait à 2.000 millions en 1860, 3.000 millions en 1870 et 3.500 millions en 1872.

Ce résultat était dû au perfectionnement de l'outillage et à une meilleure organisation du travail, d'une part ; de l'autre, à l'augmentation de la puissance de travail chez l'ouvrier mieux reposé.

Les salaires, après un brusque fléchissement, s'étaient bien vite relevés jusqu'à dépasser le taux ancien. « Dans toutes les sections de la fabrique, dit l'inspecteur du travail Horner, où le travail est payé aux pièces, et ces sections ne représentent pas moins des 4/5 de l'ensemble, la proportion des salaires payés aux pièces augmente d'une façon continue ; il a été reconnu que la quantité produite en dix heures et demie n'est guère inférieure à la quantité qu'on obtenait auparavant en douze heures. Dans quelques cas, elle est, dit-on, égale. Le résultat obtenu s'explique en partie par l'encouragement qui a été donné aux inventions de nature à rendre les machines plus parfaites et capables d'un mouvement plus rapide; il s'explique surtout par le fait qu'en améliorant la santé des ouvriers, en leur évitant l'accablement et l'épuisement qu'entraîne un travail trop prolongé, en augmentant leur entrain et leur activité, la réduction de la durée du travail a permis à ces ouvriers de travailler avec plus d'ardeur et de gagner du temps ; ils ont moins besoin qu'autrefois de se reposer au cours de leur travail. »

Un autre inspecteur du travail, M. Robert Baker, constatait, l'année suivante, que « bien que les heures de travail eussent été beaucoup diminuées, les salaires avaient augmenté, dans certains cas, de 40 o/o et d'une façon générale de 12 o/o ».

Et l'expérience était si concluante qu'en 1876, un act du 30 juillet décidait que, dans les manufactures, le travail des adolescents et des femmes ne pourrait dépasser dix heures les cinq premiers jours de la semaine et six heures et demie le samedi.

Le rapport de la grande Commission royale, instituée pour étudier l'application des lois réglementant le travail dans les fabriques et les ateliers, s'exprimait ainsi :

« Nous n'avons aucune raison de croire que la législation, qui a eu pour les ouvriers des avantages si marqués, ait causé aucune perte sérieuse aux industries auxquelles elle a été appliquée. Au contraire, les progrès de la manufacture semblent n'avoir été en aucune façon entravés par les acts relatifs aux fabriques et ils ne sont que peu nombreux, même parmi les employeurs, les hommes qui désireraient aujourd'hui l'abrogation des principales dispositions de ces acts, ou refuseraient de reconnaître les avantages qu'ils ont produits. »

Rien ne permet de dire que la limitation légale de la journée de travail dans l'industrie française doive avoir d'autres résultats, et ce serait vraiment folie que de songer à revenir sur une législation si tardivement appliquée chez nous et qui a produit chez nos voisins de si heureux effets.

Qu'il soit nécessaire, dans l'application généralisée de ces mesures, d'apporter des tempéraments quand il s'agit de certaines industries spéciales, comme celle du bâtiment par exemple, nous n'y contredisons pas et la loi du 30 mars 1900 permet certaines dérogations indispensables. Elle a ses soupapes de sûreté.

Mais quels ne sont pas les avantages de cette législation, au prix des sacrifices imposés à l'industrie pour le perfectionnement de son outillage dans les délais qui lui ont été impartis?

L'ouvrier y trouve une existence mieux réglée, un temps précieux consacré à la réfection de ses forces et à son éducation intellectuelle ; la femme et la jeune fille un repos plus prolongé dans la douce atmosphère de la maison familiale, et l'enfant des garanties pour son développement physique et moral.

Au lieu du régime d'autrefois, qui laissait l'ouvrier surmené par un labeur prolongé au delà de la limite de ses forces, inapte à prendre sa part de la vie sociale, incapable de l'effort nécessaire pour penser en homme et en citoyen, c'est une existence nouvelle qui fait le travailleur d'esprit plus dispos, de corps moins alourdi, rendu à une condition plus humaine : Ce n'est plus la bête de somme, c'est le fils, le mari, le citoyen retrouvés.

La femme, grâce à la protection de la loi, est rendue au moins pour quelques heures à la surveillance des enfants ; elle a un moment pour se pencher, dans la douceur de son rêve maternel, sur le berceau du dernier né ; la jeune fille trouve, à côté de la vie de l'atelier, la joie, le repos et l'atmosphère bienfaisante de la vie intime et une sauvegarde contre les contacts journaliers qui la menacent dans sa moralité, comme la peuvent atteindre, dans sa santé, les miasmes et l'air confiné de l'usine.

L'enfant enfin n'est plus le pauvre petit être hâve et chétif, au développement difficile, gamin précoce que guette le vice, livré qu'il est au hasard des mauvais exemples et aux tentations de la rue, dans une camaraderie malsaine où les mauvais entraînent trop facilement les bons, loin des tendresses et des conseils protecteurs des parents.

C'est la réunion possible de tous les membres de la famille aux mêmes heures de repos, à la table, au foyer, dans le plaisir de la causerie ou dans la joie des promenades en commun. C'est, en un mot, la famille ouvrière, jadis disloquée, reconstituée et raffermie pour le plus grand bien social.

Un tel résultat vaut sans doute de n'être pas compromis par une main imprudente portée sur l'œuvre législative, et s'il est démontré que les intérêts de l'industrie n'ont pas à souffrir sérieusement du nouveau régime et que les salaires des travailleurs n'en sont pas amoindris, qui donc oserait protester et demander un retour en arrière ?

La loi Millerand est une loi de progrès social, d'humanité et de bonté. Il serait criminel d'y toucher.

*
* *

A quoi bon, d'ailleurs, récriminer, puisque voici les deux étapes de l'application de la loi franchies ! Depuis le 1er avril 1904, la journée de travail n'est plus que de dix heures pour les enfants, les filles mineures et les femmes, et aussi — ce qui n'est pas un mince progrès — pour les adultes, qui, partout où ils sont mêlés au personnel protégé, bénéficient ainsi d'une réduction de travail de deux heures.

C'est là un résultat pratique, tangible, réel, que n'ont point payé, quoi qu'on en ait dit, un surmenage inhumain de l'enfance, non plus que la ruine de notre industrie.

Les enfants, loin d'avoir eu à souffrir d'une réglementation qui devait les accabler, s'en sont fort bien trouvés, car grâce aux prescriptions de la loi qui unifiait la durée du travail et créait l'obligation des repos en commun, la vie de l'atelier et de l'usine s'est uniformisée et la vie de la famille s'en est trouvée reconstituée pour le plus grand bien de tous.

A la maison ouvrière, où la variété des heures occupées laissait toujours des vides, où les obligations du travail ne permettaient que rarement la rencontre à la table ou au foyer des membres de la famille, a succédé une existence régulière. Tout le monde — grands et petits — peut quitter le toit au même moment pour y revenir aux mêmes heures, sans qu'il y ait place, grâce à la surveillance alternée des parents et des contremaîtres sur les jeunes ouvriers et ouvrières, pour ces périodes de vagabondage aux portes des usines et des ateliers, hors de la maison lointaine ou vide, dont s'entrecoupait leur travail et qui leur laissaient, par le jeu savant des équipes tournantes, avec l'obligation de rester à la disposition du patron jusqu'à 15 et 16 heures par jour, la faculté par surcroît de s'entraîner aux pires habitudes et aux plus détestables promiscuités.

L'industrie, de son côté, n'en est point morte et si elle traverse des crises difficiles, on sait que la cause n'en est pas dans la réglementation du travail.

Tout cela ressort avec évidence des rapports successifs de la Commission supérieure du travail dans l'industrie, adressés au président de la République sur l'application des lois protectrices de l'ouvrier.

Le personnel employé dans les établissements industriels se répartissait, en 1901, de la façon suivante : 1° Enfants au-dessous de 18 ans, garçons, 246.719 ; filles, 234.388 ; 2° Filles au-dessus de 18 ans et femmes, 234.388 ; 3° Hommes adultes, 1.716.890, soit au total 2.865.832 ouvriers des deux sexes. Soit 8 1/2 o/o d'enfants de moins de 18 ans.

Pour faire échec à la loi, en intéressant à leur cause les familles ouvrières elles-mêmes, les patrons menaçaient de ne plus embaucher d'enfants et quelques-uns l'ont tenté ; il y a eu de nombreux renvois d'apprentis. Mais ces inconvénients ne se sont pas généralisés puisque, d'après les statistiques, la proportion des jeunes ouvriers de moins de 18 ans s'est maintenue aux environs de 8,5 %.

On ne constate pas non plus de diminution dans le personnel des établissements industriels.

L'application de ces lois n'a pas été sans difficultés. Une recherche attentive de la part des inspecteurs du travail a démontré que de nombreux établissements échappaient encore à tout contrôle. Des ateliers créés au jour le jour, travaillant le temps nécessaire pour exécuter les commandes des grands magasins de nouveautés, puis disparaissant pour se reconstituer ailleurs, se sont faits de plus en plus nombreux en même temps que le travail à domicile prenait plus d'extension.

L'accroissement des ateliers de famille, constaté par tous les inspecteurs, ne se produit que dans certaines industries ; dans d'autres, il y a diminution de leur nombre. Cet accroissement serait d'ailleurs une des conséquences de la loi que l'on pourrait parfois considérer comme heureuse au point de vue moral, à la condition que la loi sur l'hygiène qui, seule leur est applicable, y soit strictement observée et que la fraude ne vienne pas, en y introduisant des ouvriers étrangers, les transformer en ateliers clandestins où se dissimuleraient le surmenage et tous les abus que la loi a pour objet de détruire. Une surveillance plus active de l'industrie à domicile et des ateliers clandestins s'impose donc à l'attention du Parlement.

Ainsi se poursuivra dans notre pays, longtemps attardé aux dangereuses et coupables routines, l'œuvre de protection à laquelle a droit le monde du travail, par qui se crée et s'accroît notre puissance économique et se constitue le capital de la richesse nationale.

*V. — La résistance du patronat : au Parlement, devant les tribunaux. — Les arguments de la maison X*** fondée en 1763.*

La résistance du patronat à l'application de la loi de 1900 fut vive et de longue durée ; elle n'a peut-être pas encore disparu complètement. C'est devant le Parlement qu'elle s'exerça tout d'abord.

Au Luxembourg, c'est M. Méline qui mena le combat et non sans succès, puisqu'il parvint à obtenir de la Chambre Haute le vote véritablement extraordinaire d'une loi modifiant une autre loi régulièrement promulguée avant même que celle-ci ait reçu son entière application. Au Palais-Bourbon, l'attaque fut dirigée par le parti nationaliste.

Un de ses orateurs demanda la suppression de l'art. 2, sous prétexte que les ouvriers adultes n'ont pas besoin de protection et qu'ils sont assez « grands garçons » pour savoir eux-mêmes à quelles conditions et pour quelle durée journalière ils entendent louer leurs bras. M. Guyot de Ville-neuve vint de son côté proposer de suspendre l'application de la loi jusqu'à ce que les deux Chambres aient pu se mettre d'accord sur un texte nouveau.

L'argumentation des patrons vaut la peine de retenir notre attention. Ils n'étaient pas, à les en croire, plus qu'il ne convient préoccupés de l'avenir de leurs capitaux et de la diminution de leurs gains, en face d'une concurrence étran-gère toujours plus redoutable. Ce qui les désolait, c'était la perspective de voir disparaître l'apprentissage, d'être accu-lés à la nécessité de se priver du concours des enfants et des femmes pour pouvoir travailler douze heures ; et c'était la mort dans l'âme qu'ils entrevoyaient les souffrances et les privations que le régime nouveau allait imposer à la classe ouvrière. De leurs propres situations, ils faisaient volontiers bon marché ; mais qu'allait devenir l'industrie nationale ? Comment soutenir la concurrence étrangère ? Et qu'allaient devenir leurs ouvriers si l'industrie périclitait ? Seules, une préoccupation patriotique et des considérations d'humanité les poussaient à la résistance.

Il semble cependant qu'ils eussent dû être rassurés au spectacle du mouvement unanime des travailleurs qui avaient pris pour devise « réduction de la durée de travail sans réduction du salaire » et qui s'apprêtaient à généraliser les grèves déjà déclarées, dans le but d'obtenir le respect de la loi et son application.

Si, d'autre part, les patrons étaient décidés à ne pas accepter la loi de 1900, c'était au moment où elle fut mise en discussion et avant que l'accord fût intervenu sur l'unification à onze heures qu'ils devaient protester et réduire les salaires de leurs ouvriers. Peut-être alors la loi eût-elle imposé la journée de dix heures. Mais alors que les salaires n'avaient été ni abaissés avant la promulgation de la loi, ni relevés pendant la période où l'unification à onze heures de la durée de travail bénéficiait aux chefs d'industrie, vouloir leur faire subir une réduction à l'échéance prévue du 1er avril 1904 eût été absolument inadmissible et injustifiable.

Le Gouvernement affirma sa ferme volonté de faire respecter également l'ordre et la loi et de ne pas permettre aux usiniers de faire travailler plus de dix heures le personnel protégé. Il ne pouvait tolérer et il ne toléra pas la violation par les patrons de la loi de 1900, véritable contrat accepté des ouvriers comme des patrons, pour parer aux inconvénients graves que révélait l'application de la loi de 1892 et aux impossibilités auxquelles se heurtait l'inspection du travail.

En 1892, en effet, la protection du travail avait été comme le corollaire des tarifs de protection douanière. Aux usiniers, la loi livrait le marché intérieur. Il était de toute équité qu'en retour le travail fût protégé. La loi de 1892 fut votée. A l'user, il apparut qu'elle n'était pas applicable et que la vie industrielle, comme la vie familiale ouvrière, étaient profondément troublées par les différences de durée dans la journée de travail suivant qu'il s'agissait d'enfants, de jeunes gens de 16 à 18 ans, de filles mineures, de femmes et d'enfants adultes. De là la réforme de 1900, qui unifie la journée de travail pour tous les ouvriers occupés dans les locaux où se trouvait du personnel protégé, femmes et enfants.

Les étapes prévues à dix heures et demie, puis à dix heures de travail, étaient la rançon de la loi. Cette rançon, les petits, les enfants l'ont payée, laissant ainsi aux patrons le temps de modifier leur outillage et de préparer la nouvelle organisation du travail. Il était inadmissible qu'au jour de l'échéance, les usiniers pussent se refuser à appliquer la loi dont ils avaient épuisé jusqu'ici les avantages.

Les patrons, d'ailleurs, n'envisageaient pas seulement, contre la loi, l'intérêt de leurs ouvriers. Parfois ils avouaient leurs craintes ; la charge des frais généraux, disaient-ils, devait rester la même tandis que la production diminuerait : d'où l'augmentation du prix de revient de chaque unité et l'obligation de relever les prix à la consommation, avec la crainte de se briser à la concurrence étrangère.

On pourrait d'abord soutenir que la réduction d'une demi-heure de la durée de travail n'est pas peut-être pour réduire sensiblement la production, puisqu'il est constaté que plus on prolonge l'effort de l'ouvrier, plus la somme moyenne de travail, calculé à l'heure, diminue et qu'au contraire l'intensité de la production s'accélère quand la durée de l'action ouvrière est réduite.

Il faut bien remarquer aussi que l'application des tarifs de douane, en réservant le marché national à l'industrie française, a fait des avantages considérables aux chefs d'entreprise, restés maîtres de leurs prix, et qu'il n'est que juste de faire à l'ouvrier sa part de ce profit, prélevé sur les contribuables.

Mais il y a d'autres raisons encore de n'admettre aucun retour sur la législation de 1900, sinon pour réduire encore la charge qui pèse sur l'enfance et sur la faiblesse.

C'est l'enfant qui a payé jusqu'ici la rançon de l'unification de la journée de travail ! Et aujourd'hui qu'il est arrivé au terme de l'épreuve, l'unification disparaîtrait comme le demande M. Méline, ou bien la durée de la journée de travail resterait supérieure à ce qu'elle était en 1900? Ce serait monstrueux, parce que dix heures, c'est déjà trop !

L'honorable sénateur, M. Peyrot, a eu mille fois raison de dire au Sénat : « Dix heures de travail pour un enfant de douze à seize ans, c'est énorme... Lui imposer onze heures, cela dépasse tout ce qui est permis... La France va-t-elle continuer à faire des hécatombes d'enfants dans les manufactures ?...

« En Angleterre, les enfants de douze à quinze ans ne travaillent pas plus de six heures et demie, c'est-à-dire une demi-journée. Il en est de même en Danemark, en Suède et en Norvège.

« Quelle figure font devant les conseils de revision les enfants élevés dans les manufactures ? Quelle est la proportion de bons pour le service ? Hélas ! cette proportion est extrêmement faible. Les jeunes gens qui sortent des usines ne font que bien rarement des soldats.

« Il y a autre chose pour un pays que le capital-argent, il y a aussi le capital humain que vous n'avez pas le droit de gaspiller. »

On ne saurait mieux dire.

L'heure n'est pas venue de modifier la loi de 1900. L'unification de la journée de travail est une nécessité d'ordre moral et s'il faut un jour revenir sur la durée du travail des enfants, ce ne pourra pas être pour l'élever, mais pour l'abaisser encore. Pitié pour les faibles !

*
* *

L'ingéniosité patronale, servie par la jurisprudence, a cependant fini par avoir raison des intentions du législateur et par mettre à néant les prescriptions de la loi du 2 novembre 1892 et du 30 mars 1900, relatives à la durée du travail des enfants, des filles mineures et des femmes dans les manufactures, aussi bien que du décret de 1848 sur la journée de travail des adultes.

Le législateur de 1848 a voulu que l'homme adulte ne pût pas être astreint à un travail de plus de douze heures ; celui de 1892 et de 1900 a fixé à dix heures la durée de la journée de travail pour tout le monde, dans les locaux où sont occupés des enfants, des filles mineures ou des femmes. Pour l'application de la loi du 9 septembre 1848, aucun moyen de contrôle ; pour l'application des lois de 1892 et de 1900, on prescrit l'affichage « des heures auxquelles commencera et finira le travail, ainsi que des heures et de la durée du repos ». Un duplicata de l'affiche doit d'ailleurs être envoyé à l'inspecteur chargé de la surveillance.

On oblige souvent l'industriel à afficher un horaire pour faire connaître à tous la distribution des heures de travail et de repos dans l'atelier. Le patron peut, d'ailleurs, en prévenant, modifier son tableau suivant ses convenances, pourvu qu'il reste dans le cadre de la loi au point de vue de la durée du travail. Le texte est simple, l'intention évidente !

Eh bien ! non ; il paraît que si l'affichage est obligatoire, les indications portées à l'horaire ne le sont pas et gravement, par un arrêt du 27 avril 1900, la Cour de cassation décide qu'un procès-verbal ne peut viser le *fait d'employer* des ouvriers en dehors de l'horaire ; que la loi dit, en effet, que l'industriel doit afficher les heures d'entrée, de sortie et de repos, mais que le fait d'avoir trouvé des enfants ou des femmes dans l'atelier en dehors des heures fixées par l'horaire, ne permet de verbaliser que sur l'affichage inexact des heures de travail.

Cette interprétation laissait encore à l'inspecteur du travail, à défaut d'une contravention multiple de 5 à 15 francs par personne employée, le recours à une contravention unique de 5 à 15 francs. C'était peu et les patrons pouvaient en rire, mais c'était tout de même quelque chose. Les tribunaux ont fait mieux, ils ont dit que le fait de ne pas suivre exactement les heures de travail et de repos indiquées au tableau affiché à l'atelier et au duplicata envoyé à l'inspecteur, n'est pas défendu et que, dès lors, il ne peut constituer une contravention. »

Et la Cour de cassation par un arrêt du 6 mai 1904 d'acquiescer, attendu, « qu'aucune disposition de la loi ne punit le défaut de concordance entre le tableau affiché et le travail effectif ».

« Par cette jurisprudence, dit M. Bourguin, professeur de droit à la Faculté de Paris, dans son rapport sur le titre II du code de travail élaboré par la Commission de codification des lois ouvrières, l'inspection du travail se trouve privée de tout moyen de contrôle et même de tout moyen de preuve des contraventions devant les tribunaux... Si l'horaire est dépouillé de toute force probante, l'inspecteur est désarmé ! »

Dès lors, plus de moyens de contrôle, plus de moyens de preuves des contraventions devant les tribunaux ! Recourra-t-on au témoignage du personnel protégé ? Le témoignage ne pouvant rester anonyme, c'est pour celui qui dépose la disgrâce ou le renvoi. Quant au patron, désormais averti par la jurisprudence, il serait naïf d'attendre son aveu.

Il ne reste plus rien des sanctions de la loi en cette matière et les chefs d'industrie peuvent au gré de leurs caprices, au mieux de leurs intérêts et sans souci des droits du personnel protégé qu'ils emploient, faire travailler les enfants au delà de dix heures, et les femmes autant qu'ils voudront, en pleine impunité !

Rien ne les empêchera d'ailleurs de ne pas appliquer la loi aux adultes qui travaillent dans les mêmes locaux que le personnel protégé, puisque la Cour de cassation, par un arrêt du 30 novembre 1901, a décidé que la seule limite de durée du travail leur était applicable et qu'aucune prescription ne réglait pour eux la répartition de ces heures.

Le patron n'a ainsi qu'à déclarer à l'inspecteur, sans contradiction possible, que son ouvrier n'a point dépassé la durée légale du travail — et cela suffit — on ne lui peut rien !

La vérité, c'est que grâce aux habiletés de procédure au travers desquelles se jouent les fraudes des patrons, il ne reste plus rien des sanctions de la loi.

« Si, contre toute attente, dit la Commission supérieure du travail, une jurisprudence si contraire aux termes formels de la loi devait se généraliser, il serait indispensable de provoquer du législateur des dispositions nouvelles assurant une sanction plus efficace de l'application de la loi. »

Il y a cependant des industriels — trop rares peut-être — qui se montrent scrupuleux observateurs des lois, mais la plupart rusent avec les textes et il faut avouer que la jurisprudence leur fait la partie belle ! C'est une raison pour que le législateur remédie bien vite à l'insuffisance de protection dont souffrent les travailleurs — femmes et enfants.

Le moyen ? La Commission supérieure du travail l'indique lorsqu'elle dit :

« Un patron ne saurait raisonnablement se refuser à faire connaître dans un tableau de travail, quelle est exactement la distribution des heures de travail et de repos qu'il a jugé convenable d'adopter pour les ouvriers adultes qu'il occupe. Ce tableau qui pourrait être différent dans chaque atelier, et même comporter des exceptions individuelles pour certains travaux, lierait l'industriel, tant qu'il n'aurait pas été modifié par lui. Ce serait une sérieuse garantie de contrôle pour le service de l'inspection. »

Le projet de loi qui vient d'être présenté à l'examen du Parlement, s'efforce de rendre effectif le contrôle de la durée du travail.

Son article premier dit :

« Dans les établissements énumérés à l'article premier de la loi du 2 novembre 1892, les chefs d'entreprise, directeurs ou gérants, doivent afficher un horaire général fixant d'une manière uniforme pour tous les ouvriers qui ne sont pas visés par les affiches nominatives ci-dessous prévues, les heures extrêmes auxquelles commence et finit le travail, ainsi que les heures et la durée des repos. »

Il prévoit que « tout travailleur occupé en dehors des heures fixées par l'horaire général ou par une affiche le concernant nominativement, est de plein droit considéré comme employé en violation des prescriptions légales. »

Le Parlement aura sans doute à cœur de voter au plus vite cette loi qui est la condition essentielle de l'application des lois de protection du travail des femmes et des enfants.

Aurons-nous ainsi épuisé l'ingéniosité des patrons et la sagacité des tribunaux à éluder les effets utiles de nos lois? Qui sait? En tout cas, pendant que l'on courra après de nouvelles habiletés de fraude et d'une jurisprudence protectrice des fraudeurs, le travail des femmes et des enfants sera réellement protégé. Un tel résultat n'est pas à dédaigner.

*
* *

J'ai reçu, il y a quelques jours, en communication, une lettre de la maison X..., fondée en 1763, fort intéressante par l'état d'esprit qu'elle révèle dans un certain monde du commerce et de l'industrie auquel déplaît la politique de réformes sociales que je défendais de mon mieux à la Commission du travail de la Chambre, dans le *Siècle* et ailleurs.

Notre honorable correspondant se plaint de Millerand, de Trouillot, de quelques-uns de mes collaborateurs et de moi-même... de moi surtout ! et il écrit, sous cette forme que je respecte :

« Fils de nos œuvres, successeurs d'honnêtes et petits industriels — les fondateurs de notre maison en 1763 — après une si longue période de travail, d'ordre et d'économie, nous sommes possesseurs aujourd'hui d'une honnête aisance et nous n'admettons pas que l'on puisse songer à nous en déposséder au profit de fainéants et de gaspilleurs ; or, c'est à quoi tendent les articles de MM. Dubief et Massé, sans parler d'autres. »

Je suis fort aise qu'une maison qui a su faire preuve de travail, d'ordre et d'économie, comme le disent les heureux bénéficiaires de ces vertus, soit restée prospère et je ne me croyais pas l'âme si noire que je les veuille déposséder de l' « honnête aisance » bien acquise au profit de « fainéants et de gaspilleurs ».

Mais continuons : « Nous ne comprenons pas qu'on entrave la liberté du travail, au point que le fait la loi du 30 mars 1900, puisqu'elle empêche nos ouvriers *ruraux* (?) de travailler dix heures et demie les cinq premiers jours de la semaine pour leur permettre de s'en aller le samedi de bonne heure ; pour rentrer dans leur famille, en ne faisant que soixante heures par semaine, toujours ! Quelle objection peuvent faire là MM. Dubief, Massé et Trouillot ! Sachez que cette entrave est plus préjudiciable aux ouvriers qu'aux patrons !

« Veut-on nous amener par la force des choses à la journée de neuf heures, puis à celle de huit heures ? L'attitude de l'administration dans cette question ferait croire que c'est bien le but inavoué des disciples de Jaurès !

« Certes, cela ne ferait pas peur aux industriels français, si leurs concurrents étrangers adoptaient le même régime? Mais nous en sommes loin, bien loin ! »

La lettre se termine par une protestation contre la tyrannie socialiste et une affirmation de républicanisme.

« Excusez-nous, s'écrie le signataire, vous me fournissez une occasion que je désirais de récriminer et de faire savoir à Paris, ce que l'on ignore peut-être, qu'on n'est pas content en province, dans le monde du travail et de l'épargne, parmi les fondateurs véritables de la République, dont nous sommes ! »

Voilà, si j'entends bien, un monsieur fort en colère. Heureusement que l'expression de cette fâcheuse humeur nous arrive du fond de la province et qu'à cette distance, il est permis de garder son sang-froid et de raisonner.

Notre industriel, qui bénéficie d'une honnête aisance, ne veut pas en être dépossédé par « les fainéants et les gaspilleurs », c'est-à-dire par les ouvriers, ses collaborateurs. Mais il ne s'agit pas de l'honnête aisance de ces braves gens : elle leur est acquise, personne ne la convoite et ne songe à la leur prendre. Ce qui est en cause, c'est de savoir si l'effort demandé aux enfants, aux femmes et aux adultes des ateliers mixtes peut excéder dix heures et si, pour convertir cette honnête aisance en richesse, il est indispensable de condamner ceux qui la produisent, sans en jouir, à trimer une demi-heure de plus chaque jour, quittes à trouver un peu de repos le samedi soir.

Le moyen est simple de ne pas priver les ouvriers de cet avantage très réel, de pouvoir regagner le foyer familial dès le samedi après-midi et de permettre à la ménagère de préparer dès la veille la maison pour que le dimanche tout entier puisse être consacré au repos et aux joies de l'intimité : c'est de limiter à cinq ou six heures le travail du samedi sans allonger la durée du travail journalier le long de la semaine. Dix heures n'est pas un minimum,

Pour l'enfant, dix heures c'est monstrueux, pour la femme c'est trop, et pour l'homme adulte, c'est déjà beaucoup !

Mais pour protester ainsi contre la réduction des heures de travail dans les ateliers où se trouve du personnel protégé par la loi de 1900, au nom d'un prétendu droit de conserver les conditions qui ont assuré la fortune des patrons, il faudrait faire le compte de ce qui revenait aux ouvriers et savoir quelle a été leur part.

Combien de travailleurs morts à la peine ? Combien de femmes courbées, flétries, cassées avant l'âge, dont la vie n'a connu que les angoisses de la maternité, les privations et la misère ? Combien d'enfants livrés à toutes les contaminations physiques et morales, dans la promiscuité navrante des ateliers, jetés à la débauche et à la rue ? Combien de pauvres petits mal venus, pendus aux seins taris de leur mère et trop tôt disparus ? Voilà ce qu'il faudrait dénombrer et nous montrer, parmi les collaborateurs de notre industriel, les ouvriers arrivés comme lui — toutes proportions gardées, bien entendu — à l'honnête aisance.

Peut-être allons nous porter atteinte à la prospérité de notre industrie et donner barre sur nous à la concurrence étrangère par cette réduction de la journée de travail ? L'argument serait pour nous toucher si l'on travaillait plus au dehors, ce qui n'est pas ; si l'on travaillait mieux, ce qui est contestable : si, enfin, il n'était pas démontré que jusqu'à une certaine limite, que nous n'avons pas encore atteinte dans la diminution des heures occupées, la production totale est plus grande avec la journée restreinte qu'avec l'effort prolongé, — dans la moyenne du mois et de l'année.

Notre brave homme semble avoir tout dit quand, après avoir invoqué Gambetta et J. Ferry, qui ne s'attendaient pas à celle-là, il s'est mis, avec les siens, au nombre des fondateurs de la République ! C'est bien possible d'ailleurs !

Ils peuvent, par horreur de l'Empire, avoir eu foi en la

République, l'avoir acclamée de toutes leurs espérances, de toutes leurs joies, mais s'ils s'imaginent qu'elle a été faite pour leur conserver les avantages et les privilèges dont leur maison jouissait en 1763, lorsqu'ils l'ont fondée, pour leur garantir à travers toutes les transformations économiques des bénéfices sans cesse grandissants sans que la part des faibles soit jamais plus équitablement établie, ils se sont vraiment trop mépris sur ce qu'il faut entendre par « république ».

Pour protéger la race, il faut soustraire l'enfant aux fatigues excessives d'une vie de travail commencée trop tôt et trop surmenée. Pour sauvegarder la famille, il est nécessaire que la femme de l'ouvrier et les filles mineures ne travaillent que dans les conditions de sécurité suffisante, avec la possibilité de retour à la maison pour donner aux soins du ménage le temps indispensable. Pour que l'homme et le citoyen puissent vivre de la vie intellectuelle et morale sans succomber à l'accablement de la fatigue physique, nous voulons pour l'ouvrier la réduction de la journée, à l'usine et à l'atelier, au minimum compatible avec les exigences de la lutte économique dans le monde.

C'est sans doute une question de mesure. Qui peut dire qu'elle ait été dépassée jusqu'ici ? La vérité est que la loi de 1900 a moins innové que consacré — sauf de fâcheuses exceptions — un état de fait.

La République, que croit avoir fondée notre correspondant, l'homme à « l'honnête aisance », serait la République des « satisfaits » ; ce ne serait pas la République de « justice sociale » qui est la nôtre.

CHAPITRE III

—

LES TEMPS DE REPOS

I. — Le repos hebdomadaire ; dans le passé, à l'étranger
et devant la science.

Pour que l'être humain ne s'étiole pas et conserve au physique comme au moral sa santé, il est indispensable qu'il
puisse, par moments, faire trêve à l'effort et s'imposer une
halte dans la fatigue.

Celui qui peine aux rudes labeurs où s'épuisent les forces
physiques a besoin, par intervalles, de l'inaction du corps dans
la récréation de l'esprit. Celui, au contraire, dont la vie
s'absorbe dans les travaux de la pensée, a besoin de rompre,
par quelque fatigue corporelle momentanée comme celle qui
résulte de longues marches, de la chasse ou des divers sports,
la continuité de l'effort cérébral.

« Quand vient le repos du dimanche », comme dit Pierre
Dupont dans une de ses plus admirables chansons, il faut
au paysan, comme à l'ouvrier, la promenade lente et pa-
resseuse où l'un ne cherche que l'air pur et le gai soleil,
où l'autre « va voir son champ » dans l'espoir de la récolte
future ; tous deux à la recherche des forces nécessaires pour
les rudes tâches du lendemain. A l'un comme à l'autre, il

faut aussi la table où l'on s'accoude pour causer à l'aise, ou pour jouer, mais où les membres las se reposent ; il leur faut aussi le cercle des enfants, les lectures intéressantes, dans la douceur bienfaisante des intimités familiales et des joies de l'amitié.

Partout et à tous s'impose le besoin du repos, d'autant plus nécessaire que le travail est plus intense.

De même qu'après chaque journée de travail, les heures de sommeil sont indispensables pour réparer la dépense des forces qu'a exigée l'effort accompli, de même au bout de plusieurs journées est nécessaire la journée entière de repos. Les forces de la nature elle-même ont des limites : la terre ne deviendrait-elle pas stérile, si on lui demandait sans interruption les mêmes récoltes ? Et Proudhon ne voulait-il pas que, tous les sept ans, on fît reposer non seulement la terre, mais tout le commerce, toute l'industrie, l'ensemble des travaux et des entreprises, sorte de retour à l'année sabbatique des juifs ? Nous n'allons pas jusque-là, mais nous reconnaissons la nécessité du repos, et le législateur a été vivement sollicité de le rendre obligatoire par la loi.

Les lois religieuses — et on peut, à ce point de vue, remonter à Moïse — ont créé cette obligation et, pendant longtemps, les pères de l'Église ont disputé sur la question de savoir ce qu'il était permis ou défendu de faire le dimanche.

Il est curieux de constater que partout, en Egypte, en Chaldée, dans l'Inde, chez les Arabes et même chez les Chinois, le repos ait été fixé au septième jour. Pourquoi ? Mystère que n'explique que très vaguement Chateaubriand lorsqu'il dit : « La loi du septième jour est en parfait accord avec les lois de la nature ; elle a ces harmonies géométriques que les anciens cherchaient à établir entre les lois particulières et les lois générales. Elle donne le 6 pour le travail et le 6, par deux multiplications, engendre les 360 jours de l'année et les 360 degrés de la circonférence. On peut donc trouver magnificence et philosophie dans cette loi religieuse qui divise le cercle de nos labeurs, ainsi que le cercle décrit par les astres dans leurs révolutions, comme si l'homme n'avait d'autre terme à ses fatigues que la consommation des siècles, ni de moindres espaces à remplir de ses douleurs que tous les temps. »

La vérité est que cette habitude a reçu « la consécration des siècles, des croyances et des mœurs », probablement parce qu'elle correspond mieux à la véritable mesure des forces humaines et à l'étape normale du travail. Nulle question ne s'éclaire mieux que celle du repos hebdomadaire à la lueur de l'histoire.

Chez les Hébreux, le septième jour est consacré au repos, en mémoire de l'exemple donné par le Créateur ; tout travail y est solennellement interdit.

Les premiers chrétiens substituèrent le dimanche au sabbat des Juifs, en souvenir de la résurrection du Christ un dimanche, et ce furent les premiers empereurs chrétiens qui introduisirent dans la législation romaine le repos dominical.

Dans les pays où n'existait pas le repos hebdomadaire — chez les Grecs et les Romains, par exemple, — l'année était coupée d'un très grand nombre de jours fériés où tout travail était interdit sous les peines les plus sévères.

Charlemagne, à la fin du viiie siècle, ne permettait aucune espèce de travail le dimanche, et Charles IX, en 1560, défendit aux juges de tolérer des foires ou des marchés les dimanches et jours de fête en même temps qu'il interdisait aux cabaretiers, taverniers et maîtres de jeu de paume de recevoir leur clientèle pendant les services divins.

On retrouve pareils édits à travers les siècles jusqu'à la Révolution.

La Convention, qui ne s'inspire pas de la tradition et de

l'esprit religieux, laisse tomber les règlements de l'ancien régime et, par un décret du 3 brumaire an II, institue les décades et le repos du dixième jour. La loi du 17 thermidor an IV ordonne, sous peine d'amende et même de prison, la fermeture des magasins, boutiques ou ateliers. Mais la puissance de l'habitude, des usages et des mœurs fut plus forte que la loi, et la semaine triompha de la décade. Peut-être aussi l'effort du travail a-t-il sa limite réelle dans le septième jour et non dans le dixième !·

La Restauration ramena avec la loi du 18 novembre 1814 l'observation du repos des dimanches et fêtes légales. « Dans tous les temps, disait l'exposé des motifs, chez tous les peuples civilisés, la religion et son observance extérieure ont été les solides appuis du gouvernement politique. » Tous les travaux extérieurs sont interdits les dimanches et jours de fête.

Il en fut ainsi jusqu'à la révolution de 1848, époque à laquelle une circulaire de Ledru-Rollin déclara abrogée la loi de 1814 comme contraire à la liberté de conscience et à l'égalité des cultes. Mais, dès 1850, M. de Montalembert proposa au vote de l'Assemblée nationale un projet dont ces mots suffisent à donner l'esprit : « Nous n'aurons recours à aucun subterfuge : nous venons vous demander simplement et franchement de restituer ce qui est dû à la majesté de Dieu ! »

Il ne fut pas adopté, et l'Empire n'alla pas jusqu'à exiger l'application de la loi de 1814, qui fut enfin définitivement abrogée en 1879, à une très forte majorité.

Mais tout cela, c'est le passé.

Nous n'avons plus aujourd'hui pour préoccupation d'obéir à des ordres divins, mais de régler dans notre société moderne les conditions légales du travail, avec cet objectif d'empêcher les abus d'un surmenage préjudiciable à l'avenir de la race et incompatible avec le droit qu'a tout homme de prendre sa part, en dehors de l'usine, de l'atelier, du bureau ou de la ferme, des joies du foyer et des divers devoirs moraux qu'impose la famille.

Sans doute la loi à intervenir ne ferait que consacrer un état de choses qui existe un peu partout ; ce serait œuvre utile cependant, parce qu'en rendant obligatoire ce qui est dans bien des cas librement accepté, l'obligation atteindrait aussi les professions auxquelles les exigences de la vie interdisent le repos hebdomadaire : telles par exemple les industries de l'alimentation, toute l'année, et certaines industries agricoles, pendant certaines périodes souvent fort longues.

Autant il est facile d'obtenir le repos hebdomadaire pour les ouvriers d'un tissage ou pour les employés d'un grand magasin, par la fermeture à un jour donné de la semaine, de la boutique ou de l'atelier, autant il paraît impossible de faire bénéficier de cet avantage les boulangers, les restaurateurs et les limonadiers, par exemple, qui ne peuvent ni un jour ni l'autre, sous peine de ruine, fermer leurs établissements. Les obligera-t-on à instituer entre leurs ouvriers et employés une sorte de roulement ? Mais comment se réaliserait-il là où il n'y a qu'un employé ? Où serait le contrôle ? et comment les inspecteurs du travail, même multipliés à l'infini, arriveraient-ils à s'y reconnaître dans l'inextricable complication de recherches où la fraude aurait vraiment trop beau jeu ?

Quel législateur serait assez habile pour assouplir et adapter, à toutes les conditions particulières, le cadre rigide de la loi ?

Quelles que soient les difficultés de la tâche, il est nécessaire cependant d'aboutir si nous ne voulons pas continuer à nous laisser devancer par les peuples étrangers.

*
* *

Partout en effet, sauf en Italie et en France, nous trouvons l'obligation du repos hebdomadaire inscrite dans la loi, ou, ce qui est mieux, dans les mœurs, comme en Angleterre.

Là, c'est à Charles II, au milieu du XVIIe siècle, qu'il faut remonter pour trouver l'ordonnance qui interdit de montrer ou d'exposer en vente, le dimanche, des denrées, marchandises, fruits, herbes ou objets généralement quelconques, sous peine de confiscation desdits objets mis en vente. Simple ordonnance : rien de précis ni de formel dans des textes de loi. C'est affaire de coutume surtout et d'accord tacite entre employeurs et employés. Personne ne songe à se soustraire à cette obligation, parce que personne ne pourrait le faire sans dommage. Les voyageurs qui arrivent à Londres en sont quelque peu surpris et embarrassés, et à nous autres Français, ce nous semble un singulier pays de liberté que celui où on ne peut ni boire ni manger à son gré le dimanche. Il va sans dire que qui veut chercher trouve et il y aurait trop de naïveté à croire que personne ne triche avec cette convention. En cela, comme en bien d'autres choses, les apparences sont sauves, de l'autre côté de la Manche.

Ailleurs, la législation a suppléé aux mœurs. C'est de notre voisine, la Suisse, c'est-à-dire du pays où la liberté est le plus en honneur, qu'est parti l'exemple. La législation fédérale, sous la pression d'une active et vigoureuse propagande qui, du canton de Genève, envahit la Confédération, prescrivit le repos du dimanche à tous ceux qui travaillent et nulle réglementation n'est plus rigoureusement observée ni plus sévèrement contrôlée.

En Allemagne, une loi de 1891 rend obligatoire le repos hebdomadaire. Ce ne fut pas sans peine que l'autorité, au début, réussit à faire appliquer la loi, tant furent vives et obstinées les protestations ! Mais il fallut bien se soumettre et aujourd'hui — après l'expérience faite — celui-là serait considéré comme un insensé qui voudrait tenter, sous prétexte de liberté, de revenir à l'ancien état de choses.

Aux États-Unis, dans les quarante-cinq États de l'Union, à l'exception d'une seule province de l'Ouest, même respect du repos hebdomadaire, considéré par la loi comme « un règlement de police en vue de protéger la santé et la morale publiques pour le bien de la nation ».

En Belgique, la loi l'impose aux usines, aux ateliers et aux magasins.

En Danemark — premier pas vers d'autres progrès — la fermeture des magasins est exigée pendant une partie de la journée.

En Suède, en Norvège, en Autriche, les ateliers et les magasins sont fermés tous les dimanches.

En Russie, pays d'autocratie, le repos dominical se complique du repos obligatoire pendant quatorze jours fériés chaque année.

En Italie, les magasins sont fermés d'ordinaire les dimanches et jours de fête, mais de législation, point. Comme chez nous.

Les forces humaines, cependant, ont des limites et à exagérer l'effort, on diminue au lieu de l'augmenter le travail utile. Les Trades-Unions ont fait, par la statistique, cette démonstration qu'entre deux ouvriers de même valeur, l'un travaillant toute la semaine, l'autre se reposant un jour, celui qui produit le plus et dont le travail est de meilleure qualité est précisément celui qui a pris un jour de repos.

C'est par ce principe que se justifie la fixation à huit heures de la journée de travail dans les mines. A Monthieux, à « la Mine aux Mineurs », on ne travaille pas plus et le produit de l'extraction par homme et par jour est très sensiblement supérieur à celui des puits où l'on travaille neuf, dix ou onze heures.

De tous ceux qui, dans cette affaire, ont voix au chapitre, les plus qualifiés, c'est-à-dire les médecins et les hygiénistes, sont d'accord dans tous les pays du monde pour reconnaître la nécessité du repos hebdomadaire.

Tous ont proclamé, comme une vérité scientifique, l'efficacité du repos hebdomadaire pour la protection physique et morale de l'individu. Les hommes d'État l'ont répété, et l'un des plus éminents d'entre eux, Gladstone, a pu dire : « Personnellement je me suis toujours efforcé, autant que les circonstances me l'ont permis, d'user pour mon compte de ce privilège, et maintenant, parvenu près du terme d'une carrière publique laborieuse de près de cinquante-sept ans, j'attribue en grande partie à cette cause la prolongation de ma vie et la conservation de mes facultés.

« En ce qui concerne les masses, la question est bien plus importante, c'est la question populaire par excellence. »

Macaulay à son tour écrit : « Quand le travail chôme, quand la charrue repose dans le sillon, quand la Bourse se complaît dans le silence, quand la cheminée de l'usine est dépourvue de son panache de fumée, il se fait une opération aussi importante pour la richesse nationale que celle qui s'accomplit pendant le labeur des autres jours. L'homme, la machine des machines, répare ses forces, se remonte pour retourner à son travail le lundi, l'intelligence plus vive, l'âme plus courageuse, le corps plus vigoureux. »

Aux États-Unis, le docteur Massey déclare qu'au prix d'un jour de repos par semaine, la vie de l'ouvrier gagne en moyenne sept années sur cinquante ; en Angleterre, le docteur Hill dit que le repos est nécessaire au corps comme l'huile à la machine ; en Suisse, le docteur Haegler démontre que ce n'est pas assez pour le travailleur du repos qu'il trouve à l'heure des repas et dans le sommeil des nuits pour rendre au corps et à l'esprit l'élasticité dont ils ont besoin : et, en France enfin, le docteur Garnier fait cette intéressante et décisive constatation qu'au bout de dix ans, les employés sans repos hebdomadaire sont incapables d'aucun travail dans une proportion de six sur vingt.

Tous, avec le docteur Féré, médecin à Bicêtre, concluent

à l'influence funeste du surmenage sur la race et sur son développement.

A la vérité, cette simple revue des opinions des autorités les plus compétentes devrait permettre de prononcer que la cause est entendue, sans qu'il soit besoin de faire intervenir des considérations d'ordre social et familial et d'affirmer que c'est dans le droit pour tous les travailleurs d'être maîtres d'une partie de leur temps que résident à la fois leur perfectionnement moral et le relèvement de leur dignité.

Aussi depuis 1880, de vigoureuses campagnes ont-elles été entreprises pour l'établissement du repos hebdomadaire. Déjà en vertu de la loi du 2 novembre 1892, les enfants et adolescents des deux sexes, mineurs de dix-huit ans, et les femmes, quel que soit leur âge, ne peuvent être employés à un travail industriel, ailleurs que dans un atelier de famille, plus de 6 jours par semaine. Ils ne peuvent pas travailler les jours de fête reconnus par la loi, même pour rangement d'atelier. De plus, le jour du repos hebdomadaire est fixé librement entre le patron et l'ouvrier ; il est affiché dans l'atelier et peut ne pas être le même pour tous. Si un ouvrier refuse de travailler le jour convenu pour son repos, il ne peut pas être renvoyé pour ce motif. La jurisprudence est décisive sur ce point.

Mais ces prescriptions légales ne s'appliquent pas au travail commercial. L'enquête du conseil supérieur du travail a révélé qu'il existe nombre de professions où, sauf une demi-journée ou une journée par mois de repos, ou même seulement vingt-quatre heures par an, les employés de commerce travaillent sans interruption du 1er janvier à la Saint-Sylvestre.

Pour remédier à ce mal, à quelle puissance faire appel ?

A l'initiative privée ? Parfois, grâce à l'intervention des syndicats ouvriers, une entente amiable a permis aux commerçants de fermer boutique le dimanche, ou du moins l'après-midi du dimanche. A Troyes, les magasins sont fermés. A Paris, sauf à la Toussaint, à Noël et au jour de l'an, les fleuristes ferment l'après-midi du dimanche.

Il y a d'autres exemples.

Mais ce ne sont là que des exceptions. — fort heureuses assurément, mais rares.

Faut-il attendre des conseils municipaux ou des assemblées départementales l'intervention nécessaire ?

Les foires et marchés ont lieu souvent le dimanche. Il serait possible, sans doute, d'en changer les dates pour rendre la fermeture des magasins réalisable. Certains maires ont cru qu'ils obtiendraient le résultat désiré en défendant l'étalage des marchandises et la Cour de cassation a reconnu, dans un arrêt du 7 juin 1901, la validité d'un arrêt grenoblois du 30 novembre 1900 prononçant cette interdiction le dimanche. Soit !

Mais, si l'on veut soustraire l'obligation du repos hebdomadaire aux caprices changeants des municipalités ou à la bonne volonté accidentelle des commerçants, — trop variable suivant les localités pour obtenir qu'il en soit un peu partout de même — il est indispensable de demander au Parlement une législation claire et formelle, mais cependant assez souple pour qu'aucun intérêt légitime ne soit sacrifié.

Il convient d'ailleurs de ne pas oublier que les patrons et les ouvriers ne sont pas seuls en cause dans l'affaire : la clientèle aussi y est intéressée. C'est même à elle que M. H. Besançon, dans son excellente étude sur la protection légale des employés de commerce, croit pouvoir demander le secret du problème et sa solution. Pourquoi n'aurions-nous pas, comme en Angleterre et aux Etats-Unis, des ligues de consommateurs résolus à ne pas acheter le dimanche, à n'exiger que pour le lundi la livraison des achats du samedi et à ne s'adresser exclusivement qu'aux magasins qui ferment le dimanche ou accordent un jour de repos par semaine à leurs employés ?

Il serait à craindre toutefois, avec ce système, qu'il ne faille attendre longtemps l'heure où le bienfait du repos hebdomadaire serait acquis à tous ceux qui en ont tant besoin, les laissant ainsi, pour une durée indéfinie, privés des joies reposantes et des douces intimités familiales, que permettent seules les libres journées sans travail.

C'est la loi qui doit créer l'ordre nouveau. Il appartient au Parlement républicain d'en donner la formule.

*
* *

La Chambre des députés s'en est préoccupée et a voté, dans la séance du 27 mars 1902, un texte qui établit l'obligation légale du repos hebdomadaire. Il apparaît, malheureusement, que le Sénat a apporté à réaliser cette réforme, moins d'empressement qu'il eût été désirable, puisque le projet de loi dont il s'agit n'a pas encore vu le jour des débats parlementaires.

Sans doute le Sénat reconnaît qu'il faut à celui qui s'absorbe dans les travaux de la pensée, au clair-obscur des bibliothèques paisibles ou dans le silence des laboratoires, — comme à l'ouvrier qui peine rudement à l'usine ou à l'atelier — de temps en temps le repos, des promenades au grand air, où se vivifient et se réparent les forces alanguies. Il sait aussi qu'il est juste et bon que l'ouvrier et l'ouvrière aient, à certains intervalles, une journée à consacrer aux obligations et aux joies de la famille, dans l'oubli momentané des labeurs opiniâtres et des lourdes responsabilités.

Mais quoi ? Le repos du dimanche n'est-il pas dans les traditions et dans les usages ? A quoi bon créer de nouvelles obligations et faire intervenir la loi dans le contrat de travail ? Et l'on invoque la liberté, oubliant toujours que neuf fois sur dix, l'ouvrier, obligé de subir les conditions que le patron lui impose, n'a de la liberté de traiter que l'illusion et qu'il est par conséquent de toute justice qu'il soit protégé au nom de l'intérêt social.

Certes, le problème est malaisé. Imposera-t-on le repos hebdomadaire au travailleur des champs lorsque le pressent les fenaisons ou les moissons et que, de l'effort prolongé qu'il donnera sous la menace de l'orage, dans un de ces coups de collier où ne se mesurent ni la peine ni le temps, dépendent la perte ou la conservation de la récolte, espoir de l'année entière ! Empêchera-t-on le vigneron, sous peine de l'amende et de la prison, de prolonger jour et nuit, à travers les dimanches et fêtes, les pressurées, quand la vendange bout dans la cuve, et interrompra-t-on à la fois son travail et la chanson qui l'accompagne, dût le vin aigrir et la misère entrer au logis ?

Dans le Nord, pendant les quatre-vingt-dix jours de suite que dure la campagne, le distillateur agricole travaillera sans repos ; ne faut-il pas utiliser les betteraves avant qu'elles ne viennent à se gâter ? On marche à feu continu, jour et nuit, sans répit, sans souci des heures, des dimanches et des fêtes. C'est la loi de cette industrie. Quelle ne serait pas la charge qui pèserait sur elle, si les ouvriers agricoles qui y sont employés et qui ont d'ailleurs, pour se reposer de ce surmenage, des périodes de travail plus douces, le long de l'année, devaient chômer un jour par semaine ?

Quel organisme et quelles complications d'équipes roulantes et tournantes faudra-t-il inventer et comment s'y reconnaîtront les inspecteurs chargés de contrôler l'application de la loi ?

Toutes ces difficultés nous arrêtent alors qu'elles n'effrayent point les pays étrangers. En Suisse, le Grand Conseil du canton de Berne vient de voter en première lecture une loi qui laissera aux communes une grande liberté dans l'application du principe du repos hebdomadaire.

A Zurich, on s'efforce de réglementer la fermeture des magasins le dimanche, comme on l'a fait à Saint-Gall.

Dans les cantons de Soleure et d'Argovie, mêmes préoccupations et mêmes tendances.

A Fribourg, on tient la main à l'exécution de la loi qui prescrit la fermeture des magasins (sauf certaines exceptions) toute la journée du dimanche, des ateliers des coiffeurs à partir de une heure au plus tard et interdit le transport de la bière après sept heures du matin.

A Genève, une loi sur le repos hebdomadaire a subi la deuxième délibération et les intéressés mènent vigoureusement la campagne pour obtenir un vote définitif.

L'Espagne vient de se donner une loi sur la matière, tandis qu'en Italie, le Parlement a rejeté au scrutin secret la loi dont il venait de voter un à un tous les articles, par assis et levé. La loi espagnole du 4 mars 1902 décide que :

« Il est interdit d'exécuter, le dimanche, un travail matériel soit pour le compte d'autrui, soit publiquement pour son propre compte, dans les fabriques, ateliers, boutiques, commerces fixes ou ambulants, usines, carrières, ports, transports, entreprises de travaux publics, constructions, réparations, démolitions, travaux agricoles ou forestiers, établissements ou services dépendant de l'État, de la province ou de la commune, et tous travaux analogues, sauf ceux pour lesquels exception est faite par la présente loi et par le règlement d'administration publique. » Et la loi ajoute :

« ...Toute journée entière de travail faite le dimanche sera compensée par une journée de repos de l'ouvrier dans la semaine. » Et plus loin :

« Aucune dérogation ne pourra être accordée aux femmes et aux ouvriers au-dessous de dix-huit ans... »

Voilà un texte dont la Chambre pourrait s'inspirer lorsque, dans un délai prochain, il lui faudra remettre sur le tapis — après que le Sénat l'aura, à son tour, délibérée et votée — la loi adoptée par la Chambre des députés dans la séance du 27 mars 1902.

Quoi qu'il en soit, la question du repos hebdomadaire est posée et il est désirable qu'elle soit solutionnée, autant pour rendre légale une habitude que les siècles, les croyances et les mœurs ont consacrée là où elle existe, que pour là rendre obligatoire là où elle peut être instituée, et où l'on pourrait être tenté d'en méconnaître la nécessité.

Est-il besoin de dire que le choix du jour nous intéresse peu. Que ce soit le dimanche, si la famille ouvrière doit pouvoir en profiter tout entière en commun, ce jour-là. Soit! Mais autre chose est l'observation du dimanche, autre chose le repos hebdomadaire.

Nous voulons que l'ouvrier et l'employé aient le droit de se reposer un jour sur sept et c'est tout.

La parole est au Sénat, dans cette grave question du repos hebdomadaire, comme dans celles qui en découlent : repos des femmes accouchées, suppression des veillées.

II. — *Le repos de grossesse.*

Le 15 mars 1890, les représentants de quinze nations réunis en conférence à Berlin décrétaient, à l'unanimité, la résolution suivante : « Il est désirable que les femmes accouchées ne soient admises au travail que quatre semaines après leurs couches. »

Avant cette époque, la Suisse, dont on a souvent à constater et à admirer les initiatives en matière de progrès social, avait déjà donné à ce vœu la forme légale et depuis, tous les peuples d'Europe, sauf la Suède, la Russie et — il nous en coûte de l'avouer — la France, ont légiféré sur cette généreuse mesure de sauvegarde nationale dont le principe avait été proclamé, mais attendait la sanction des lois.

Seule, la Suisse est allée jusqu'à l'obligation imposée du

repos avant l'accouchement. Ailleurs, on s'est arrêté en route et cependant, chaque jour apparaît avec plus d'évidence, pour les peuples qui veulent vivre, la double nécessité de lutter contre la dépopulation et de fortifier la race. La science, dans ce domaine, n'a plus de doute sur l'importance qui s'attache à préserver la santé de la mère, dans l'intérêt de la vitalité de l'enfant.

Le 26 novembre 1895, le professeur Pinard, dans une note communiquée à l'Académie de Médecine, démontrait avec toute l'autorité qui s'attache à son nom et à son talent que les femmes qui se reposent pendant les semaines qui précèdent l'accouchement, mettent au monde des enfants plus gros que ceux des mères qui ont continué à travailler jusqu'à l'extrême limite de leurs forces, parfois jusqu'à la veille de leurs couches, souvent même jusqu'à l'épreuve douloureuse, sans que la continuité de leur travail ait été interrompue, autrement que par une halte d'une heure.

Faute d'avoir pu se reposer, l'ouvrière — et je ne parle pas de celles qui sont occupées à des besognes malsaines ou pénibles — met souvent au monde des « prématurés » dont le poids n'atteint pas cinq livres. Le professeur Pinard a remarqué qu'à l'établissement des débiles à la Maternité, — si parfaites que soient les conditions d'hygiène, si éclairés et dévoués que soient les soins prodigués — sur 2.961 enfants, il en est mort 1.795 ! Et le savant médecin affirme que, sauf de très rares exceptions, ces prématurés, pour lesquels on a fait tant de sacrifices, restent la plupart du temps des débiles et des infirmes, lorsqu'ils ont eu la bonne chance d'échapper à la mort, constamment accoudée sur leurs berceaux.

Comment en serait-il autrement ? La vie de l'ouvrière bien portante, au moins dans les grands centres, est déjà si dure, avec les veillées qui se prolongent, malgré les inspectrices du travail et malgré la loi, dans l'effort continu d'un surmenage qui se poursuit, à certaines époques pendant des mois, au prix d'un salaire sur lequel, une fois le loyer et les frais d'entretien prélevés, il ne reste souvent pas de quoi payer la nourriture réparatrice qui serait nécessaire. Mais la pauvre femme, dont la puissance de travail est diminuée par les fatigues de la grossesse, comment vivra-t-elle, sinon de privations et de souffrances, jusqu'au jour de la délivrance? C'est, épuisée et meurtrie qu'elle met au monde le cher petit être, qui lui aussi a souffert, et, dès son entrée dans la vie, apporte dans ses yeux profonds, où se mire la tendresse maternelle et dans son teint pâli, comme une tare de misère.

Cependant, à force d'énergie, lorsque l'ouvrière a supporté victorieusement la crise de la maternité, que va t-elle devenir s'il lui faut tout de suite retourner à l'atelier pour gagner son pain? La Société obstétricale, en 1891, n'a-t-elle pas officiellement reconnu à l'unanimité, après d'intéressants débats auxquels ont pris part les plus hautes compétences, qu'il était souverainement dangereux pour une femme de reprendre son travail avant un délai minimum de quatre semaines après l'accouchement.

Mais ce n'est pas seulement à la mère que le repos est indispensable, c'est aussi à l'enfant, dont l'existence dans les premiers mois est si fragile.

La mortalité en est effroyable pendant la première année. En France, sur mille décès de tout âge, on relève le chiffre de cent soixante-sept décès d'enfants de moins de un an, soit environ un sixième, et cette proportion n'est qu'une moyenne. Dans les villes industrielles, elle est beaucoup plus élevée. Là, en effet, la misère physiologique est plus grande dans le monde ouvrier, la nécessité du travail hâtif plus impérieuse, les conditions de vie de l'enfant plus précaires qu'à la campagne, où l'air pur et la lumière, qui manquent souvent aux mansardes du travailleur, sont un puissant antidote aux poisons que véhicule l'atmosphère confinée des agglomérations ouvrières.

Rien n'est attristant comme la visite d'un cimetière d'une ville industrielle. A Tourcoing, dit-on, sur trois tombes, il y a une tombe d'enfant ; ce sont de longues rangées de petites croix, où la piété des mères attache quelques blanches couronnes de perles ou quelques rares fleurs, vite desséchées, et que les exigences des vivants ne permettent guère de renouveler pour les pauvres petits disparus.

La mort fauche à grands coups, dans ce monde des tout petits et ce qui fait les berceaux vides, ce sont les maladies de l'intestin et de l'estomac, que provoque l'alimentation malsaine à laquelle doit recourir la pauvre mère, que l'atelier réclame et qui est contrainte de refuser à l'enfant et son lait et ses caresses.

Le problème de la protection légale de la femme employée dans l'industrie a été posé une première fois devant le Parlement en 1887. Il faillit être résolu en 1892. La Chambre avait adopté en première lecture un projet présenté par sa commission du travail, mais la législature prit fin avant qu'on ait pu passer à la seconde délibération.

Depuis, dans la séance du 14 novembre 1899, M. Strauss, sénateur, a déposé une proposition de loi sur la protection et l'assistance des mères et des nourrissons, proposition qui fut renvoyée à la Commission ([1]).

En 1902, dans la séance du 14 janvier, M. Paul Strauss, au nom de la Commission, déposa un projet où il examinait les questions du repos maternel avant et après les couches ; de l'assistance maternelle, par les secours de grossesse, par les refuges ouvroirs, etc... et de la protection, de l'hygiène et de l'assistance des nourrissons élevés dans leurs familles ; enfin, du lait. Comme conclusion à ce rapport, M. Strauss déposa une proposition de loi qui pose nettement le principe de la

([1]) Sénat (séance du 14 novembre 1899). Annexes *Officiel*, 471 (1901) et 2.661, 2.705, 2.762, annexes, 7ᵉ législature, Chambre des députés, Sénat, séance du 17 janvier 1902 et annexes 3, 1902.

nécessité du repos de grossesse, quinze jours avant l'accouchement et pendant les quatre semaines qui suivent. Pendant cette période de repos, à défaut de ressources personnelles ou de l'aide qui pourra leur être donnée par des mutualités maternelles et toutes organisations analogues, les femmes en couches qui réclameront le bénéfice de la loi du 15 juillet 1893 sur l'assistance médicale gratuite devront être efficacement secourues par les bureaux d'assistance médicale.

Cette proposition de loi fut adoptée au Sénat le 3 décembre 1903 ; elle est actuellement soumise à l'examen de la Chambre des députés.

L'initiative privée a quelque peu devancé l'œuvre du législateur. Il y a déjà une quarantaine d'années, à Mulhouse, un riche industriel, le philanthrope Jean Dollfus, décidait que les femmes occupées dans sa maison, continueraient à toucher leur salaire pendant les six semaines qui suivraient leur accouchement « pour leur permettre, disait-il, de donner à leurs enfants tous les soins nécessaires ».

Mais combien rares sont ceux qui dans la grande industrie ont suivi ce généreux exemple ! On peut constater cependant de louables efforts, dans le but d'obtenir une atténuation au mal constaté, au prix de moindres sacrifices. L'esprit de solidarité s'est éveillé et plusieurs se sont tournés vers les Mutualités maternelles.

A l'aide de versements très minimes, augmentés de leur propre cotisation, certains patrons ont pu réussir à assurer leurs ouvrières contre les risques de la maternité, en constituant la réserve qui leur permet de prendre avant et après l'accouchement le repos nécessaire. Ainsi, au lieu d'apparaître dans la maison angoissée par le souci du lendemain, c'est dans la paix et dans la joie, accueilli par des sourires, que le nouveau-né viendra demander sa place au soleil.

Sans doute, cela est bien. Mais là où est engagé l'avenir de la nation et la puissance de la race, il ne suffit pas de quelques initiatives particulières, si nobles et si bienfaisantes qu'elles soient, c'est l'État lui-même qui a un devoir social à remplir, et c'est la loi et non le caprice généreux de quelques citoyens, qui doit intervenir.

La marche rapide de la dépopulation dans notre pays émeut tous ceux qui ont quelque judicieux souci des lendemains. Peut-être à tous les séduisants encouragements de M. le sénateur Piot, pour augmenter le nombre des enfants à venir, serait-il préférable de substituer les moyens propres à conserver les enfants qui sont venus et le meilleur, en ce cas, est de les laisser le plus possible à leurs mères.

Pour sauver les enfants, il faut veiller au sort des mères.

III. — *Le repos des veillées.*

S'est-on demandé ce que représente de veillées laborieuses et prolongées tout cet étalage merveilleux de tissus dont les doigts de fées de nos ouvrières parisiennes ont, à tout petits points dans le velours et dans la soie, harmonisé l'assemblage et dont nous restons éblouis après chaque réunion sportive.

Pour qui connaît les exigences féroces du monde féminin, il n'est pas douteux qu'il ait fallu bien des heures supplémentaires de travail pour que tout fût prêt au moment voulu.

Et cependant, le travail de nuit, celui qui se poursuit de neuf heures du soir à cinq heures du matin, est en principe interdit par la loi du 2 novembre 1892. Il est vrai néanmoins que des décrets de 1895, 1897 et 1898 ont prévu, depuis, des exceptions possibles à la règle générale dont ils ont fixé les conditions et la durée.

Il ne s'agit pas ici du travail de nuit exécuté par des femmes réparties en équipes régulières, spécialement embauchées à cet effet et toujours consentantes — comme il arrive pour le pliage des journaux, le brochage des imprimés ou l'allumage des lampes de mines — mais du travail à la veillée, qui, accidentellement, par à-coups, prolonge de quelques heures la journée normale sans dépasser le maximum légal de onze heures du soir, là où la fraude n'intervient pas.

Pendant soixante jours au plus dans l'année, la loi permet en effet exceptionnellement aux industries saisonnières de la confection, de la couture, de la broderie, de la passementerie, comme d'ailleurs celles de la confiserie, des conserves alimentaires de fruits et de légumes, des extractions de fleurs et de parfums, le travail des veillées jusqu'à onze heures.

Combien de femmes et de jeunes filles, à l'approche des grandes fêtes, subissent ce surmenage excessif, qui d'ailleurs leur paraît désirable, malgré les menaces de l'anémie et de la tuberculose, tant est faible leur gain normal journalier ! Qui sait de combien de fatigues et de souffrances est fait tout ce luxe merveilleux qui s'étale dans nos solennités mondaines !

L'ouvrière arrive à l'atelier à l'heure habituelle. Le travail presse. C'est la semaine du Grand Prix ou celle d'un vernissage, c'est le moment du concours hippique ou d'une première sensationnelle ; à propos de tout comme à propos de rien, une clientèle frivole et inexorable réclame et obtient des tours de force et d'habileté de nos couturières ou de nos modistes. Les heures néanmoins sont comptées : « ce soir, on veille », dit le patron.

Tandis qu'à la maison, la famille attend, tandis que le père, la mère ou le mari interrogent la rue avec une inquiétude que l'habitude seule finit par calmer, l'ouvrière, les yeux rougis — sans avoir soupé parfois, sinon d'un morceau de pain grignoté en cousant pour ne pas perdre le double salaire dont on lui paie ses heures supplémentaires — peine d'un travail fiévreux jusqu'à onze heures et plus, si la commande est trop pressée et si le patron croit pouvoir échapper à la visite de l'inspectrice du travail.

Enfin elle est libre ! N'importe l'heure, il lui faut regagner son logis, et du centre de la ville,. souvent se hâter vers les faubourgs. A quels risques alors n'est-elle pas exposée !

Elles sont comme cela, à Paris, soixante-cinq mille ouvrières de la couture. Elles sont cent mille, si l'on compte celles des ateliers de fourrure, de lingerie, de modes, etc., dont la santé physique et la moralité sont compromises par le travail intensif des veillées et ses détestables conséquences.

On a fait parfois jusqu'à trente heures de travail sans interruption. Une inspectrice rapporte qu'ayant aperçu de la lumière dans un atelier vers minuit, place Vendôme, elle se fit ouvrir et trouva des essayeuses assises : « Que faites-vous, mesdames, demanda-t-elle ? — Nous attendons des dames qui doivent essayer au sortir de l'Opéra, lui répondirent-elles. » Et pour le caprice de ces quelques clientes, l'atelier veillait.

Peut-on d'ailleurs empêcher le travail de nuit, en dehors de l'atelier, dont la pratique se généralise ? Comment mettre fin aux abus d'une exploitation qui change de forme et se dissimule si facilement ? Que faire lorsque l'on voit, comme M. Fagnot le raconte, une ouvrière passer dix-sept heures à appliquer des dentelles sur des rideaux évalués 6.000 francs pour gagner 2 fr. 65 !

A en croire les patrons, la loi est trop peu libérale et met trop d'entraves à leur industrie ; à écouter les ouvrières, ou tout au moins bon nombre d'entre elles, le besoin de tout ce qu'elles peuvent gagner leur fait accepter le travail de nuit, et le sentiment qu'elles sont les égales de l'homme leur commande de repousser la protection humiliante d'une loi spéciale.

Le législateur, qui doit s'inspirer à la fois du souci de la prospérité industrielle et de l'intérêt social comme de l'avenir de la race, ne peut s'arrêter à ces raisons.

En Suisse, le travail de nuit ne comporte aucune exception; rien n'empêche d'appliquer les mêmes règles en France. Il faut rendre la femme — qu'elle le veuille ou non — dans la plus large mesure possible à son rôle de ménagère, d'épouse et de mère. L'industrie transformera ses habitudes et n'en souffrira pas. La clientèle en prendra son parti.

C'est d'ailleurs le vœu que, en mars 1902, l'Association nationale française pour la protection légale des travailleurs, formulait en ces termes : « Considérant qu'il importe de faire complètement disparaître le travail de nuit des femmes, les membres de l'Association sont d'avis qu'aucune des dérogations apportées par la loi de 1892 au principe de l'interdiction des travaux de nuit ne doit être maintenue. »

Les journées du concours hippique, du vernissage et du Grand Prix n'en seront ni plus, ni moins brillantes. L'amour du luxe ne s'effacera pas plus chez nos mondaines que le goût de se faire belles. Il ne manquera pas un équipage à Longchamp, et dans la foule qui se presse pour assister au retour du Bois, les jeunes ouvrières endimanchées ajouteraient, au contraire, la note gaie de leur fraîcheur et de leur beauté.

CHAPITRE IV

—

LES DÉCRETS MILLERAND ET LA MAIN-D'ŒUVRE ÉTRANGÈRE

I. — *La réglementation des conditions du travail : les marchés coloniaux.*

Les progrès dont s'enorgueillissent les nations voisines ne sont parfois pour nous que de condamnables reculs et nous n'envisageons que trop souvent avec crainte des réformes infiniment moins vexatoires, par la réglementation qu'elles entraînent, que tout ce que nous subissons journellement, sans même nous en apercevoir, tant l'habitude rend les pires choses supportables.

On en a pu juger il y a quelque temps, lorsque se discutait devant le suffrage universel la question de l'impôt sur le revenu ; hier, à l'occasion de la suppression des octrois, de la loi sur les accidents dont sont victimes les ouvriers ; ainsi qu'à propos de la réglementation des conditions du travail dans les marchés de travaux publics.

L'impôt sur le revenu existe un peu partout autour de nous ; mais l'introduire en France serait l'abomination de la désolation. Le principe ? Indiscutable, juste, parfait, nul ne le conteste. Mais l'application chez nous ? Vexatoire, inquisitoriale, inacceptable! Jamais le Français, né frondeur, ne pourra admettre la déclaration et la taxation. Et c'est dans le pays où l'on ne peut passer un pont, descendre de chemin de fer, franchir les barrières d'une ville, ni faire un pas en avant ou en arrière, sans ouvrir ses malles et retourner ses poches, sans faire une déclaration ou subir une taxation, que se produit cette affirmation évidemment sans réplique.

Rien n'est plus gênant pour les transactions que l'octroi, et cependant dès qu'il s'agit d'y changer quelque chose, immédiatement s'élève contre la réforme proposée un concert unanime d'imprécations : Bon pour d'autres le remède, détestable toujours pour nous!

Il était abominable de penser qu'un ouvrier, blessé gravement ou tué à l'atelier ou à la mine, put être exposé à laisser sans ressources et sans appui sa femme et ses chers petits ou, dans une lutte inégale qui rappelle la rencontre du pot de terre et du pot de fer, contraint de demander aux tribunaux, dans des procès interminables, une réparation qui ne vient pour ainsi dire jamais, qu'on a mille moyens d'ajourner et qui, lorsqu'elle est par exception obtenue, arrive souvent trop tard, alors que la misère a fait son œuvre de mort.

Lorsqu'il s'est agi de parer à de tels maux et d'assurer aux victimes du travail un morceau de pain, et à leurs familles un minimum de secours, la protestation fut unanime. C'était bien entendu, au nom des intérêts des ouvriers eux-mêmes que s'est poursuivie la campagne d'opposition.

Il y a six ans, c'était contre la loi qui fixa les conditions du travail dans les marchés de travaux publics — dont notre honorable ami M. P. Baudin, ancien ministre des Travaux publics, était rapporteur — que s'exerça l'action des syndicats patronaux et des syndicats pour la défense du commerce et de l'industrie.

Dans les travaux exécutés pour le compte de l'État, dit la loi, l'entrepreneur ou le fabricant qui a obtenu un marché, soit de gré à gré, soit par adjudication, sera tenu, par les clauses du contrat, d'observer les conditions suivantes :

1° Assurer aux ouvriers et employés un jour de repos par semaine ;

2° N'employer d'ouvriers étrangers que dans la proportion fixée par décision du ministre ou de son représentant, selon la nature des travaux et la région où ils sont exécutés ;

3° Payer aux ouvriers un salaire normal égal, pour chaque catégorie, au taux couramment appliqué dans la ville ou la région où le travail est exécuté, et, s'il s'agit de travail à la journée, pour la durée normale de la journée en usage dans ladite ville ou région ;

4° Limiter la durée du travail journalier à la durée normale de journée en usage pour chaque catégorie dans ladite ville ou région.

Dans les travaux exécutés pour le compte des départements et des communes, la prescription d'un jour de repos par semaine et la limitation du nombre des ouvriers étrangers sont seules obligatoires ; les autres sont facultatives : telle est la loi.

Il semble qu'elle s'inspirait du meilleur esprit, de la plus équitable modération et que l'on dût tomber d'accord aisément.

Il n'en fût rien.

N'était-ce pas cependant l'interprétation même de la résolution prise à la date du 13 février 1895 par la Chambre des Communes lorsqu'elle disait :

« Dans l'opinion de la Chambre, il est du devoir du Gouvernement de prendre des mesures dans tous les contrats qu'il passe contre les maux récemment révélés dans la Commission d'enquête sur le *swating system* (c'est-à-dire l'exploitation de la sueur), d'insérer des clauses destinées à prévenir les abus qui résultent des sous-entreprises et de faire tous ses efforts pour assurer le payement de salaires égaux à ceux qui sont généralement acceptés comme courants par les ouvriers compétents.

« La belle raison, disaient nos critiques influents ! L'Angleterre, la catholique Belgique, la Hollande et les États-Unis peuvent se donner ce luxe ; la France n'est point faite pour de telles réformes et les ouvriers qui prétendent y trouver leur compte, ne connaissent pas, comme nous, leurs véritables intérêts.

« En accordant un repos hebdomadaire obligatoire d'une journée — c'est-à-dire du dimanche — on vous ramène au temps de Charles X : le beau progrès ma foi !

« Vous croyez que la fixation à une proportion déterminée et restreinte de la main-d'œuvre étrangère, serait pour nos ouvriers français un avantage ? Erreur ! Les étrangers ne font que les travaux que nos nationaux ne veulent pas faire.

« Comment un travail, de quelque façon qu'il soit adjugé pourrait-il faire baisser le prix des salaires ? Erreur économique ! Voyez les statistiques ! »

En pareil cas les chiffres font merveille, d'autant qu'on leur fait dire tout ce que l'on veut.

« A-t-on le droit d'ailleurs, quand on a la responsabilité des intérêts d'une collectivité, de payer plus cher ce qu'on pourrait avoir à moindre prix ?

« Nous sommes vraiment bien exigeants de vouloir que l'ouvrier puisse vivre de son travail.

« N'est-il pas de toute évidence que si le capital à dépenser est distribué aux mains d'un plus petit nombre de travailleurs, il ne restera rien pour ceux qui n'auront rien fait ? En donnant un salaire moins élevé à chacun, vous appelez à la répartition un plus grand nombre de travailleurs. »

Le défaut d'une semblable argumentation est que jamais les travaux à faire n'ont été calculés sur le nombre des ouvriers à occuper.

Tous ces arguments, en vérité, sont misérables et les travailleurs, qui réclamaient avec instance la réglementation du travail dans les marchés de travaux publics, n'avaient qu'une réponse à faire à ces amis trop zélés, celle de la femme de Sganarelle à l'intrus qui voulait la protéger malgré elle, contre le bâton conjugual :

« Et s'il me plaît à moi d'être battue ! »

Ils étaient bons juges dans leur propre cause. Et ils ont eu raison de penser que la loi dont leurs camarades se trouvent bien en Angleterre, en Hollande, en Belgique et en Amérique, ne pouvait être qu'excellente pour eux.

*
* *

Si, en France, l'opposition vint de l'élément patronal, elle est, en ce qui concerne les travaux exécutés sur les fonds gérés ou contrôlés par le ministère des Colonies, le fait même de cette administration.

On sait qu'un décret du 18 novembre 1882, rendu en forme de règlement d'administration publique, fixe les règles générales applicables aux contrats de travaux de transports et de fournitures passés au nom de l'État.

Depuis, les associations françaises d'ouvriers ont été admises, en vertu d'un nouveau décret du 4 juin 1888, à participer aux adjudications de l'État ; ensuite, aux marchés conclus, au nom des départements, en conformité d'un avis du Conseil d'État, en date du 27 juin 1888, et enfin, par la loi du 29 juillet 1890, aux entreprises de travaux communaux.

Toute cette législation libérale a été complétée par l'important décret du 10 août 1899, dit « décret Millerand », sur les conditions du travail, dans les marchés passés au nom de l'État.

Il s'ensuit, d'une part, qu'aujourd'hui les associations ouvrières peuvent soumissionner dans les adjudications publiques et marchés de gré à gré intéressant l'État, les départements et les communes et que, d'autre part, la main-d'œuvre ouvrière, dans les chantiers et ateliers organisés pour l'exécution des marchés de l'État, a droit, en vertu de ce décret Millerand, à certains avantages qui s'imposent aux fournisseurs et entrepreneurs dans leurs cahiers des charges. Il assure, en effet, aux ouvriers et employés un jour de repos par semaine ; il détermine la proportion d'ouvriers étrangers dont l'embauchage est autorisé dans chaque entreprise ; il fixe la durée de la journée de travail et le taux des salaires, conformément aux tarifs et aux usages de la région. Il prescrit, en outre, dans un article 3, d'inviter les administrations intéressées à se référer, autant que possible, aux accords entre les syndicats patronaux et ouvriers de la contrée où doit s'exécuter le travail, pour toutes ces stipulations.

Le ministre du commerce d'alors, l'honorable M. Millerand, multiplia les instructions et les circulaires pour faire pénétrer dans tous les ministères l'application de cette législation démocratique.

C'est ainsi que le ministère de la Marine, sous la main ferme de M. de Lanessan, dut abandonner ses vieilles routines et adopter pour ses marchés les nouvelles règles. On trouve, en effet, dans le *Bulletin officiel* de la marine (année 1899, page 678) un arrêté ministériel prescrivant, avec des instructions détaillées, l'application des clauses nouvelles dans les marchés de la rue Royale.

Pourquoi n'en est-il pas de même au ministère des Colonies ?

On argue il est vrai que le texte du décret ne parle que des contrats passés au nom de l'État et que, par conséquent, il n'y a pas lieu d'obéir au décret lorsqu'il s'agit de marchés passés au compte des budgets locaux des colonies. Comme si ces marchés n'étaient pas conclus par le ministre, en France, au même titre que ceux qui intéressent le budget colonial !

Mais quel bon prétexte, vraiment, pour mettre en échec les

généreuses intentions du ministre réformateur, car les trois quarts des marchés passés en France par le ministère des Colonies concernent les administrations locales et les budgets locaux !

Pour la gent bureaucratique, étrangler une réforme, très bien ! Mais songer à l'élargir ? Jamais ! Aussi, pour fixer le salaire d'un ouvrier travaillant en France pour le compte de l'administration, on se hâte de faire une subtile distinction suivant que ce sera le budget colonial ou le budget local qui devra le payer !

On prend là, sur le fait, l'esprit antidémocratique et l'ingéniosité qui président trop souvent aux actes des bureaux.

Il n'est pas douteux que le décret du 10 août 1899 s'applique, en droit, aux marchés passés en France, même pour le compte des colonies, et que les prétextes donnés pour s'y soustraire ne tiennent pas debout.

Est-ce que le Conseil d'État n'a pas fait admettre par extension, dans son avis du 27 juin 1889, l'application du décret du 4 juin 1888 au département, basant sa décision sur ce fait que « le decret du 4 juin 1888 a pour but de faciliter aux sociétés d'ouvriers français la participation aux marchés de l'État ; qu'il a, pour ce motif, édicté des règles générales et doit, à ce titre, être considéré *comme une annexe au décret de 1882* » ?

N'est-ce pas le même raisonnement qui doit prévaloir quand il s'agit de l'extension à donner, dans l'application, au décret du 10 août ? Ne faut-il pas le considérer également *comme une annexe au décret du 18 novembre 1882* sur les marchés ? Or, ce décret organique de 1882 est appliqué par le ministère des Colonies, aussi bien aux marchés passés pour le compte des budgets locaux qu'à ceux qui sont conclus pour le compte du budget colonial.

Le bon sens, la logique et la justice veulent que les prescriptions du décret 1899 soient appliquées à tous les marchés passés en France par le ministère des Colonies et que les garanties données à l'ouvrier soient les mêmes, qu'il travaille pour l'État ou pour la colonie. Ayant même peine, il doit avoir même profit !

Faire le contraire, c'est nier l'esprit même de la réforme et tromper l'intention très claire du législateur, et cependant aucune décision officielle sur cette question ne figure au *Bulletin des colonies*.

Gageons que les circulaires de M. Millerand, mal accueillies dans les bureaux du ministère des Colonies. dorment dans les cartons poudreux où les aura fait disparaître une main impatiente. Mais les syndicats ouvriers ont réclamé. Belle affaire ! On a répondu au Syndicat des ouvriers en cuir de Paris que le décret de 1899 ne serait pas appliqué à l'adjudication des objets de harnachement, parce qu'ils étaient destinés en grande partie aux administrations locales. C'est le grand argument, le seul, qu'on oppose aux gêneurs des syndicats ouvriers.

C'est là une interprétation rétrograde, une vue antidémocratique et un abus qui doit disparaître.

II. — *La main-d'œuvre étrangère et la protection du travail national.*

La concurrence que la main-d'œuvre étrangère fait au travail national a souvent, par son développement, éveillé les préoccupations des sociologues et des législateurs.

Sur toutes nos frontières, le travail étranger pousse ses rameaux parasites : au nord, ce sont les Belges qui envahissent le pays minier et y absorbent une bonne part des salaires, qu'ils emportent chez eux. Au sud, ce sont les Espagnols d'un côté, les Italiens de l'autre. Marseille seul en compte près de cent mille, — un cinquième de sa population. Un peu partout, les Allemands, que leur endurance native au physique et au moral et leurs aptitudes à servir rendent tout à fait propres aux divers emplois domestiques.

Tout ce monde étranger de travailleurs à bas prix, venu de contrées voisines généralement misérables, se prête à tous les travaux et particulièrement à ceux auxquels refusent de s'astreindre nos ouvriers français.

Ce sont les spécialistes du terrassement, de la fumisterie, du ciment, des travaux répugnants des huileries, etc., etc., comme autrefois nos Auvergnats étaient les spécialistes de la fonction disparue de porteur d'eau ; comme nos originaires de la Creuse sont les spécialistes de la truelle, et nos petits Savoyards les spécialistes du ramonage.

L'ouvrier étranger, belge, italien, allemand ou suisse, à la recherche d'un salaire plus élevé que celui qu'il trouve dans son pays, vient s'installer en France, tantôt seul, tantôt avec sa famille, sans autre souci que l'épargne, avec, pour toute joie, l'espoir du retour, lorsqu'aura été réalisé le pécule suffisant.

Lorsqu'il passe la frontière pour venir travailler chez nous, il n'a point à supporter les lourdes charges qui pèsent sur le travailleur français. Pas d'impôt direct, puisqu'il n'a en France ni famille, ni propriétés. Pas de service militaire, pas de périodes de 13 et de 28 jours pendant lesquelles s'accumulent à la maison, pour nos nationaux, les privations et les dettes. Accoutumés à une vie plus dure, à moins de bien-être, les travailleurs étrangers, qui n'ont pas les mêmes besoins que les nôtres, peuvent se contenter de salaires inférieurs, chassant ainsi des chantiers français nos compatriotes, plus exigeants à raison des lourdes charges qu'ils subissent et des obligations que leur créent des habitudes de vie plus onéreuses, mais aussi plus relevées moralement et physiquement.

De la frontière belge, chaque jour arrivent dans nos ateliers, dans nos usines et dans nos exploitations minières des milliers d'ouvriers qui, le soir, retourneront chez eux, emportant la juste rémunération du travail enlevé à nos nationaux. Dans la région du Sud-Est, ce sont des Italiens qui, les uns pour quelques semaines, les autres pour des mois ou pour l'année entière, s'installent en France, réunis par groupes dans de misérables réduits, vivant de quelques sous, indifférents à tout ce qui les entoure, dans l'unique préoccupation du pécule à parfaire pour le jour du retour au pays, où quelques-uns ont laissé femme et enfants, où les autres se réjouissent de retrouver le coin de terre dont la misère les a un instant chassés. Et, par toute la France, ce sont des Suisses et des Allemands que leurs qualités font rechercher pour les services de domesticité et qui accaparent le travail des restaurants et des hôtels dans toutes les grandes villes comme dans les stations balnéaires ou hivernales.

Ce mal de l'invasion de la main-d'œuvre étrangère a, depuis lontgemps, préoccupé le législateur, mais, soit souci de ne pas diminuer le bon renom d'hospitalité dont nous sommes justement fiers, soit crainte de représailles de la part des nations voisines, aucune mesure n'est venue apporter le remède à un état de choses dont notre pays, dans la lutte sans merci engagée entre les peuples sur le terrain économique, commence à souffrir cruellement.

Généreux, nous le sommes, nous qui admettons les étrangers, comme nos nationaux, au bénéfice de l'assistance judiciaire et qui les faisons, sans marchander, participer aux avantages de la loi sur les accidents du travail. Mais pourquoi le serions-nous plus que la Prusse, qui perçoit des taxes sur diverses catégories d'étrangers, que la Hollande et les Etats-Unis qui en limitent le nombre. N'est-ce pas trop que d'aller jusqu'à faire à l'ouvrier étranger une situation de faveur par rapport au travailleur français ?

Depuis M. Steenackers, en 1887, jusqu'à MM. Magniaudé,

Holtz et Coutant dans la dernière législature, les propositions se sont succédé sans succès.

Tantôt, il s'agissait d'imposer une taxe sur les ouvriers étrangers et c'était le ministre des Affaires étrangères qui invoquait le droit international pour faire rejeter la motion citant d'abord les traités de commerce avec la Suède et avec le Transvaal, par lesquels « chacun des États contractants s'interdisait de frapper les sujets de l'autre État résidant sur son territoire de taxes quelconques autres ou plus élevées que celles qui seraient perçues sur les nationaux eux-mêmes », et plus tard, le traité du 4 août 1896 avec le Japon, qui contient une disposition semblable dont tous nos voisins, par le jeu de la clause « de la nation la plus favorisée », sont en droit de réclamer le bénéfice.

Tantôt on proposait de frapper le patron d'une taxe que M. Chauvin fixe, pour chaque ouvrier ou employé occupé, à un chiffre qui varie de 60 à 100 francs par an, suivant l'importance de la localité ; mesure qui provoquait immédiatement cette double objection que l'incidence de la taxe de l'employeur irait atteindre l'ouvrier, éveillerait certainement les susceptibilités et les représailles des nations et en second lieu, que l'écart des salaires entre les prix offerts aux ouvriers étrangers et les prix payés aux ouvriers français serait, malgré la taxe, encore assez large pour que les patrons puissent trouver leur compte à donner la préférence à la main-d'œuvre étrangère.

D'ailleurs, à quelque solution que l'on s'arrête, ce qui est incontestable, c'est que la main-d'œuvre française a droit à une protection effective. Il faut la lui assurer.

*
* *

Le problème est des plus délicats. C'est l'honorable M. Mas, député de l'Hérault, que la Commission du travail a chargé de cette étude, et le rapport n'en pouvait pas être confié à un esprit plus judicieux, ni à une plume plus experte.

Les dispositions qui seules réglementent en France le séjour des étrangers sont celles de la loi du 8 août 1893, modifiant et complétant le décret du 2 octobre 1888.

Tout étranger non admis à domicile doit faire à la mairie une déclaration établissant son nom et ses prénoms, sa nationalité, le lieu et la date de sa naissance, son dernier domicile, sa profession et ses moyens d'existence.

Quant à ceux qui viennent en France pour y exercer une profession, un commerce ou une industrie, ils doivent faire une déclaration de résidence dont la totalité des frais payés une fois pour toutes est de 2 fr. 30 : de là l'appellation de « quarante-six sous » qu'on a donnée dans le Nord aux ouvriers belges.

Pour rétablir un peu l'équilibre des salaires, peut-être serait-il possible, tout au moins, d'obliger les « quarante-six sous » à renouveler leur déclaration à certains intervalles. Ce serait à la fois une mesure de justice et de prudente précaution de police.

Mais, comment, en dehors de ces limites, la France républicaine pourrait-elle accommoder avec ses grandes traditions d'hospitalité et avec son beau et légitime renom de générosité, des mesures fiscales qui rendraient dure aux travailleurs étrangers le séjour sur notre territoire.

On a bien proposé, comme je l'ai déjà indiqué, l'imposition d'une taxe sur les étrangers. M. J. Brice en fixe, dans sa proposition de loi, le taux à 5 francs pour les hommes et 2 fr. 50 pour les femmes ; M. Magniaudé à o fr. 50 centimes par jour et par personne employée, sous la garantie de pénalités exorbitantes ; M. Holtz à 72 francs par employé, pour les villes de cent mille habitants et à 52 francs pour les agglomérations de moindre importance.

A ce système il y a une objection capitale. Si l'étranger

nous envoie pour nos travaux les plus grossiers et pour ceux-là mêmes que nous ne trouvons pas à faire exécuter chez nous, une main-d'œuvre à bon marché ; si à nos frontières, la présence des travailleurs étrangers sur le marché des bras fait baisser le niveau des salaires, en revanche nos ouvriers d'élite, nos ingénieurs et nos maîtres trouvent à leur tour, chez nos voisins, des avantages, et sans avoir à payer — sauf dans quelques rares cantons suisses — ni droit de séjour ni taxe d'aucune sorte, la facilité de porter au loin le bon renom de nos industries et de notre génie national.

Comment accepter le principe d'une imposition si contraire à nos traditions et à notre histoire et si grosse de répercussions certaines ?

Le parti socialiste lui-même qui, au point de vue du travail et de ses droits, se déclare nettement internationaliste — si désireux qu'il puisse être de rendre meilleure la condition de l'ouvrier français — ne peut pas vouloir d'un tel moyen.

Il n'y faut donc pas songer.

Honneur oblige, dit-on. Le geste de la France ne peut être celui du poing fermé et tendu contre des travailleurs.

D'ailleurs, les conventions nationales et mieux encore le droit « non écrit » rendent difficile, pour ne pas dire impossible, toute application d'une taxe aux ouvriers étrangers. En limitant à un tant pour cent l'emploi de la main-d'œuvre étrangère dans les travaux de l'État, des départements et des communes, les décrets Millerand ont fait tout ce qu'il était possible de faire. On ne pourrait que difficilement aller plus loin et M. le comte Tornielli, ambassadeur d'Italie, a élevé la voix à ce sujet en faveur de ses compatriotes.

Il serait d'ailleurs dans la pratique bien difficile de fixer les conditions où une taxe pourrait être perçue.

Que de difficultés suivant les régions et les industries diverses et suivant qu'il s'agirait d'ouvriers payés à la semaine, au jour ou à l'heure ; que de vexations à prévoir pour l'employeur ; que d'inefficacité dans l'application des sanctions, en cas d'infractions à la loi !

Que de représailles possibles aussi de la part des nations où nos ouvriers d'art, nos professeurs, nos ingénieurs et d'autres occupent avec éclat des fonctions.

Le principe de la taxe n'est évidemment acceptable en aucune façon. Il n'en est pas de même de l'obligation imposée à l'employeur de payer Français et étrangers à salaire égal, basé sur les tarifs des chambres syndicales ouvrières, locales ou régionales et à défaut de celles-ci, d'après un calcul établi sur la moyenne des tarifs en vigueur dans la localité. La pratique n'en paraît pas impossible. On peut même dire que, sur bien des points du territoire, il en est ainsi.

La solution paraît résider à la fois dans la limitation, dans certains cas, de la faculté d'employer des ouvriers étrangers — comme le veulent pour les marchés administratifs les décrets du 10 août 1899 — et dans l'application du système dit « du salaire égal », qui prescrit l'obligation à l'employeur de payer à l'ouvrier étranger un salaire aussi élevé que celui qu'il doit à l'ouvrier français.

CHAPITRE V

—

LES GARANTIES DES TRAVAILLEURS

I. — *Le payement des salaires et leur insaisissabilité.*

La question du payement des salaires aux ouvriers a, depuis quelques années, préoccupé le monde du travail et sollicité l'attention du législateur, en raison des nombreux abus que dénonçaient non seulement les ouvriers, mais aussi les inspecteurs du travail et les Conseils de prud'hommes.

A la session extraordinaire de novembre 1892, la Chambre fut saisie, par l'initiative parlementaire, d'une proposition de loi de M. Ferroul sur les *règlements d'atelier*, qui avait pour double but : 1° la prohibition des amendes infligées par les patrons, et 2° l'interdiction pour les patrons d'édicter des règlements d'ateliers qui n'auraient pas été approuvés par une Commission du travail composée, pour moitié, d'ouvriers et de patrons.

La Chambre de 1892, contrairement à l'avis de sa Commission qui réglementait les amendes, en fixait le maximum à 1/5 d'une journée de travail et en déterminait l'affectation, se déclara pour la suppression pure et simple, sur un amendement de M. Dumay voté à une forte majorité (336 voix contre 120). Elle déféra aux Conseils de prud'hommes et, à défaut, aux juges de paix, l'appréciation des cas de malfaçons ou de détérioration des matières premières, entraînant des retenues à titre de dommages-intérêts ; elle fixa les conditions d'établissement des règlements d'ateliers, les délais de prévenance, le mode et les délais de payement des salaires et enfin, sans préjudice des responsabilités civiles, la sanction pénale aux infractions à la loi, qu'elle rendait applicable aux colonies de la Guadeloupe, de la Martinique et de la Réunion.

Le projet de loi, sorti des délibérations du Palais-Bourbon où l'urgence avait été déclarée, fut envoyé au Luxembourg.

Le Sénat, revisant à son tour le projet de la Chambre des députés, revint au maintien des amendes sous cette triple obligation :

1° Que le règlement d'atelier qui prescrit les retenues de salaires soit porté à la connaissance des ouvriers et, depuis un mois au moins, déposé au secrétariat du Conseil des prud'hommes ;

2° Que l'amende soit modérée au 1/4 du salaire quotidien ;

3° Que l'emploi des amendes soit fait dans l'intérêt des ouvriers.

Le Sénat décidait en outre :

1° Que les salaires des ouvriers seraient payés en monnaie métallique ou fiduciaire ayant cours légal, nonobstant toute stipulation contraire, à peine de nullité ;

2° Que les salaires des ouvriers seraient payés, au moins deux fois par mois, à seize jours au plus d'intervalle, à moins de conventions écrites contraires ;

3° Que les payements ne pourraient être faits que dans l'usine ou dans l'un de ses bureaux et non dans des débits de boissons ou dans des magasins de vente au détail.

Quant aux malfaçons, la contestation devait, d'après le Sénat, être jugée suivant les règles de droit en matière de dommages-intérêts.

Cette loi ne différait guère de celle votée par la Chambre que sur trois points principaux : la réglementation des amendes au lieu de la suppression ; l'absence de toute prescription en ce qui touche la prévenance ; et troisièmement, la substitution de la juridiction de droit commun à celle des prud'hommes et du juge de paix en matière de contestation pour malfaçons ou détérioration de matières premières.

C'est cette loi qui revint à la Commission du travail en même temps que lui fut renvoyée la proposition de M. Toussaint et de ses collègues qui tendait à la suppression complète des amendes, retenues ou mises à pied imposées aux employés, ouvriers et apprentis ; déférait aux Conseils de prud'hommes, et, à défaut, aux justices de paix, le soin de connaître, en dernier ressort, des infractions à cette prescription ; elle prévoyait, en outre, une indemnité qui ne pouvait être inférieure à une journée de travail en faveur de l'ouvrier lésé, quand le patron poursuivi ne se serait pas rendu à la convocation.

On a souvent reproché aux législateurs une tendance à des réglementations excessives, gênantes pour la bonne marche des industries et entraînant parfois, dit-on, des répercussions fâcheuses. Il ne semble pas que ce soit le cas pour l'objet qui nous occupe, et quand les abus se manifestent avec une particulière évidence, comme en matière de payement de salaires, la réglementation s'impose, même pour les esprits les plus enclins à s'en rapporter à la liberté, parce que cette liberté se montre, ce qu'elle est en fait trop souvent dans une lutte à armes inégales, une apparence et une illusion.

Cette nécessité, les législations étrangères l'ont reconnue. En Suisse, une loi fédérale du 23 mars 1877, relative au travail dans les fabriques, vise les règlements d'ateliers qu'elle rend obligatoires et, par ses articles 7 et 8, prescrit que les amendes ne doivent pas dépasser une 1/2 journée de salaire et doivent être employées dans l'intérêt des ouvriers.

L'Allemagne a une loi analogue.

En Russie, la loi du 3 juin 1886 limite l'amende au 1/3 du salaire quotidien et réglemente, sous le contrôle des inspecteurs du travail, l'emploi de ces amendes dans l'intérêt des ouvriers.

En Autriche, par la loi du 8 mars 1885, et en Hongrie par la loi du 21 mai 1884, le maximum de l'amende est fixé au chiffre représentant une journée de salaire.

La Belgique, en 1891, était elle-même saisie d'un projet de loi qui réglementait l'amende.

Les abus qui ont déterminé ces différentes nations à édicter des lois pour la protection des ouvriers sont ceux-là mêmes qu'il est devenu urgent de réprimer chez nous.

Alors que l'ouvrier a tant de peine à subvenir à ses besoins et à ceux de sa famille, les amendes, dans certaines usines, viennent réduire encore la modicité des salaires et, dans quelques-unes, constituer — parfois même au profit des patrons, qui s'en attribuent le bénéfice — de véritables actes de spoliation.

On a cité des filatures où, la journée de travail étant de 3 francs, l'amende pouvait s'élever jusqu'à 5 francs.

Au Conseil supérieur du travail, on a cité un établissement métallurgique où la gamme des amendes allait de 0 fr. 25 à 5, 10 et même 30 francs par jour.

Et comment les amendes sont-elles infligées, par qui ?

La plupart du temps par des contremaîtres, des chefs d'ateliers, suivant les fantaisies de leur caprice, au gré de leur mauvaise ou de leur bonne humeur, frappant ceux qui leur déplaisent, excusant les autres et, dans les ateliers de femmes ou de filles, exigeant parfois le prix de leurs bonnes grâces, ou frappant impitoyablement en cas de résistance.

Le Comité central des Chambres syndicales des patrons et les inspecteurs du travail ont été d'accord pour demander qu'il soit mis un terme à de tels abus.

Mais, pour n'être pas aussi monstrueux, il en est d'autres qui ne sont pas moins détestables, dont les ouvriers demandent avec raison et très énergiquement la suppression. C'est d'abord le payement des salaires à termes trop éloignés, préféré par certains patrons dans le but de simplifier les frais généraux et la comptabilité ; de sorte que, tandis que les ouvriers sont entraînés vers les achats à crédit, toujours très onéreux, le patron encaisse les intérêts de sommes qui ne lui appartiennent plus, mais qu'il a gardées en sa possession.

C'est ensuite le payement en nature imposé à l'ouvrier, — payement en alcool, en sucre, — par exemple, en bons ou en jetons où rarement le travailleur trouve son compte. Enfin, le payement fait ailleurs que dans les ateliers ou leurs dépendances, dans les débits, chez les épiciers où le malheureux ouvrier laisse avant de partir déjà une portion, souvent la plus grosse part de son gain. C'est le *truc system* que les Anglais ont condamné et que les Belges ont voulu atteindre dans la loi de 1887.

De toute façon, le vote d'une loi s'impose pour protéger le travailleur contre les retenues abusives exercées sur son salaire, pour lequel on réclame en outre le privilège de l'insaisissabilité.

*
* *

Examinons cette question.

Le Code civil, article 2.092, dit que « quiconque est obligé personnellement, est tenu de remplir son engagement sur tous ses biens mobiliers ou immobiliers, présents ou à venir ».

De ce principe découle le droit à la saisie-arrêt, c'est-à-dire l'acte judiciaire, fait par le ministère d'un huissier et par lequel le créancier met sous la main de la justice, comme gage de sa créance, les sommes ou biens détenus par les tiers, débiteurs eux-mêmes de celui qui est l'objet de la saisie-arrêt.

C'est à la fois un acte conservatoire et un acte d'exécution.

Jusqu'ici, en matière de salaires et de traitements, la saisie-arrêt, entre les mains de l'employeur, a existé chez nous, mais limitée à un tant pour cent.

En Allemagne, le salaire est insaisissable. Ce principe chez nos voisins et nos rivaux, personne ne le conteste. En réalité, il n'est pas contestable.

Le salaire n'est pas un bien. Il est un échange du travail quotidien ou mensuel, la rétribution quotidienne ou mensuelle qui doit faire vivre l'ouvrier et sa famille. Toute saisie-arrêt sur le salaire ou le traitement, jusqu'à la limite des besoins matériels de la vie que le Conseil supérieur du travail a fixée à 3.000 francs, est un prélèvement sur la ration de pain nécessaire à la femme ou aux enfants ; c'est la privation du vêtement ou du sac de charbon indispensables. La loi ne doit plus le permettre, ni avec ni sans mesure, à une seule exception près, c'est-à-dire quand il s'agit de la pension alimentaire due par certains membres d'une famille à d'autres membres de cette famille. Mais, à bien prendre, ce n'est pas là une exception, ce n'est que l'extension de la même règle.

Le père doit l'aliment à ses enfants, lorsqu'ils ne peuvent se suffire, soit à raison de leur âge, soit à raison d'infirmités ; les enfants doivent l'aliment, dans la mesure de leurs ressources, à leurs vieux parents quand les années ont tué leur faculté de travail. Une part du salaire de la famille leur revient, puisque le salaire a pour objet de faire vivre la famille et qu'ils en sont. Cette part, il est juste que la loi la leur assure.

Mais on ne peut aller plus loin ; il est surabondamment prouvé d'ailleurs que le dixième de retenue sur le salaire n'est qu'une entrave à la vie de l'ouvrier et n'aide pas à sa libération.

Quand le jeune ménage ouvrier se forme, dans la douceur des illusions que n'a pu dissiper le spectacle des misères ambiantes ; quand le cœur riche d'espoir — sa seule richesse — mais le bras solide et vaillant, le mari se promet de ne pas bouder à la besogne ; que la ménagère de son côté se dit qu'avec prévoyance et économie elle réussira, parce qu'elle le veut, à assurer le bien-être de la maison, il arrive que dès le début, le jeune homme, pour que sa femme soit plus belle et plus heureuse, la femme, pour que le foyer soit plus attrayant et plus aimé, engagent, non seulement la part de salaire disponible mais un peu des salaires à venir ; on fait quelques petites dettes ; on y est d'ailleurs sollicité, encouragé habilement, parfois avec perfidie. On achète à crédit et à quel prix !

Qu'alors franchissent le seuil la maladie, le chômage ou que seulement surgisse un de ces mille incidents de la vie quotidienne qui détraquent pour longtemps un budget si modeste ; c'est la misère grandissante avec les naissances multipliées qui sont à la fois joie et douleur, avec hélas ! aussi les frais funéraires parfois, et c'est la fin, si le créancier du début, si le démon tentateur, cause première du mal, a le droit de mettre indéfiniment la main, pour se récupérer de sa créance, sur une partie du salaire du ménage.

En fait, cette dette, qui a grossi, n'était souvent presque rien à l'origine.

Voici une ouvrière qui est habile et qui a du travail. Mais pour que sa journée puisse atteindre à un salaire suffisant, il lui faudrait une machine à coudre pour faire vite et pour ne pas se brûler les yeux dans de longues heures de veillée. Elle n'a ni argent ni crédit.

Pourtant, il faut vivre, elle ne peut que prendre ce qu'on lui offre. Elle paie 250 ou 300 francs ce qui en vaut 50, et, toute heureuse de son acquisition, elle se met à l'œuvre. Tous les mois, elle s'acquitte jusqu'au jour où, sur le point d'être libérée, un accident la met dans l'impossibilité de le faire. Elle redoit encore 5 francs, 2 francs peut-être, le vendeur survient et reprend sa machine. Le contrat est rompu et les sommes versées — de par la loi — restent entre les mains de l'honnête négociant comme des dommages-intérêts légitimement dus.

Mais, avant d'en arriver là, et pour échapper à cette menace, souvent l'ouvrière a emprunté déjà, et la saisie-arrêt est survenue avec son surcroît de frais. Tout y passe et le désespoir seul reste au logis.

Tout le monde est d'accord sur la nécessité de protéger les travailleurs, à la fois contre les forces extérieures qui s'imposent à eux et les écrasent, mais aussi, — et il n'y a rien là d'humiliant pour le prolétariat, — contre eux-mêmes, par la proclamation du double principe de l'insaisissabilité et de l'incessibilité des salaires.

L'ouvrier aura moins de moyens d'avoir recours au crédit. Tant mieux ! L'usage du crédit est mauvais et décevant. Il est toujours extrêmement onéreux — même quand il n'est pas l'occasion d'exploitations abominables. Il diminue la liberté d'esprit du travailleur, il ruine son indépendance.

Il y a, dans le crédit, deux éléments : le gage offert et la valeur morale de l'emprunteur. La suppression du droit de saisie-arrêt et de la faculté de cession fait disparaître le gage. Il reste, pour assurer à l'ouvrier le crédit dont il peut avoir besoin dans certaines passes difficiles, sa valeur morale et ses qualités d'ouvrier : cela doit suffire.

Le Conseil supérieur du travail a conclu ainsi. Ce sera certainement aussi la conclusion du Parlement.

*
* *

Dans un louable sentiment d'humanité et dans un désir de

sauvegarde des intérêts des humbles, l'initiative parlementaire s'était exercée depuis 1890 à atténuer les rigueurs de la saisie-arrêt pour les malheureux exposés à la subir. Le spectacle navrant dont le célèbre tableau du peintre Wilkie donne une si vivante expression en nous montrant l'homme de loi, dans sa rigueur impassible, en train de procéder à une saisie, au milieu d'une famille en larmes dont le chef, le front dans les mains, éperdu sous le coup qui l'accable, se demande avec angoisse comment il abritera et nourrira le lendemain sa femme et ses chers petits ; ce spectacle avait fini par toucher nos hommes d'État et les Chambres s'étaient mises à l'œuvre pour garantir, contre l'impitoyable créancier, quelque chose du gain de l'ouvrier, pour que la femme et les enfants n'eussent pas à crier la faim devant la huche vide, tandis que l'huissier mettrait la main sur le salaire du travailleur.

On visait un double but : laisser au prêteur le moyen de se récupérer, mais conserver au débiteur sur son salaire, le jour de la paye, la part de la maisonnée.

N'était-ce pas de toute justice dans un pays où la loi du 21 ventôse an IX a édicté l'insaisissabilité partielle du traitement des fonctionnaires ?

Pour éviter toute cause d'erreur, une vaste enquête fut ouverte. Des études préliminaires auxquelles se livrèrent les pouvoirs compétents sortit la loi du 12 janvier 1895, qui déclare que « les salaires des ouvriers et gens de service ne sont saisissables que jusqu'à concurrence du dixième, quel que soit le montant du salaire, et que les appointements ou traitements des employés et commis ou fonctionnaires ne sont eux-mêmes saisissables que jusqu'à concurrence d'un dixième, lorsqu'ils ne dépassent pas 2.000 francs ».

La loi n'admet qu'une exception, très justifiée du reste, lorsqu'il s'agit de saisies faites en vue du payement de dettes alimentaires.

Le législateur avait pensé que, par l'insaisissabilité partielle, il réaliserait son dessein humanitaire de protéger efficacement l'ouvrier contre la rapacité de ses créanciers, contre l'exploitation des hommes d'affaires et des commerçants peu scrupuleux dont il est trop souvent la victime, tout en lui conservant une faculté de crédit considérée comme tutélaire et bienfaisante. Il s'évertuait en outre à diminuer, par une procédure savante et compliquée, l'exagération des frais de justice.

C'étaient de généreux efforts et de louables pensées ! Mais voici que, non seulement tous ces progrès ne se réalisèrent point, mais ce fut tout le contraire qui se produisit. Là où il y avait vingt saisies, il y en eut cent. Du moment où il n'y avait qu'un dixième saisissable, chacun des créanciers voulut en avoir sa part. La saisie pour le paiement d'une seule créance fit surgir toutes les autres. Pour la moindre dette, à raison des facilités de procédure et de l'absence de tout risque pour le créancier, l'ouvrier se vit atteint par la saisie.

Les commerçants, encouragés par la simplicité de la saisie-arrêt, ouvrirent un crédit plus large. L'exploitation abominable de la misère se donna librement carrière.

Plus que jamais l'ouvrier ou sa femme, tentés par les séductions de l'achat à crédit et par la facilité offerte de se libérer par petits payements échelonnés, se laissèrent entraîner à des acquisitions exagérées ou inutiles pour aboutir à des poursuites par ministère d'huissier, à cause du retard d'un versement, et à la saisie-arrêt pour une somme représentant la valeur d'objets majorés de 5o o/o et compliquée d'un lourd état de frais.

Autrefois. avec les complications de la procédure de saisie, l'ouvrier arrivait souvent à se libérer sans intervention d'huissier ; aujourd'hui, pour la moindre somme, il est traqué et la première saisie fait naître toutes les autres.

Il résulte de cet état de choses que l'ouvrier ou bien perd courage et devient un mécontent et un aigri avec la gêne continuelle au foyer, ou bien considère la saisie comme un mode normal de payement auquel il ne peut guère échapper et dont son maigre salaire se trouve considérablement mais nécessairement grevé.

Un imprimeur écrit qu'il a reçu, pour un même ouvrier, plus de 6.000 francs d'oppositions venues d'un peu partout. L'ouvrier gagnait environ 150 francs par mois. Il lui aurait fallu quarante ans pour se libérer. Un beau jour, il est parti sans laisser d'adresse.

Mais il y a pire : une ouvrière d'une manufacture de l'État subit une retenue de 1 fr. 25 depuis dix ans, pour solder une dette de 946 fr. 60, contractée par son mari, avec lequel elle ne vit pas. Le total de la retenue, 45 francs, représente les intérêts. La dette reste toujours entière. Elle payera indéfiniment pour autrui.

Ailleurs, c'est une pauvre fille dont le salaire est rongé par les saisies destinées à acquitter les dettes du père ou de la mère. Mais ce qu'il y a de plus abominable, c'est l'exploitation à laquelle cette loi de protection et d'humanité donne lieu de la part des huissiers et hommes d'affaires.

« J'ai constaté, dit un directeur de manufacture des tabacs, dans toutes les résidences où je suis passé, que presque toutes les saisies-arrêts étaient pratiquées par le ou les mêmes huissiers qui se faisaient une spécialité de poursuivre nos ouvriers ou ouvrières. »

Le chantage est d'usage courant.

Pour faire suspendre une opposition qui venait de leur être signifiée, on réclame à deux ouvrières une somme double ou triple du chiffre primitif de la dette. Et les malheureuses payent dans la crainte d'un renvoi !

Le directeur d'une houillère du Pas-de-Calais constate que la saisie-arrêt est devenue une procédure courante dont on abuse pour les sommes les plus minimes. Le créancier ne cherche plus à faire payer le débiteur par les moyens de persuasion et par voie d'acomptes. Il se contente, au bout de chaque trimestre de dresser un état des retardaires qu'il remet à l'huissier et en avant la procédure, les frais et tout leur long cortège de désespoir et de misère !

Mais non seulement la loi eût pour effet de multiplier les saisies-arrêts dans une proportion considérable, elle aboutit encore à ce résultat de provoquer des retenues supérieures au montant de la dette, intérêts et frais compris. Sur 28 cas de saisie-arrêt dont la procédure avait suivi son cours normal et s'était terminée par une libération, une importante Compagnie houillère du Tarn constate que, 26 fois, les retenues opérées et dont les ouvriers avaient été ainsi privés étaient supérieures au montant de la dette en principal, intérêts et frais.

Toujours d'ailleurs. le pourcentage des frais est en raison inverse du principal et sur 369 réponses faites au questionnaire ministériel par les chefs d'industrie, 200 signalent l'exagération de ces frais. « La plaie de la loi de 1895, dit le juge de paix du canton de Lens, est dans les répartitions multiples. » C'est là en effet la cause des chiffres exorbitants auxquels peuvent atteindre les frais.

Un filateur de Tourcoing cite le cas d'un ouvrier laborieux et habile, père de cinq enfants, entraîné à faire des dettes au moment d'une maladie de sa femme et qui eut à payer pour une saisie 502 o/o de frais.

Tels étaient les résultats de cette loi de bonté et d'humanité, péniblement échafaudée après enquête par nos législateurs en vue de la protection des faibles : multiplication des saisies ; exagération des retenues ; relèvement formidable des frais à raison des répartitions multiples ; développement considérable du mauvais crédit qui livre le ménage ouvrier aux spéculations malhonnêtes de certains commerçants et à l'industrie des agences, instituées pour l'achat à vil prix des créances, dont le recouvrement était alors poursuivi brutalement et sans répit jusqu'à complète libération ou jusqu'à la dislocation même de la famille ouvrière. Devant cette désolante constatation, le législateur ne put que remettre le problème sur le métier, mais, cette fois encore, il n'osa pas aller comme en Angleterre, en Allemagne, en Norvège, en Hongrie, en Espagne et au Brésil, jusqu'à l'application absolue du principe de l'insaisissabilité des salaires, et la loi votée par la Chambre des députés n'est qu'un nouveau et savant casse-tête chinois qui ne paraît pas devoir réaliser beaucoup mieux que la loi de 1895 les intentions humanitaires de ses auteurs.

Le principe de l'insaisissabilité répond seul aux exigences de la situation.

II. — *Les accidents du travail.*

S'il est une loi dont se puisse honorer la précédente législature, c'est bien celle qui consacre le principe du risque professionnel en matière d'accidents du travail.

Il est douloureux de penser que jusqu'à la promulgation de la loi du 9 avril 1898, l'ouvrier victime d'un accident ne pouvait, pour intenter une action, que se baser sur l'article 1382 du Code civil. La femme et les enfants devaient vivre avec la constante angoisse de se voir réduits à la misère, si le chef de famille blessé à l'atelier se trouvait privé de tout ou partie de sa capacité de travail, à l'abandon et au désespoir par surcroît, s'il était tué.

Le Parlement a voulu qu'il n'en soit plus ainsi et qu'un régime légal nouveau protégeât l'ouvrier contre de pareils risques et créât pour la femme et pour les enfants, comme pour l'ouvrier lui-même, un droit à une pension, variable sans doute, suivant l'accident, mais néanmoins fixe et certaine.

Tout naturellement on courut au plus pressé ; la loi fut faite pour les catégories de travailleurs les plus exposées et malgré que l'équité l'eût voulu ainsi, elle n'engloba pas toute la masse du prolétariat ouvrier.

Seules, en principe, les entreprises industrielles y furent soumises, et l'article 1er de la loi ne visa que l'industrie du bâtiment, les usines, manufactures, chantiers, les entreprises de transport par terre et par eau, de chargement et de déchargement, les magasins publics, usines, minières et carrières.

Ni le prolétariat du commerce, ni celui des champs ou de la mer, ni les salariés de l'État, ne furent admis au bénéfice de la protection.

L'injustice était criante et devait éveiller les préoccupations des Chambres. L'honorable M. Mirman fit apercevoir, par des exemples typiques, toute la gravité et tout l'arbitraire des textes restrictifs votés par le Parlement. « Deux voitures se heurtent, dit-il, les deux conducteurs sont tués ; celui-ci est au service d'un entrepreneur de transports, assujetti à la loi de 1898 ; celui-là est un livreur au service d'un commerçant, directeur de quelque grande maison de nouveautés, de quelque établissement considérable d'épicerie, de quelque grand bazar, etc., tous entrepreneurs non assujettis ; la veuve et les enfants du premier seront certains de recevoir une pension, ceux du second n'auront aucun droit. Le risque professionnel était le même pour les deux hommes, ils ont été victimes du même accident et restent pourtant soumis à des régimes légaux très différents. — Voici encore deux travailleurs : l'un commis aux écritures dans les bureaux d'une usine, monte sur une échelle, glisse, tombe et se tue ; la loi de 1898 le protège. L'autre, employé chez un commerçant, trouve la mort dans des circonstances identiques, la loi de 1898 ne le connaît pas. »

Pour faire cesser de telles anomalies, le député de Reims propose d'appliquer la loi aux ateliers comme à toutes les autres exploitations industrielles, fixant sur ce point une jurisprudence mal définie — et d'étendre son action bienfaisante à tous les employés occupés dans le commerce.

L'intention est louable. Ce sera une seconde étape ; mais il n'en restera pas moins une série de lois à faire pour assurer aux travailleurs agricoles, aux marins et aux salariés de l'État les mêmes garanties.

La loi du 30 juin 1899 dit : « les accidents occasionnés par l'emploi de machines agricoles mues par des moteurs inanimés et dont sont victimes, par le fait ou à l'occasion du travail, les personnes, quelles qu'elles soient, occupées à la conduite ou au service de ces moteurs ou machines, sont à la charge de l'exploitant dudit moteur... en dehors de ce cas, la loi du 9 avril 1898 n'est pas applicable à l'agriculture. »

Est-ce que cette situation peut-être définitive ? Le travailleur des champs, si souvent oublié, n'a-t-il pas droit à la même sollicitude des pouvoirs publics que ses camarades de l'industrie ? Qui justifiera les restrictions de la loi ?

Et s'il s'agit des marins, faudra-t-il s'en tenir à la loi déposée par l'amiral Besnard, alors ministre de la Marine, et votée par le Parlement, qui prescrit « la création d'une caisse de prévoyance entre les marins français contre les risques et accidents de leur profession ».

Pourquoi ceux-ci supporteraient-ils la charge de la moitié de la prime d'assurance et pas ceux-là ? Pourquoi, alors que le *terrien*, en cas d'incapacité permanente totale et pour un même salaire, touchera 1.200 francs de pension, le marin n'aura-t-il droit qu'à une rente de 204 francs seulement.

Et l'État qui doit être « le patron modèle », pourquoi serait-il exempt, à l'égard de ses ouvriers, des obligations de la loi de 1898 ? En quoi ses ouvriers ont-ils moins de droit à la protection légale assurée aux autres au lieu et place du bon plaisir qui est pour eux le régime actuel ?

Sans doute le problème est ardu et complexe ; il n'est pas insoluble.

La République doit être avant tout le régime de la Justice. Dans la voie de protection légale des travailleurs contre les risques professionnels, un pas décisif a été fait pour les plus menacés. C'est bien, mais ce n'est pas assez : les autres, tous les autres ont même droit. La Justice veut que la loi consacre cette égalité.

*
* *

La loi de 1898 a assuré l'ouvrier de l'industrie contre tous les risques professionnels, quelle qu'en soit la cause, que l'accident soit de sa faute ou de celle du patron, que l'employeur soit assuré ou non, que la Compagnie d'assurances soit solvable ou qu'elle ne le soit pas. La loi a créé, à cet effet, ce qu'elle appelle « le fonds de garantie ».

Lorsqu'un patron non assuré devient insolvable ou lorsqu'une Compagnie d'assurances ne peut pas faire face à ses engagements, la victime ou ses ayants droit reçoivent leurs arrérages directement de la Caisse nationale des retraites, gérante du fonds de garantie, et sans que celle-ci puisse exercer un recours contre le patron assuré à la Compagnie défaillante.

Pour constituer cette caisse, qui doit garantir aux ouvriers le payement intégral des pensions auxquelles ils ont droit, et aux patrons assurés qu'il ne sera pas exercé de recours contre eux en cas de déconfiture de la Compagnie d'assurances ou de mauvaise volonté du créancier, l'article 25 de la loi de 1898 prescrit qu'il sera perçu au principal de la contribution des patentes des industriels quatre centimes additionnels et sur les mines une taxe de cinq centimes par hectare concédé.

Cette loi excellente n'étant jusqu'ici applicable, comme je

l'ai déjà indiqué, qu'aux ouvriers de l'industrie, l'honorable M. Mirman a proposé d'en étendre les bienfaits à toutes les exploitations commerciales.

Mais comment, dans cette hypothèse, constituer le fonds de garantie? Imposer les commerçants, dont les exploitations ne comportent que des risques à peu près nuls, à une surcharge de quatre centimes au principal de leurs patentes constituerait pour eux une charge excessive, surtout en regard de la modicité de la prime d'assurances exigée d'eux, et par suite une injustice et une absurdité, puisque la réassurance se trouverait ainsi d'un prix beaucoup plus élevé que l'assurance elle-même.

L'honorable député de Reims résoud le problème en disant que, pour toutes les entreprises soumises à la patente auxquelles la loi s'étendra, à la seule exception des professions libérales et des professions agricoles, étant entendu qu'il n'est rien innové quant à la loi du 30 juin 1899 sur les risques agricoles et à la loi des accidents en ce qui concerne les marins, il sera perçu un centime et demi en addition au principal de la contribution des patentes.

Il ne semble pas que ces dispositions nouvelles doivent rencontrer à la Chambre une bien sérieuse opposition. Et, d'ailleurs, pourquoi y serait-on plus royaliste que le roi, puisque, d'une part, les chefs d'entreprise intéressés, après avoir reconnu la nécessité, sous quelques réserves de détail, de l'extension de la loi de 1898, acceptent que les assujettis anciens continuent à payer les quatre centimes additionnels, et que les assujettis nouveaux, les commerçants, paient un centime et demi.

M. Mirman avait pensé qu'il eût été plus équitable d'établir des taux proportionnés à l'insolvabilité et au risque des assujettis, en les groupant par entreprises similaires, mais il a dû se rendre à l'évidence et constater l'impossibilité de constituer sur des bases rationnelles les groupes à définir.

L'Union des Syndicats patronaux, comprenant 47 Syndicats et 8.560 membres, adhère au principe de l'extension. L'Alliance syndicale, qui groupe 60 Syndicats patronaux et près de 10.000 chefs d'entreprise, a fait de même, tandis que l'Assemblée générale des tissus et matières textiles prenait une délibération dans le même sens. Tout le monde est donc d'accord et c'est en pareille matière qu'on aurait raison de dire que le mieux est l'ennemi du bien.

Si l'expérience venait à démontrer que les graves accidents de travail dans le commerce sont plus rares encore qu'on ne peut le craindre et que, chez les commerçants, l'habitude de l'assurance se développe, rien n'empêcherait de diminuer la quotité de la prime de réassurance constituant le fonds de garantie — ou, dans l'hypothèse opposée, de l'augmenter.

La proposition de M. Mirman a un autre avantage, c'est de faire cesser la divergence d'appréciation du Conseil d'État et de la Cour de cassation : le Conseil d'État se refusant à considérer comme assujettis certains chefs d'entreprise, alors même qu'ils se livrent à une opération incontestablement industrielle, — comme il arrive pour le patron, par exemple, qui occupe dans un atelier faisant partie de son établissement des ouvriers qui sont employés à la fabrication des instruments de pesage et de mesure (9 février 1902) — la Cour de cassation, au contraire, jugeant assujettie toute profession, si peu nombreux que soit le personnel occupé, si peu compliqué que soit l'outillage où s'effectue une « transformation ».

De même pour les conflits en sens inverse, survenus entre ces deux hautes juridictions : dans ces derniers temps, le Conseil d'État refusant décharge de la taxe de quatre centimes à tel marchand de charbon de terre en demi-gros, exploitant un dépôt de charbon, par exemple, et la Cour de cassation au contraire, déclarant que la loi ne s'applique pas « aux entrepositaires de charbon ».

Toutes ces difficultés auront disparu avec le vote de l'article 1er de la loi proposée qui dit :

« La loi du 9 avril 1898 est applicable aux ateliers et aux industries de l'alimentation comme à toutes les autres exploitations industrielles, ainsi qu'aux chantiers de manutention ou de dépôt. »

Le double bénéfice d'une précision plus grande dans les textes et d'une extension nécessaire des bienfaits de la loi de 1898 est un résultat qui peut paraître modeste. Ce n'en sera pas moins un progrès véritable dont le monde du travail sera reconnaissant.

III. — *Les maladies professionnelles et l'hygiène des travailleurs.*

J'admire la subtilité des distinctions où s'appliquent des spécialistes avisés et la fantaisie des statistiques savantes auxquelles se livrent certains sociologues. Voici qu'on s'évertue aujourd'hui à distinguer les maladies qu'on déclare professionnelles de celles qui, à ce qu'il paraît, ne le sont pas, de façon à créer une législation instituant les responsabilités et fixant les réparations.

Le paragraphe *d* de l'article 5 de la loi fédérale suisse du 23 mars 1877, concernant le travail dans les fabriques, dit : « Le Conseil fédéral désignera, en outre, celles des industries dont l'exercice suffit à engendrer certaines maladies graves auxquelles s'étendra la responsabilité prévue pour les accidents. » Des arrêtés du 19 décembre 1887 et du 18 janvier 1901 énumèrent les industries qui sont susceptibles d'engendrer certainement et exclusivement des maladies déterminées dangereuses et les substances qui y sont produites ou employées.

C'est fort bien. Malheureusement, soit parce que le régime

de la réparation des acccidents du travail ne repose encore en Suisse que sur le principe de la responsabilité civile, soit parce que des difficultés de constatation se sont rencontrées, soit à cause des limitations qui en réduisent la portée, la loi, depuis vingt-cinq ans, ne semble pas avoir donné de bien sérieux résultats.

L'Allemagne et la Belgique ont écarté la réparation des maladies professionnelles. En Italie, la commission a reconnu la difficulté de démontrer qu'une maladie « a été contractée en travaillant et parce qu'on travaillait ». Mais elle note que les maladies infectieuses et les empoisonnements méritent plus encore que les accidents la qualification de risques professionnels : « 1° Parce que ces affections sont très souvent inévitables, indépendamment de la prudence et de l'attention vigilante de l'ouvrier ; 2° parce que leur gravité ne peut être atténuée par les soins de l'industriel, qui modifiera la méthode de travail ou prendra d'autres mesures de précaution appropriées bien plus facilement que pour les accidents se manifestant par des blessures. »

« Il est impossible de tenter, dit l'honorable M. Paulet, directeur de l'Assurance et de la Prévoyance sociales au ministère du Commerce, pour la maladie professionnelle, une législation complètement différente de la législation appliquée aux accidents : les rapports entre la maladie et l'accident étant trop étroits pour qu'il n'y ait point un intérêt évident à laisser ces deux manifestations du risque professionnel sous l'empire des mêmes principes et, pour autant que les faits s'y plient, des mêmes formalités. »

J'en demeure d'accord et j'admets l'assimilation, par voie législative, des maladies professionnelles aux accidents du travail, mais sans préoccupation de fixer par avance le nom des maladies qui seront professionnelles — toutes étant susceptibles de se lier directement et expressément à l'accomplissement du travail.

Je prends un exemple : Le diabète n'a point été classé parmi les maladies professionnelles. Il n'est point spécialement causé par l'emploi des substances nocives au nombre de trente-quatre qu'énumère la loi suisse. Or, et c'est une histoire vraie, il arrive qu'un brave homme jouissant d'une excellente santé reçoit dans son travail une pièce de fonte sur la nuque. La contusion a été violente, mais ne laisse pas de traces et l'ouvrier n'a pas à interrompre son travail. Au bout de quelques semaines, il se sent affaibli ; un peu plus tard survient un anthrax ; on constate le diabète, quelque temps après il meurt. Au point de vue scientifique, nul doute : c'est l'accident initial qui a causé le diabète auquel le malheureux a succombé.

En l'espèce, il n'y a pas de maladie professionnelle et il faut se reporter à un accident déjà lointain pour faire rentrer le cas dans le domaine de la réparation légale. Ce n'est cependant que justice.

Quel n'est pas d'ailleurs en ces matières l'embarras des tribunaux ? Tandis que la jurisprudence rejette du domaine de la réparation « l'inflammation aiguë d'une bourse séreuse consécutive à l'exercice de la profession pour un parqueteur », ou l'état variqueux « résultant de l'exercice de la profession », ou encore l'eczéma lorsque « l'état morbide est la diathèse de la pratique normale de la profession », elle n'hésite pas à ranger dans la catégorie des accidents du travail les maladies syphilitiques lorsqu'elles sont déterminées par un traumatisme consécutif à un accident ; l'intoxication éthylique lorsque « l'accident, l'ébranlement physique et moral qu'il a occasionné, l'inaction à laquelle il a condamné la victime ont été la cause des manifestations de l'intoxication » ; l'inoculation charbonneuse s'il s'agit d'une infection contractée « en manipulant des peaux contaminées dans l'usine du patron » ; l'intoxication saturnine lorsqu'elle a été « brusque ».

Pourquoi admettre la réparation dans un cas et la refuser dans l'autre? Le dommage n'est-il pas réel ici et là? La misère sera-t-elle moins grande pour l'ouvrier, pour la femme et pour les enfants, suivant qu'on aura savamment classé la maladie parmi les affections professionnelles ou non?

La loi sur les accidents du travail du 9 avril 1898 — loi humanitaire s'il en fut — est fondée chez nous sur une idée simple, claire : il est facile de saisir le moment, les conditions, la nature de l'accident qui la met en jeu. C'est un fait dont découle normalement toute une procédure de réparation du dommage causé à la victime. Il est même des cas où, par extension, l'accident, quoique indépendant du travail — comme il advint à ce boucher du steamer la *Bretagne*, qui, son travail terminé, en rentrant dans sa cabine, fut jeté à terre par un violent coup de roulis et eut la jambe fracturée — peut être considéré comme étant lié au travail par une relation de cause à effet et qu'en somme « tout risque inhérent au fait même de la profession de l'ouvrier et se rattachant au fonctionnement même de l'entreprise » constitue le risque professionnel.

N'est-il pas à la fois plus simple et plus juste de considérer comme entraînant réparation toute affection qui, liée au travail, aura déterminé l'incapacité temporaire ou définitive, sans demander à je ne sais quelles subtiles et arbitraires distinctions des différences de traitement, que le caprice et la fantaisie expliquent seuls la plupart du temps.

Tout ouvrier qui succombe à la peine a droit, pour lui et les siens, qu'il s'agisse d'une maladie professionnelle ou non — comme d'un accident — à une légale réparation. Il faut élargir la sphère d'application de la législation initiale sur le risque professionnel. Ce sera d'abord un acte d'humanité. Mais ce sera aussi une incitation aux patrons à accepter et même à devancer les suggestions de l'inspection du travail en matière d'hygiène, eux-mêmes se trouvant matériellement intéressés à n'avoir pas de maladie sérieuse à indemniser. Ce ne serait pas un mince résultat.

**

En 1903, au moment de partir en vacances, la Chambre, a voté une de ces petites lois excellentes qui, sans tapage, constituent des progrès réels, tangibles et durables.

La loi du 12 juin 1893, sur l'hygiène et la sécurité dans les établissements industriels, laissait en dehors de son action un certain nombre d'industries. La loi nouvelle, retour du Sénat, a tout englobé, étendant les bénéfices du régime actuel à toute une immense catégorie de travailleurs qui était sevrée jusqu'ici de ses bienfaits.

Point de discours retentissants, point d'habiles surenchères. Sans tapage et sans phrases, se faisant toute petite et toute modeste, la bonne loi a subi victorieusement l'épreuve du scrutin à mains levées ; sans être parfaite, — les tribunaux se chargent de démontrer qu'il n'y a pas de lois parfaites — elle n'en constitue pas moins un réel progrès et n'en sera pas moins bienfaisante.

Jusqu'ici, comme on le sait, les manufactures, usines, chantiers et ateliers de tous genres et leurs dépendances étaient seuls tenus à des prescriptions légales d'hygiène et de sécurité, soumis à la surveillance des inspecteurs du travail, sous peine de sanctions judiciaires en cas d'infraction. La loi nouvelle ajoute à l'énumération de l'article 1er « les laboratoires, cuisines, caves et chais, magasins, boutiques, bureaux, entreprises de chargement et de déchargement et leurs dépendances, de quelque nature que ce soit, publics ou privés, laïques ou religieux, même lorsque ces établissements ont un caractère d'enseignement professionnel ou de bien-faisance ».

C'est toute l'industrie de l'alimentation, ce sont tous les

magasins de manipulation et de vente, — sauf ceux où ne travaillent que les membres d'une même famille et sans le secours d'un moteur mécanique — et quelques autres industries encore qui tombent ainsi sous le contrôle de l'inspecteur du travail.

Les théâtres, par exemple, les cirques et les autres établissements similaires où il est fait emploi d'appareils mécaniques, n'échapperont plus aux visites des inspecteurs qui, obligés dans le passé à payer leur place, comme tout le monde, aux représentations, auront désormais libre accès pour se rendre compte des conditions d'hygiène et de sécurité où se trouve le personnel et, le cas échéant, pour verbaliser.

On ne sait pas assez combien a besoin de protection tout le petit monde de la figuration et des emplois subalternes, dans ces salles de spectacles où ceux qui sont chargés d'amuser les autres ont souvent des larmes pleins les yeux et le ventre creux.

Le bénéfice de cette généralisation est déjà grand et vaut qu'on le signale, mais la loi fait plus et mieux. Elle ouvre les fenêtres de certaines institutions jusqu'ici hermétiquement fermées aux regards indiscrets ; elle fait une brèche dans les grands murs des ouvroirs et des refuges, par où pourront être entrevues les victimes du surmenage et des mauvais traitements et parfois entendus leurs sanglots et leurs cris.

« Les établissements publics ou privés, laïques ou religieux », dit le texte, eussent-ils même un caractère d'enseignement professionnel ou de bienfaisance, devront s'ouvrir maintenant devant les inspecteurs du travail. Je crois bien que ceux de ces honorables fonctionnaires, qui auront des yeux pour voir et des oreilles pour entendre, nous en apprendront de belles, si nous en jugeons par les scandales du « Bon Pasteur » de Nancy et du « Refuge » de la sœur Sainte-Rose, à Tours (¹), à moins qu'en chassant les abus, nos

(¹) Voir à ce sujet : Dr Thulié, *la charité criminelle*; un vol. 3 fr. 50 Ed. Cornély et Cⁱᵉ, éditeurs, 101, rue de Vaugirard, Paris.

inspecteurs ne tuent des institutions de soi-disant bienfaisance, qui ne connaissent pas la charité sans profit.

La perspective d'une amende de 100 à 5oo francs et, en cas de récidive, de 5oo à 1.000, paraît d'ailleurs bien faite pour tenir en respect ceux qui seraient tentés de mettre obstacle à l'accomplissement de la mission de l'inspecteur du travail.

Hier, quand d'aventure un préfet ou un procureur de la République venait sonner à la porte d'un de ces établissements congréganistes où l'on travaille, la sœur tourière y mettait le temps avant d'ouvrir. S'agissait-il d'un asile d'aliénés, c'était plus long encore de toute la durée nécessaire pour faire tomber les entraves et les camisoles de force et placer chacun à son poste.

Aujourd'hui, les inspecteurs auront charge d'exiger l'exécution « des mesures générales de protection et de salubrité applicables à tous les établissements assujettis, notamment en ce qui concerne l'éclairage, l'aération ou la ventilation, les eaux potables, les fosses d'aisance, l'évacuation des poussières et vapeurs, les précautions à prendre contre les incendies, le couchage du personnel, etc., aussi bien que les prescriptions particulières relatives à certaines professions et à certains modes de travail ».

Ainsi le veut la loi et ceux qui ont pris connaissance des enquêtes récentes ou entendu les dépositions reçues par la Commission parlementaire du travail, au cours des études préparatoires à la rédaction du texte légal, ont certainement conservé une douloureuse impression du tableau qui leur a été présenté.

Quand on songe aux conditions de travail auxquelles sont condamnés jeunes gens et adultes, dans certaines cuisines, dans les laveries, aussi bien que dans certaines arrière-boutiques, sous des plafonds bas, avec le gaz constamment allumé, dans l'humidité nauséeuse dont s'imprègnent les murs, sur les planchers ou sur les carrelages aux boues grasses et glissantes, dans un air empuanti des plus infectes odeurs, qui donc ne pourrait applaudir à la loi qui ouvre ces sentines à l'inspection ?

Mais sur ces différents points tout le monde est d'accord. Un seul article soulevait une question délicate.

Comment en pratique appliquerait-on la loi nouvelle aux établissements de l'État ? Les inspecteurs du travail, qui relèvent du ministre du Commerce, allaient-ils dresser des procès-verbaux aux ministres des autres départements, quand des infractions à la loi y seraient constatées ?

On voit mal le ministre du Commerce faisant verbaliser contre le ministre de la Guerre ou de la Marine. Et si l'inspecteur du travail fait une injonction d'avoir à modifier des ateliers, quelle sera la sanction contre le ministre auquel la Chambre aura, je suppose, refusé des crédits suffisants pour exécuter les travaux exigés ?

Au lieu de la mise en demeure, des procès-verbaux et de la fermeture d'office, c'est-à-dire des sanctions de droit commun, évidemment inapplicables, le législateur a laissé à un règlement d'administration publique le choix des formalités à instituer et donne pour sanction morale la publicité du rapport annuel ordonné par l'article 10 de la loi, et où devront être consignées toutes les défectuosités et toutes les infractions constatées.

Sera-ce suffisant ? L'avenir le dira. Il est certain cependant que l'État doit être le « bon patron » et donner l'exemple. Quant aux établissements de l'État dans lesquels l'intérêt de la défense nationale s'oppose à l'introduction d'agents étrangers au service, malgré qu'il nous semble que les inspecteurs du travail puissent être des serviteurs d'une discrétion et d'une loyauté absolues, l'exécution de la loi reste exclusivement confiée aux agents désignés par les ministres de la Guerre et de la Marine.

On y gagnera du moins que les responsabilités ne seront pas dispersées et que les secrets auront chance d'être mieux gardés.

IV. — *Les Économats.*

Le premier inventeur des Économats a dû être un bon patron, préoccupé sans doute de diminuer les charges de ses ouvriers, sans abaisser leurs salaires. Quoi de plus utile, en effet, à première vue, que ces institutions?

La vie est lourde au travailleur. Obligé — faute d'avances — d'acheter au jour le jour, suivant les besoins du moment, chacune des choses nécessaires à son existence, il paye tout au plus haut prix. Le vin, qu'il prend à la bouteille chez l'épicier, lui coûte deux fois plus cher à lui qu'au rentier qui peut l'acheter par barriques. Il en est de même pour tout. Le patron, en revanche, est en mesure de se procurer au meilleur compte les objets de consommation dont ses ouvriers ont besoin et — sans qu'il lui en coûte rien — de leur assurer des bénéfices notables.

Comment ne serait-il pas tenté, dans un élan généreux, d'user de cet avantage au profit de ses ouvriers, certain d'ailleurs de se ménager par là leur reconnaissance et leur fidélité !

L'Économat est donc l'institution qui a pour but, dans une industrie, l'achat et la répartition des fournitures nécessaires au personnel. La plupart du temps, les livraisons sont faites contre des bons que l'ouvrier reçoit en payement de son travail ou sont inscrites sur un livret réglé le jour de la paye.

Rien de mieux évidemment, et sous cet aspect, l'Économat est véritablement une institution philanthropique ; malheusement pour le patron, la pente est glissante et la tentation dangereuse, dès qu'il s'aperçoit qu'il y a un profit possible à réaliser ; pour l'ouvrier, le péril apparaît dès qu'il se sent devenir le prisonnier de la maison où il travaille.

L'institution, excellente en principe, est devenue détestable en fait.

En Angleterre, en Belgique, en Autriche, en Allemagne, il a fallu établir des prohibitions sévères contre le *truc system* et le *pluck me*.

Le *truc system* est le régime des Économats, qui ne sont que des entreprises commerciales annexées par le patron à son industrie et d'où celui-ci tire de nouveaux bénéfices au grand détriment des ouvriers, condamnés à se fournir dans ses magasins, sous peine de renvoi, à des prix non pas réduits au minimum, mais parfois outrageusement majorés.

Le *pluck me* (pillez-moi) consiste, pour l'employeur, à payer son monde en billets, souscrits à une échéance qui peut aller jusqu'à deux ans, avec lesquels l'ouvrier peut se procurer tout ce qui lui manque et qu'il peut faire escompter, soit à la maison même, soit à des prête-noms, s'il veut les convertir en argent.

C'est contre ce régime de double exploitation que nos voisins ont légiféré, sans se laisser séduire par l'apparente sécurité qu'il assure à la famille, mais qui coûte trop cher quand il prend fantaisie au patron de fournir des marchandises de qualité inférieure à des prix excessifs. On cite des cas d'entreprises qui n'ont vécu que des profits réalisés par l'Économat sur le salaire des ouvriers, versé d'une main et repris ainsi de l'autre.

Comment les travailleurs eux-mêmes ne seraient-ils pas tentés de changer les jetons qu'on leur octroie en guise de monnaie, le jour de la paye, par exemple, contre la tournée de grands et de petits verres consommés de compagnie, ou de prendre à crédit des marchandises pour se procurer quelque argent en les revendant à vil prix, comme la constatation en fut faite lors de la grève de Decazeville.

Soit ! dira-t-on, ce sont des abus qu'il faut empêcher : mais est-il nécessaire pour cela de condamner les Économats ? A n'en pas douter ; car même institués dans un but exclusivement philanthropique, sans arrière-pensée de spéculation, ils portent en eux-mêmes les inconvénients les plus graves dont le principal vient du crédit.

L'ouvrier se laisse trop facilement entraîner — et comment résisterait-il ? — à entamer les payes prochaines. S'il ne le fait pas pour se procurer un peu plus de bien-être immédiat en cédant à quelque tentation pour lui-même, comment hésiterait-il dans les heures de détresse, où le maigre salaire de la semaine est si vite absorbé, à mordre sur l'avenir quand il s'agira d'assurer à la femme exténuée ou à ses enfants, un pain un peu moins dur et des vêtements un peu plus chauds ?

L'ouvrier qui achète à crédit ne se rend pas compte de ses dépenses. C'est pour lui une surprise désagréable chaque fois que sa note lui est présentée. Il ne s'imagine jamais qu'il a pu aller si vite.

La ménagère, de son côté, qui serait économe, s'il lui fallait sortir de sa poche la pièce blanche qu'elle devra débourser pour satisfaire une envie, un pauvre caprice qui date souvent de loin, laissera sans peine mettre sur la note le prix de l'objet convoité. Le mari, à son tour, ne se refusera pas la joie de faire plaisir à sa compagne, par l'acquisition inutile d'un colifichet pour elle ou pour son enfant, dont s'enorgueillira sa tendresse maternelle ou sa coquetterie de femme.

Ainsi, petit à petit, le patron prend hypothèque sur le salaire de son ouvrier, devenu désormais sa chose. Le voilà rivé à l'usine, le malheureux, d'autant plus étroitement que sa dette se sera accrue davantage. C'est de son indépendance qu'il paye les faiblesses d'un trop facile et souvent trop compréhensible entraînement !

Par ce système, en réalité, le payement en nature s'est trouvé substitué au payement en numéraire.

La loi de 1895 a voulu réprimer cet abus en interdisant toute compensation entre le salaire échu et la créance du patron pour fourniture d'aliments, de vêtements, de logement, etc. Le patron ne peut, comme d'autres créanciers, exercer une saisie-arrêt que jusqu'à concurrence du dixième du salaire, mais il ne risque rien, car il a pour gage le salaire à venir, grâce au besoin que l'ouvrier a de sa place.

On cite souvent, comme modèle d'Économat, celui de la Compagnie des chemins de fer de l'Ouest qui, paraît-il, ne ferait pas de bénéfices et ne prélèverait pour ses frais généraux qu'un droit de 8 o/o. La vente annuelle y dépasse 150.000 francs.

En Belgique, il existe des magasins patronaux qui vendent les principales denrées et les vêtements au prix coûtant. La loi y interdit la vente à crédit.

En Silésie, l'Économat est une véritable institution de secours ; on y vend à une clientèle spéciale et à des prix inférieurs à la valeur réelle.

En Russie, avant la loi du 15 juin 1886, le *truc system* et le régime des amendes créaient pour l'ouvrier un véritable servage auquel il ne réussissait plus à se soustraire ; on y relevait les pires scandales. Ils n'étaient pas rares, les patrons qui vendaient à leurs ouvriers vivres et vêtements jusqu'à 26 o/o plus cher que les commerçants voisins.

Est-ce à dire que les Économats n'aient eu aucune utilité ? Que non pas ! Ils ont préparé le règne de la coopération. En 1887, le congrès des chemins de fer de Milan émettait le vœu suivant : « Lorsque, pour une raison quelconque, l'initiative individuelle ne peut avoir un libre cours, les Économats et autres institutions semblables sont à recommander, à la condition toutefois qu'ils ne soient jamais obligatoires, que toutes les mesures à adopter tendent à dégager les administrés d'une tutelle qui n'est pas sans danger et à développer l'action des Sociétés coopératives, dégagées de toute ingérence directe des administrations — desideratum auquel doivent tendre tous nos efforts. »

Le bon patron a voulu résoudre pour la famille ouvrière le problème de la vie à bon marché ; malgré les abus, l'Éco- nomat a préparé la coopérative de consommation.

Souvent pour vivre, l'Économat, en face de l'hostilité du petit commerce et du mécontentement des ouvriers, a dû se résoudre à vendre aux prix courants et à partager les béné- fices réalisés avec des travailleurs, ses clients. De là à trans- former l'Économat patronal en une Coopérative favorisée par le patron, mais dirigée par les ouvriers eux-mêmes, il n'y avait qu'un pas.

Ce pas, il faut qu'il soit franchi partout, car la coopération qui libère est socialement bien supérieure au patronage qui asservit.

* *

Dans une proposition de loi fort intéressante, un hono- rable député de la Seine signale l'Économat d'une grande aciérie. C'est un hôtel, avec restaurant et café, des apparte- ments pour employés, de nombreuses chambres pour ouvriers, des salles de débit, des locaux pour la vente au détail, des boulangeries... Le tout a coûté 600.000 francs. On y vend toutes sortes d'objets d'alimentation, des vêtements, des chaussures, de la mercerie et des étoffes. Huit cents ouvriers y ont compte ouvert et leurs dépenses sont réglées chaque semaine ou chaque quinzaine au moyen de retenues faites sur leurs salaires.

Dans cette organisation, il n'y a rien de déguisé. Le patron

8

se fait ouvertement fournisseur de son ouvrier, — qui devient par la force des choses, et quoique payant souvent plus cher, son client obligé. Tout l'y pousse : les commodités de l'achat à crédit, le souci de conserver les bonnes grâces du maître et des chefs.

Mais à certaines Compagnies, il a semblé plus habile de créer un type qui, tout en laissant au patronat les mêmes avantages, donnerait à l'institution elle-même le caractère démocratique et bienfaisant des associations coopératives et n'éveillerait pas les susceptibilités ouvrières. Ainsi fut créée, vers la fin de 1880, la Société coopérative de Decazeville. Elle comprend plus de 500 membres, qui sont des ouvriers des houillères et une trentaine de membres étrangers à la mine. Elle est dirigée par un Conseil d'administration élu, mais dont le président et le vice-président sont des ingénieurs de la Compagnie. Le lien est trop visible.

On paye le pain avec des jetons et la viande par inscription sur un livret, et la Compagnie se rembourse par des retenues sur les salaires, éludant ainsi l'article de la loi du 12 janvier 1895 qui prescrit cependant « qu'aucune compensation ne peut s'opérer au profit des patrons entre le montant des salaires dus par eux à leurs ouvriers et les sommes qui leur seraient dues à eux-mêmes pour fournitures diverses, quelle qu'en soit la nature ».

Le bénéfice que retirent les Compagnies de l'application du *truc system* n'est pas douteux. L'Économat de la grande aciérie dont je viens de parler fait en moyenne une recette journalière de 300 francs et encaisse un bénéfice annuel net qui atteint 50.000 francs.

L'Économat du chemin de fer à Tours fait 120.000 francs d'affaires par an ; il y a quelque part, dans le Nord, si j'en crois M. Georges Berry, une grande verrerie qui se contente des bénéfices de son Économat.

Comment en serait-il autrement ?

A l'Économat, on peut vendre plus cher qu'ailleurs, parce que l'ouvrier subit une obligation morale de se fournir là et là seulement. S'agit-il d'une Compagnie de chemins de fer, ses marchandises échappent aux droits d'octroi, pour la partie du moins qui est consommée dans la gare, et par la franchise frauduleuse dont bénéficie son personnel sur les frais de transport.

Et n'est-ce rien d'ailleurs que de n'avoir à courir aucun risque et d'être assuré, en se payant soi-même, qu'on ne perdra jamais ni un franc ni un sou ?

Pour le ménage modèle, où se seront donné rendez-vous toutes les vertus domestiques, il sera déjà fort dur à l'ouvrier de payer à l'Économat plus cher qu'au marché et de se sentir privé de la liberté de dépenser son argent où il veut et comme il l'entend, sans avoir à subir le contrôle humiliant de la Compagnie. Mais si la femme est quelque peu coquette ou gourmande, comment résistera-t-elle aux invites qui lui seront faites au magasin, et si l'homme a quelque goût pour le cabaret, ne sera-t-il pas entraîné à consommer plus que ne le comporte son maigre budget, et alors par la faute de l'un ou par celle de l'autre, petit à petit, la gêne entrera dans la maison, la privation pour les enfants peut-être et très certainement pour l'ouvrier, la perte de toute indépendance vis-à-vis de la Compagnie, devenue créancière de son travail.

Mais ce n'est pas tout et il est d'autres répercussions de ces abominables abus, plus médiates peut-être mais non moins dignes d'attention. Que devient, devant cette concurrence déloyale le petit boutiquier ou le petit commerçant ? Il est vraiment à plaindre. Impuissant à payer ses impôts, son propriétaire et ses fournisseurs, il n'a plus guère en perspective que l'obligation de plier bagage et de mettre la clef sous la porte, heureux quand il peut le faire avant la faillite ! Ainsi les Économats, devenus les branches des grandes industries, tuent à l'ombre de ces puissants mancenilliers toute initiative individuelle, toute liberté, toute légitime concurrence, toute vie.

En Angleterre, où la loi a formellement aboli le *truc system*, comme en France où fonctionnent encore les Économats, il n'est personne de ceux qui se sont occupés de ces questions d'une façon désintéressée qui n'ait condamné et flétri ces injustifiables institutions.

« Par ce moyen, dit un ministre des Travaux publics, les ouvriers n'ont jamais d'argent à leur disposition ; ils se trouvent rivés à la mine par la misère et par les dettes... » « Les ouvriers ont là, en quelque sorte, une surveillance, un contrôle, une véritable police exercée sur leur consommation »... ce qui est intolérable.

« Il est trop clair, dit le Conseil supérieur du travail, qu'on a raison d'affirmer que les Économats mettent les ouvriers dans une situation de dépendance plus étroite qu'ils n'étaient auparavant, vis-à-vis des Sociétés de mines qui sont ainsi tenues constamment au courant non seulement de leurs actes, mais encore de leurs dépenses et de leur manière de vivre. »

Et M. Cheysson, inspecteur général des ponts et chaussées, de s'écrier :

« On sait à quels abus odieux a donné lieu cette fourniture. La spéculation coupable par laquelle le patron confisque une partie du salaire des ouvriers, en leur vendant des denrées à haut prix, en les leur imposant sous peine d'exclusion et en les poussant à des consommations nuisibles comme celles des boissons alcooliques, est connue et flétrie sous le nom de *truc system*. La plupart des pays ont essayé de s'en défendre par des lois sévères... »

En France, le *truc system* nous a valu la grève de Decazeville avec ses incidents tragiques, en 1886, et celle de Commentry, en 1890.

Il est temps de faire disparaître les Économats patronaux

qui sont un outrage au droit, à l'égalité des citoyens, à la liberté des faibles et à la morale publique.

V. — *Le problème des retraites ouvrières. La loi belge du 10 mai 1900.*

La dette la plus importante et la plus sacrée qu'ait contractée la République vis-à-vis de la démocratie est l'obligation d'assurer aux travailleurs la sécurité et la dignité de leur vieillesse.

Il est, en effet, abominable de penser qu'après une vie de dur labeur, quand l'outil est devenu trop lourd à son bras, quand les infirmités se sont déclarées, l'ouvrier qui aura eu à lutter contre le chômage et la maladie, ployant sous les charges de famille pour subsister misérablement sans jamais pouvoir épargner, se trouvera au soir de la vie entre le réchaud de charbon et la mendicité honteuse, sans droit à un morceau de pain, sans droit à la pierre où reposer sa tête.

Et si par hasard, dans une période de bonne chance, il lui a été possible de faire quelques économies pour les mauvais jours, combien de fois n'aura-t-il pas été obligé de recourir au bas de laine ou de casser la tirelire qui gardaient ses maigres et dernières ressources !

Et quelle angoisse pour le travailleur que de penser à cette insécurité du lendemain, à cette misère qui le menace sur le tard de sa rude carrière !

Il ne se passe pas de semaine où — aux faits divers — entre une réclame en faveur de quelque « élixir de longue vie » et le confortable « menu bourgeois du jour », ne se glisse, par une cruelle ironie des rapprochements, quelque drame lamentable où des vieux, portes et fenêtres bien closes, silencieusement, se sont évadés du bagne de la vie pour se réfugier —

Dieu sait après quelles tortures morales et physiques — dans la mort trop lente à venir au gré de leur attente.

Les grandes assemblées de la Révolution ont affirmé avec éclat le devoir de la société envers les déshérités, sous cette triple formule : « Assistance à l'invalide, travail aux valides, extinction de la mendicité ». Le Gouvernement de juillet, qui n'était pas novateur, avait, dès 1844, demandé à une commission extra-parlementaire, composée des hommes les plus distingués dans les sciences, un projet de loi sur cette question. La Constitution de 1848 proclamait dans son article 8 que la République doit, « par une assistance fraternelle, assurer l'existence des citoyens nécessiteux, soit en leur procurant du travail dans la limite de ses moyens, soit en donnant, à défaut de la famille, des ressources à ceux qui sont hors d'état de travailler ».

Dans tous les partis, on reconnaît « qu'il n'est pas d'institutions nouvelles plus ardemment souhaitées que celles qui garantiraient la sécurité du vieil âge ». De tous côtés s'élève le cri de l'humanité et se manifeste avec une puissance toujours accrue cette aspiration vers l'organisation de la prévoyance sociale.

Mais ce n'est qu'avec la fin du principe monarchique que cette évolution s'est manifestée, et que s'est imposée la substitution, à l'esprit de charité du droit à l'assistance et du devoir de prévoyance sociale, sous l'influence vivifiante du grand principe de solidarité.

Aujourd'hui, chacun comprend qu'il faut, suivant l'heureuse formule de M. Léon Bourgeois, par l'assurance, l'assistance, la prévoyance, l'organisation des retraites, entourer d'un réseau général de solidarité sociale ceux qui travaillent, ceux qui souffrent, ceux qui malgré leur travail, malgré leurs efforts et leur économie, n'ont pu trouver l'épargne nécessaire pour avoir, avant le terme de la vie, le repos et la dignité qui leur sont dus.

Depuis un demi-siècle, ces hautes préoccupations ont inspiré plus de cinq mille projets, propositions ou systèmes divers à la fécondité des législateurs parlementaires et autres.

Sans entrer dans leur examen ni même dans le détail des projets déposés dans cette législature et la précédente, il est intéressant de rechercher, en cette matière comme dans les autres, ce qu'ont fait les peuples étrangers.

*
* *

Le problème des retraites ouvrières est posé partout autour de nous ; il est résolu dans certains pays, comme la Belgique et l'Allemagne par exemple.

La loi allemande, comme toutes les institutions de ce pays formidablement caporalisé, prend un caractère autoritaire et despotique. Elle crée l'obligation de l'assurance à la fois contre la maladie, l'accident et l'invalidité.

Elle accorde, d'une part, une pension d'invalidité à tout assuré qui, par suite d'infirmités naturelles, quel que soit son âge, ne peut plus gagner le tiers de son salaire normal, ou qui, frappé d'incapacité depuis plus de vingt-six semaines, est assuré depuis deux cents semaines au moins, et, d'autre part elle fait une pension de vieillesse à tout assuré, même valide, âgé de soixante-dix ans, s'il a opéré des versements réguliers depuis 1.200 semaines.

Ces deux pensions se composent d'une part fixe de 50 marks, qui représente la subvention de l'État, et d'une part variable suivant la durée de l'assurance et le taux du salaire, jusqu'à concurrence d'une pension qui va d'un minimum de 100 marks à un maximum de 230 marks.

Lorsque la période d'équilibre sera atteinte, les charges de l'assurance devront être, pour un salaire moyen de 600 marks représentant 300 journées de travail, 7 marks 05 pour le patron, 7 marks 05 pour l'ouvrier et 3 marks 35 pour l'Empire.

Les socialistes allemands ont accepté ce système, et le patronat n'a pas refusé de s'imposer les 2,67 o/o du salaire pour réaliser l'assurance d'invalidité des ouvriers. Ainsi s'est constituée une sorte de solidarité bienfaisante du capital et du travail.

Entre la Belgique et la France, il y a de notables dissemblances d'habitudes, de traditions et de mœurs. L'application des remèdes aux maux dont tous les peuples souffrent est rendue singulièrement plus facile à nos voisins qu'à nous-mêmes, parce que le territoire de la Belgique n'a que d'étroites limites comparées aux nôtres, parce que sa population présente un caractère d'homogénéité qui nous manque, et surtout parce qu'elle bénéficie des avantages d'une neutralité militaire alors que nous subissons toutes les charges d'une puissance condamnée à rester formidablement armée au milieu du vaste camp retranché de l'Europe.

Nous pouvons néanmoins trouver dans l'organisme constitué en Belgique pour venir en aide aux vaincus de la vie, un enseignement et de précieuses indications, à condition toutefois de le bien connaître.

La loi belge du 10 mai 1900 a un double aspect ; elle est à la fois une loi permanente qui crée une obligation d'intervention et d'encouragement de l'État au profit des affiliés à la Caisse des retraites, et une loi transitoire qui comporte un essai de solution générale et définitive à la question des retraites.

Il est à remarquer qu'elle ne vise que la vieillesse. C'est une loi de 1865, qui répond en Belgique au problème de l'invalidité prématurée.

On a appelé assez justement le système belge, un système « subventionniste », et, de fait, il se réduit à la consolidation légale des subsides précédemment accordés par la bienveillance gouvernementale soit aux affiliés directs à la Caisse générale des retraites, soit aux affiliés par l'intermédiaire des sociétés mutualistes.

Les primes — je le note en passant — sont toujours versées à capital aliéné, et l'assuré n'est admis au bénéfice des primes de l'État qu'autant que l'ensemble des sommes inscrites sur son livret ne dépasse pas le chiffre nécessaire pour lui constituer une rente annuelle et viagère de 360 francs à partir de 65 ans.

Au point de vue de l'intervention de l'État, les travailleurs sont divisés en trois groupes : dans le premier sont ceux qui, de 16 à 40 ans, peuvent s'assurer une retraite suffisante et auxquels suffit le régime normal ; dans le second sont ceux qui, ne pouvant pas jouir des primes de l'État pendant un temps suffisant pour se constituer leur retraite, peuvent au bénéfice d'une disposition transitoire obtenir, par un effort d'épargne plus considérable, une aide plus large ; enfin, dans la troisième figurent les ouvriers de 65 ans et plus, trop âgés pour travailler et pour lesquels on ne peut prendre que des mesures de bienfaisance.

L'État exclut de ses faveurs les affiliés directs à la Caisse des retraites qui payent plus de 50 francs d'impôt, mais non l'affilié mutualiste.

Pour ce dernier, toutes les formalités se simplifient, toutes les entraves administratives disparaissent pour la constitution de son titre et la reconnaissance de son droit. Mais il convient de remarquer que les sociétés mutuelles belges, auxquelles l'État fait ainsi une situation tout à fait privilégiée, sont tout autres que nos Mutualités françaises en ce qu'elles n'ont d'autre caractère que celui de sociétés d'affiliation à la Caisse générale des retraites.

« L'ouvrier qui, spontanément, devient le client de la Caisse des retraites en France, est un mythe », dit Millerand. En 1900, la moyenne des pensions servies par cette caisse aux ouvriers qui s'étaient adressés à elle était de 8 francs par mois. Au contraire, l'ouvrier belge, enrôlé dans une société mutuelle où il est constamment tenu en éveil, verse facilement et avec régularité, conscient qu'il est des avantages qu'il a à rester membre des associations où il trouve de précieuses garanties d'aide et des espérances.

Aussi, le nombre des sociétés mutualistes qui affilient leurs membres à la Caisse des retraites belges ne cesse-t-il de s'accroître. Il a passé de 1.887 en 1889 à 4.769 au 31 décembre 1901.

Le mutualiste belge n'est-il pas en effet appelé à participer au partage des dons et legs qui peuvent être faits à sa société, et en plus des primes attribuées par la loi de 1900, à jouir d'une autre prime de 2 francs à chaque inscription de 3 francs qu'il met sur son carnet, sans compter cet autre privilège d'avoir droit à la prime de l'État dès l'âge de 6 ans, tandis que les affiliés directs ne peuvent y prétendre qu'à partir de 16 ans.

Comme on le voit, la loi met en harmonie les initiatives locales et la centralisation nécessaire ; d'une part, grâce à l'intervention des mutualités ; de l'autre, par l'existence d'une caisse unique, la Caisse générale d'épargne de retraite et d'assurance, placée sous la garantie de l'État et offrant à sa clientèle, avec le maximum de sécurité, le maximum d'avantages pécuniaires.

Mais c'est par son second aspect que cette loi nous intéresse plus particulièrement ici.

La loi belge ne décrète pas l'obligation de l'assistance comme la loi française et cependant, elle crée par mesure transitoire, il est vrai, un droit à une rente annuelle de 65 francs pour les ouvriers indigents de plus de 65 ans et pour les travailleurs de plus de 55 ans au 1er janvier 1901, lorsqu'ils auront atteint l'âge de 65 ans. Elle charge le comité de patronage des habitations ouvrières et des institutions de prévoyance du soin d'établir les titres du candidat à cette allocation, d'ailleurs incessible et insaisissable. La Belgique inscrit chaque année 12 millions à son budget pour faire face à ces obligations.

Sans doute, cette allocation de 65 francs n'a pas les caractères d'une pension viagère définitivement acquise à son titulaire, à preuve que si le candidat à un tel secours vient à mourir alors qu'il a été déjà statué favorablement sur sa demande, le comité de patronage, qui considère le droit à l'allocation comme purement personnel et non transmissible, ne notifie pas la décision aux héritiers du défunt. Ce secours, l'ouvrier qui y a droit est obligé de le demander pour l'obtenir et il faut, pour cela aussi, qu'il soit ouvrier belge résidant en Belgique. Seuls, l'empire d'Allemagne et le canton suisse de Neuchâtel bénéficient, par voie de réciprocité, des avantages de la loi.

Ainsi donc, quand on parle de la loi belge, il ne faut pas oublier qu'elle ne vise que l'assistance aux vieillards, tandis que la loi française (¹) se préoccupe à la fois des vieillards, des infirmes et des incurables ; qu'elle n'institue qu'un droit pour les ouvriers à la subvention de l'État dans des conditions déterminées pour la constitution de leurs retraites et qu'enfin, elle ne se rapproche, dans son principe, de la loi à l'étude en France que par l'allocation de 65 francs aux vieillards indigents — qui ressemble bien à une pension de retraite, mais n'est qu'une mesure gracieuse et transitoire, toujours révocable.

Chez nos voisins, les Sociétés mutualistes sont l'instrument et le ressort de la loi ; chez nous ce sont des auxiliaires et rien de plus jusqu'ici.

_____

(¹) Discussion à la Chambre du rapport Bienvenu-Martin sur la loi d'assistance aux vieillards, aux infirmes et aux incurables.

CHAPITRE VI

—

CONTRE LE CHOMAGE

I. — *Les bureaux de placement. Le vote de la loi.*
L'organisation [américaine].

Le Parlement s'était donné à tâche la suppression des bureaux de placement. La bataille a été longue et n'a pas été gagnée sans une vigoureuse résistance des tenanciers et de leurs défenseurs

Il fit beau entendre ces derniers évoquer les figurations terrifiantes de la liberté violée, de la spoliation consacrée, du monopole — de l'odieux monopole triomphant — et du collectivisme envahisseur, installé sur les ruines du droit individuel et de la propriété privée !

Il fallut ramener la question à ses justes proportions.

Les bureaux de placement payants vivent en vertu d'un décret-loi de 1852, sous le bénéfice d'une autorisation de police. Ils constituent, disent les partisans du maintien, une propriété. Soit ! Mais une propriété, à coup sûr, essentiellement précaire, puisqu'elle n'a de fondement que dans le bon vouloir administratif, qu'elle n'est pas transmissible et qu'elle n'a de valeur que celle que l'administration, qui dispose des tarifs, veut bien lui fixer.

Si l'on avait réclamé pour ces offices, au nom de la liberté du commerce et de l'industrie, le droit à l'existence, on se fût placé sous l'égide d'un principe supérieur, mais on n'osa pas aller jusque-là. Tout au plus se contenta-t-on de plaider les circonstances atténuantes.

Il eût été difficile, en effet, de déclarer que ce métier, que M. Aynard appelle « un vilain métier », qui ne vit que de prélèvements sur le maigre salaire de l'ouvrier, ne prospère que dans la mesure même où la misère du travailleur augmente, et dont les abus ont éveillé tant d'indignation et de colère, est un métier comme un autre, et comme un autre a droit à la liberté.

Aussi s'est-on borné, tout en réclamant contre les placeurs des règles plus sévères, de crier à la spoliation.

Voilà un bien gros mot et bien vite lâché. Depuis quand l'État n'a-t-il plus le droit d'exproprier ? Ne le fait-il pas tous les jours pour cause d'utilité publique ? Pourquoi ne le pourrait-il plus pour cause de moralité publique ! Quand, pour faire passer un chemin de fer, un canal ou une route, on prend à un citoyen son champ ou sa maison, l'État, dans l'intérêt supérieur de la collectivité, s'inquiète-t-il des convenances du propriétaire ? Il l'indemnise, direz-vous. Certainement ! Parce que son droit de propriété ne vient pas de l'État, parce qu'il a été constitué en dehors de l'autorité qui exproprie, parce qu'il est absolu et incontestable. Mais en est-il de même de la propriété du placeur ? Évidemment non ; et si, dans le cas qui nous occupe, le législateur admet l'indemnité, ce n'est pas parce qu'il se refuse le droit de suppression pure et simple, mais parce qu'il a le souci de corriger en équité l'inexorable brutalité du droit. Rien de plus naturel alors qu'il fixe lui-même l'importance et la nature d'une indemnité à laquelle il souscrit volontairement et qu'il considère comme telle la survie de cinq ans qu'il accorde aux bureaux de placement actuellement existants.

La suppression des bureaux de placement payants n'est nullement le premier pas dans la voie de l'expropriation sans indemnité comme affectent de le craindre leurs défenseurs; elle ne tend pas à donner aux Syndicats le monopole du placement, ni à créer le syndicat obligatoire et à mettre dans sa main toute la masse ouvrière.

Nous avons vu ce qu'il faut penser de la spoliation. Quant aux syndicats, ils s'efforceront certainement — et c'est leur rôle, et où serait le mal? — de devenir les instruments les plus actifs du placement gratuit ; ils y réussissent du reste, car de 20.000 placements opérés il y a cinq ans par les Bourses du travail, le chiffre est monté en peu de temps à plus de 100.000. Mais de privilège, point ! et c'est un singulier monopole, en vérité, que celui qui permet à tout le monde de faire la même chose aux mêmes conditions !

Il y avait dans le projet de loi deux points intéressants ; l'un était relatif aux agences théâtrales, l'autre aux journaux. C'est un bureau de placement d'une physionomie tout à fait spéciale, que celui où se font les engagements des artistes. A quelles conditions s'obtiennent les bons offices des tout-puissants directeurs de ces agences? Je le laisse à penser. Ils disposent en maîtres souverains du sort de toute la légion des comédiens et des chanteurs obligés de passer par leurs mains auxquelles n'échappent guère que les illustrations de l'art scénique. C'est une dîme effroyable qui est prélevée sur tout le petit monde des théâtres. Il faut bien payer pour que la porte d'un théâtre s'ouvre, et l'on paye avec tout ce qu'on a. C'est une abominable exploitation. La loi la supprimait.

Telle était cette loi que les communes auraient eu la faculté d'appliquer, soit en supprimant les bureaux de placement, immédiatement avec une indemnité ou sans indemnité à l'expiration d'un délai de cinq ans : loi qui a beaucoup fait parler d'elle, alimenté de nombreuses polémiques et donné matière à de graves débats : loi de moralité et d'humanité appelée à faire disparaître des abus odieux et sans nombre inhérents à une institution vicieuse en elle-même, à affranchir le prolétariat ouvrier d'une exploitation qui lui coûte bon an mal an près de 7 millions à Paris et environ 18 millions pour la France entière, prélevés sur son salaire !

On s'imagine aisément ce que la perte d'une pareille somme peut représenter de privations, de souffrances, de journées sans pain et de désespérance pour la femme, les chers petits et les vieux de la famille ouvrière.

*
* *

Mais la proposition de loi votée par les députés fut rejetée par le Sénat et la question revint au Palais-Bourbon pour un nouvel examen.

Le nouveau projet différait du précédent sur un point assez important. Il disait notamment : « A partir de la promulgation de la présente loi, un arrêté municipal pourra, à charge d'une indemnité représentant le prix de vente de l'office et qui, à défaut d'entente, sera fixée par le Conseil de préfecture, rapporter les autorisations données en vertu du décret du 25 mars 1852 ; à l'expiration de la cinquième année qui suivra la promulgation de la présente loi, tous les bureaux seront supprimés d'office, sous les conditions d'indemnité prévues par les paragraphes 1 et 2 du présent article. »

Ainsi se trouvait reconnu le droit à l'indemnité, tandis que l'ancien projet prononçait purement et simplement la suppression des bureaux de placement au bout de cinq ans.

Ces dispositions étaient de nature à donner satisfaction aux ouvriers sans léser les droits des particuliers.

Sur le fond de la question, en effet, tous les républicains sont d'accord. Les prélèvements exercés par les bureaux sur les salaires atteignent parfois un taux énorme et l'institution du placement payant, qui donne lieu encore à bien d'autres abus, constitue une véritable exploitation de certaines catégories de travailleurs.

C'est en vain que les réactionnaires et les soi-disant libéraux présentent sa défense au moyen d'arguments plus spécieux que solides. Il ne s'agit pas ici d'un commerce ordinaire en faveur duquel on puisse invoquer la liberté. Il s'agit du travail, c'est-à-dire de l'existence même des êtres humains, ce qui n'est pas, on en conviendra, une marchandise comme les autres.

La société a évidemment le devoir de se préoccuper de la façon dont fonctionne le marché du travail, de le surveiller et de le réglementer. Il y a là un intérêt d'ordre supérieur qui doit dominer tous les intérêts privés.

Or, la liberté en cette matière a tant de fois dégénéré en licence que, dans la plupart des pays civilisés, on a reconnu la nécessité d'un contrôle sévère à l'égard des placeurs. En France, on a favorisé autant que possible le développement du placement gratuit en donnant aux communes, aux syndicats professionnels, aux sociétés de secours mutuels, la faculté de créer des bureaux non payants ; mais les résultats n'ont pas répondu aux efforts du législateur parce que, soit par routine, soit par préjugé, l'employeur a préféré généralement s'adresser aux officines payantes.

Il faut dire toutefois que la solution proposée et que nous exposons ci-dessus n'était pas acceptée par tous les travailleurs ; quelques-uns de ces derniers demandant que l'on repoussât tous les projets qui accorderaient des délais ou des indemnités aux placeurs.

Cependant, les délais sont indispensables dans certains cas parce qu'il y a impossibilité matérielle de substituer partout, au lendemain de la promulgation de la loi, des bureaux gratuits aux bureaux payants. Quant au principe de l'indemnité, on le considérait comme une transaction destinée à entraîner le vote du Sénat.

Malheureusement, quand le débat s'est ouvert de nouveau devant la Chambre, de déplorables incidents s'étaient produits à la Bourse du travail. Il a gardé de ce fait une physionomie un peu particulière.

Il y a eu pour tout le monde, en effet, un peu de surprise dans le brusque déchaînement de violence qui a causé les sanglantes bagarres de la place de la République. Sans doute, on savait bien que, depuis quelque temps, il y avait de l'agitation contre les bureaux de placement payants dans les milieux ouvriers, que la colère montait, surexcitée par les angoisses du chômage, mais il était d'autant plus impossible de prévoir que les ouvriers en viendraient à ces extrémités, qu'ils n'avaient rien demandé au Parlement et n'avaient chargé personne de présenter leurs doléances.

La vérité, c'est qu'à tort ou à raison, ils n'attendaient rien des pouvoirs publics.

Il y avait, en effet, vingt-cinq ans — un quart de siècle et plus — que le décret-loi du 25 mars 1852 qui régit les bureaux de placement payants était condamné par tout le monde, mais il en est de cette loi comme de bon nombre d'autres. Malgré tous les réformateurs, malgré tous les rapporteurs, malgré toutes les commissions, elle se perpétue ; c'est d'abord par les lenteurs où s'épuisent les patiences les plus héroïques à obtenir un tour de faveur à l'ordre du jour, ensuite par l'impossibilité de s'entendre d'une Chambre à l'autre sur un texte acceptable, lorsque le débat a pu s'engager.

De temps en temps, quelque brusque sursaut de colère des intéressés rappelle aux pouvoirs publics que le problème est posé, mais qu'il n'est pas résolu.

C'est ainsi que par instant quelque éclatant scandale, quelque monstrueux abus d'autorité, quelque criminelle violation de la liberté individuelle vient révéler les vices de la loi de 1838 sur le régime des aliénés et secouer pour une heure l'indifférence publique, sans que pour cela, au milieu du calme bien vite revenu et de l'oubli qui se fait sous la pression des événements qui se succèdent et se précipitent, comme en un tourbillon où nous sommes entraînés, un rapport puisse être discuté et une loi nouvelle substituée à la loi condamnée.

Quoi qu'il en soit, la Commission du travail, si désireuse qu'elle fût de déférer aux intentions du Sénat, avait dû remettre la loi sur le métier. Elle ne revint pas cependant au texte déjà voté par la Chambre qui disposait « qu'à partir de la promulgation de la loi, un arrêté municipal pourrait, à charge d'une indemnité fixée, à défaut d'entente amiable, par le Conseil de préfecture, rapporter les autorisations données en vertu du décret de 1852, et qu'à l'expiration d'un délai de cinq années le retrait de l'autorisation aurait lieu sans indemnité ».

Il n'était pas douteux que la Haute-Assemblée ne céderait pas sur le principe de l'indemnité ; aussi, dans une pensée conciliante, la Commission passa-t-elle condamnation sur ce point pour s'arrêter à un texte qui, à l'exemple de l'Allemagne, de l'Autriche-Hongrie, de la Belgique et de la Suisse, consacrait le principe de la gratuité et supprimait tous les bureaux payants moyennant une indemnité effective, à la charge des communes, aidées d'une subvention du département et de l'État.

Le mécanisme de la loi proposée était à la fois simple et ingénieux. Dans un délai de cinq ans, les bureaux payants, qui n'auraient pas été rachetés par les municipalités, seraient supprimés d'office sous des conditions déterminées ; mais plus hâtives seraient les suppressions ordonnées par les arrêtés municipaux, plus importante serait la part du département et de l'État dans le rachat, sans que cependant la contribution de l'État puisse être supérieure à 500.000 francs.

Il résultait des calculs du rapporteur, M. Chambon, dont

le travail se distinguait par la clarté des considérants et la sobriété du style, que la somme totale à payer s'élèverait à environ 6 millions sur laquelle la part des municipalités serait de 5 millions, et celle des départements et de l'État de 500.000 francs chacun, à supposer que la suppression complète se répartît également sur chacune des cinq années du délai inscrit dans la loi.

L'entente avec le Sénat se ferait-elle ainsi ? On devait l'espérer. Elle concernait l'organisation du placement gratuit et les sanctions à appliquer aux infractions possibles. Mais les manifestations !

Les ouvriers n'avaient-ils pas compromis leur cause ?

Sans doute, la violence est condamnable, mais si elle est sans excuse, elle ne peut demeurer sans pardon, lorsque ceux qui s'y livrent ont pour conseillers douloureux le chômage et la faim qui mènent aux désespoirs tragiques.

Le Parlement se devait à lui-même, oublieux des tumultes de la rue, de réaliser cette prescription de la déclaration des Droits de l'homme que rappelle M. Chambon « qu'il est un devoir pour la société de procurer *gratuitement* du travail à ceux qui en manquent ».

*
* *

Enfin ! Au septième voyage de la Chambre au Sénat et du Sénat à la Chambre, la loi sur les bureaux de placement fut votée à l'unanimité moins une voix.

Il faut se réjouir de ce vote, moins pour l'excellence de la mesure que pour la mesure elle-même.

Les bureaux de placement avaient soulevé contre eux les justes colères du monde ouvrier pour toute espèce de raisons ; l'exploitation, à l'usage, avait pris des formes excessives : on s'est fâché et les bons placeurs — s'il en est — ont été entraînés — comme il arrive pour toute corporation —

dans le discrédit général causé par les abus de quelques-uns.

La mesure était comble ; il fallait en finir. C'est fait !

Au lieu d'une réglementation plus sévère que celle du décret du 25 mars 1852, demandée au début par le Sénat, ou de la suppression brutale et sans indemnité votée à la Chambre, les deux assemblées sont tombées d'accord pour décider que les communes pourraient, moyennant une juste indemnité, supprimer les bureaux payants, mais que les bureaux qui se créeraient désormais pourraient être supprimés sans indemnité, et que, d'autre part, dès maintenant, les frais de tout placement seraient exclusivement à la charge des patrons.

La Chambre aurait mieux aimé, sans doute, que la loi prescrivît l'obligation, au lieu de la faculté de supprimer les bureaux payants, et qu'elle fît intervenir l'État pour une part dans la dépense des sommes à allouer aux placeurs dépossédés. Mais si « bienveillante » que soit la loi votée, elle a atteint le but et c'est le principal.

Sans délai, le Conseil municipal de Paris a voté en principe la suppression des bureaux payants et mis à l'étude la recherche des moyens financiers d'exécution.

Quoi qu'en aient dit les orateurs véhéments du parti nationaliste, les placeurs ne sont pas contents, et ils le font bien voir. Témoin la mauvaise action que me signale la lettre suivante que je transcris telle qu'elle :

« *A Monsieur Dubief, président de la Commission du travail (Loi relative aux bureaux de placement).*

» Etant remercié par mon patron où j'étais employé depuis quatorze ans, j'ai l'honneur de solliciter de votre bienveillance que vous me recommandiez auprès de quelques maisons parmi vos relations. J'étais comme employé de confiance chez

M. V.... bureau de placement, rue... à Paris, et la loi passée hier à la Chambre des députés a obligé ce monsieur à me remercier, vu qu'on lui supprime son industrie ; c'est malheureux pour moi et mes collègues que les lois comme celle-là soient votées sans connaissance de cause, je me trouve aujourd'hui sur le pavé à l'âge de vingt-neuf ans et père de famille de trois jeunes bébés de quatre ans, de trois ans et de huit mois. J'espère, Monsieur, que vous voudrez bien prendre ma demande en considération, *vu que c'est de par la loi dont vous étiez président de la Commission* que mon patron a été contraint de me mettre à la porte.

» Dans l'espoir d'une réponse favorable, veuillez agréer, Monsieur, mes respectueuses salutations.

» Votre serviteur,

(Signature et adresse.) »

On sent, on devine le mouvement de colère du patron menacé, qui se venge sur son employé du succès des efforts de ses camarades contre les bureaux et leurs tenanciers.

Rien n'était encore définitif. Le Conseil municipal n'avait même pas eu le temps d'émettre son vote de principe : vite, à la porte, l'employé. Des services rendus, aucun souvenir ; de la femme, des trois petits, nul souci. D'ailleurs ce brusque renvoi constituera une économie à ajouter au prix de la suppression éventuelle de son office. Il y a donc double profit.

Peut-être l'ingrat et irascible placeur aura-t-il fait un faux calcul et se repentira-t-il d'une opération dont il pourrait bien ne pas être le bon marchand, quand le Conseil de préfecture, ayant à fixer l'indemnité à lui due pour son bureau, fera entrer en ligne de compte, dans l'appréciation de l'importance de ses affaires, l'absence de l'employé.

Il était, on le voit, peu justifié de prétendre que la loi n'était pas assez sévère, qu'elle demeurerait sans effet, qu les bureaux de placement allaient être plus florissants que jamais et qu'au lieu de détruire la citadelle des abus, nous allions la consolider.

S'il en avait été ainsi, les placeurs n'auraient point si vivement protesté avant le vote et fait si active campagne contre la loi et ne se seraient pas laissé aller le lendemain à des actes d'aussi révoltante inhumanité que celui dont mon honorable correspondant est la victime.

Il va sans dire que les Conseils municipaux qui auront dans leur domaine supprimé les bureaux payants se seront créé par là même un double devoir auquel ils ne manqueront pas : d'abord, celui d'organiser aussi parfaitement que possible le placement municipal gratuit, et en second lieu de veiller à ce que les rares employés des offices supprimés n'aient pas à pâtir de la mauvaise humeur de patrons sans entrailles, et dont l'attitude, si j'en juge par le cas que je viens de citer, suffit à montrer combien la suppression d'une industrie qui vit de la misère et du chômage, entre de telles mains, était surabondamment justifiée.

*
* *

Avant de clore la discussion, examinons, parmi les revendications des Bourses du travail dans la question des bureaux de placement, la prétention des syndicats à être seuls autorisés à faire le placement gratuit. La raison qu'ils en donnent est qu'ils ont seuls la compétence nécessaire pour réserver à chacun la place qui convient à ses aptitudes professionnelles. L'argument n'est pas sans valeur, mais, outre qu'il n'y a pas de syndicats partout, ce serait pour tous les ouvriers — là où il en existe — le syndicat obligatoire.

Il est tout particulièrement intéressant à ce sujet de regarder ce qui se passe dans le pays où fleurit plus que partout ailleurs l'association. En Amérique, le régime de l'association s'étend à presque tous les corps de métiers, patrons et ouvriers, mais les « Unions » diffèrent sous plusieurs rapports de nos syndicats. Tandis que ceux-ci, au moins à l'heure présente, se donnent pour but exclusif de grouper ensemble les ouvriers qui travaillent dans une même usine ou ceux qui exercent une même profession, en vue de soutenir leurs revendications et de défendre leurs intérêts, les « Unions » s'efforcent de constituer des corporations privilégiées. Puissamment organisées, garanties par un régime de protectionnisme absolu, favorisées par un incomparable développement industriel, elles prétendent se constituer en gardiens jaloux de tous les avantages conquis et résolus à ne partager qu'exceptionnellement, par l'admission de nouveaux membres, les bénéfices d'un véritable monopole constitué.

Ce ne sont pas encore nos anciennes corporations tracassières et tyranniques, brisées par la Révolution française, mais des puissances déjà exclusives et fermées. Il ne suffit pas, en effet, d'exercer un métier pour être admis — et lorsque l'admission est décidée, l'ouvrier ne peut se livrer à sa profession jusqu'au jour où il devient effectivement membre de l'union, sous peine d'être boycotté.

Le droit d'entrée à l'union des ouvriers des docks de San-Francisco, par exemple, est monté à 1.250 francs, jusqu'au jour où les immigrants sans travail, rejetés eux-mêmes des autres corporations, ont formé une « Union » nouvelle dans laquelle on pouvait pénétrer en ne payant que 5 francs, mais qui, devenue forte, se ferme à son tour.

Les musiciens ne sont inscrits qu'au fur et à mesure des vacances qui se produisent dans l'association ; ils doivent attendre ainsi leur tour plusieurs années, pendant lesquelles ils perdent le droit d'user de leur instrument. Les corps de métiers du bâtiment ne reçoivent que les apprentis qu'ils forment eux-mêmes et le nombre de ceux-ci est exclusivement restreint. C'est ce qui explique la progression constante des salaires des ouvriers du bâtiment.

A côté des « Unions » ouvrières, on trouve, également organisées, les « Unions » des petits patrons. Entre les unes et les autres, aucune hostilité. Celles-ci sont maîtresses du marché et déterminent les prix d'après l'élévation des salaires, et celles-là tendent leur effort vers l'augmentation constante des prix de la main-d'œuvre ; le consommateur seul paie les frais de ce régime qui le met en coupe réglée. Il ne s'en plaindra pas trop, tant que le pays sera prospère et riche, mais qu'après les vaches grasses viennent les vaches maigres et alors, les « Unions » se verront obligées de rendre prohibitives les mesures jusqu'alors seulement restrictives pour l'admission dans les « Unions ». Ce mouvement, qui se dessine déjà dans certaines parties des États-Unis et en particulier dans l'Iowa vis-à-vis des immigrants, créera un jour un antagonisme violent entre la classe ouvrière opulente et les prolétaires qui réclameront le droit de vivre, soutenus par les capitalistes d'une part et de l'autre par tous les fonctionnaires d'État aux traitements inférieurs à ceux du plus humble des ouvriers des « Unions ».

Ce moment n'est pas encore arrivé, parce que le pays renferme encore d'immenses réserves de richesses, mais il viendra. En attendant, grâce aux « Unions », la classe ouvrière y jouit du bien-être inconnu partout ailleurs.

Il suffit, pour s'en rendre compte, de constater que dans un pays où la nourriture et le loyer ne sont pas plus chers qu'à Paris, à San-Francisco, la journée d'un maçon varie de vingt-cinq à trente francs, celle d'un fumiste est de vingt-cinq francs, celle d'un poseur de lattes de trente-cinq francs ; que les femmes employées dans les usines gagnent de trente-cinq à cinquante francs, et les balayeurs des rues treize francs par jour ; qu'une bonne à tout faire coûte cent cinquante francs par mois; un garçon d'écurie, quatre cent quinze francs par mois, un agent de police cinq cents à cinq cent cinquante francs par mois, et un cuisinier français, autant : c'est-à-dire un peu plus qu'un professeur d'école primaire, tandis que la visite d'un médecin, comme la consultation d'un avocat valent seulement vingt-cinq francs !

Le bénéfice de ces salaires énormes, considérablement moins élevés d'ailleurs dans les professions libérales que dans les travailleurs organisés en « Unions », n'est pas absolu : cela va sans dire. Ils ont provoqué naturellement un relèvement du prix de la plupart des objets de consommation, rendu la vie plus chère et ensuite poussé à une méconnaissance de la valeur de l'argent qui se traduit par les entraînements du jeu et de la boisson, tuent le goût de l'épargne et livrent aux usuriers les travailleurs constamment endettés.

La lutte de classes, dit dans un très remarquable rapport, l'officier de vaisseau très distingué auquel sont dus ces intéressants renseignements, n'existe pas en Amérique pour cette raison bien simple qu'il n'y a pas de classes. A part quelques familles de l'Est qui se réclament du « Mayflower », tous les capitalistes sont d'anciens ouvriers ou petits employés. Il ne faut pas croire du reste qu'ils ont fait fortune par leur travail ; quand ils s'enrichissent, c'est par suite de spéculations heureuses ou achats de terrains ou parts de mines. Il n'y a donc, en fait, et l'on ne peut que s'en réjouir, aucune barrière qui empêche le prolétaire de devenir en quelques années millionnaire. Chacun nourrit ce secret espoir, c'est une raison pour que personne ne se plaigne des conditions sociales ; on se contente de s'efforcer de gagner le plus possible dans la situation qu'on occupe à l'heure présente. Le capitaliste ou le patron est considéré comme un concurrent, mais non comme un ennemi. Ce n'est pas là une des moindres particularités de ce pays, où bien des choses sont réellement extraordinaires.

Il est à prévoir, cependant, que la progression continue des salaires aura une limite, comme aussi les exigences toujours croissantes des « Unions » patronales — et qu'un jour viendra où le pays secouera l'oppression devenue insupportable des corporations. Quant à nous, nous sommes loin, en France, du jour où la puissance syndicale pourra exercer la même action : elle y tend à coup sûr, mais elle se heurtera longtemps encore aux sentiments de solidarité que n'a pu étouffer, comme en Amérique, l'égoïsme forcé des intérêts.

Sans doute, les syndicats de la Bourse du travail visent à absorber la masse ouvrière dans leur réglementation et à établir leur puissance en se rendant maîtres du marché des bras ; sans doute leur but est de faire pour tous le syndicat obligatoire, et le monopole du placement est pour eux un moyen ; mais l'humanité et la fraternité qui, en France, ne sont pas que des mots, seront longtemps encore pour le monde du travail un frein et une sauvegarde.

II. — Le délai-congé.

L'usage veut que, dans certains métiers et dans certaines régions, le contrat de travail ne puisse être brusquement rompu sans avertissement préalable de l'une ou de l'autre des parties : c'est le délai-congé.

Tout le monde sait que l'on nomme ainsi la période de temps qui s'écoule entre la dénonciation du contrat et la cessation effective du travail, lorsqu'aucune limitation de durée n'a été prévue et lorsqu'il ne s'agit pas de « période d'essai ».

Pour interrompre le contrat de travail qui les lie, à moins qu'il ne s'agisse d'une faute grave de l'une des parties, le patron comme l'ouvrier est tenu d'observer le délai-congé. La Cour de Douai et la Cour de cassation ont en effet fixé sur ce point la jurisprudence en décidant que l'inculpation de vol ou de meurtre — par exemple — justifie la rupture brusque du contrat de travail, sans qu'il en puisse résulter aucun droit à des dommages-intérêts.

Là où l'usage du délai-congé n'existe pas, aucune obligation de préavis, si elle n'est spécialement stipulée dans un contrat.

Pour constater l'usage, on peut invoquer la preuve par témoins, mais dans la plupart des cas, cette preuve est surabondante, puisque les prud'hommes qui sont appelés à se prononcer sont gens du métier et parfaitement renseignés sur les us et coutumes dans leur juridiction.

Mais le contrat de travail peut ou fixer un autre délai que celui qui est en usage ou supprimer tout délai. En cas de litige, il appartient à la partie à laquelle il est réclamé des dommages-intérêts, pour l'inexécution du délai-congé dans une profession où il est en usage, de prouver qu'il en est dispensé par une convention formelle.

S'il s'agit d'un règlement d'atelier ou d'un contrat collectif, les stipulations qui y sont contenues vont-elles prévaloir contre l'usage ? La Cour de cassation répond « oui » et c'est en conformité de cet avis du tribunal suprême qu'un conseiller prud'homme de la Chambre syndicale des fabricants de fleurs a proposé d'imprimer un règlement-type qui serait tenu à la disposition des patrons adhérents et dans lequel serait insérée une clause ainsi conçue : « Les ouvriers et ouvrières, à l'heure, à la journée et aux pièces sont prévenus que les engagements sont faits et consentis sans prévenance réciproque et que, par conséquent, les parties sont libres de se séparer à tout moment de la journée et de la semaine qui leur convient sans avoir à donner de motifs, raisons ou indemnités de part et d'autre. »

Qui ne voit le danger d'une pareille règle ? Si elle peut n'imposer au patron que des inconvénients minimes, combien n'est-elle pas redoutable pour le monde ouvrier ?

Le patron peut, en effet, éprouver quelque embarras à remplacer brusquement son personnel, surtout quand il s'agit d'ouvriers spécialistes ou particulièrement habiles, et subir de ce chef quelque dommage ; mais pour l'ouvrier, c'est dans son existence même qu'il est atteint par cette suppression du délai-congé. C'est pour lui la brusque disparition du salaire et, dans l'impossibilité trop fréquente de trouver sur l'heure du travail, c'est la huche sans pain et le foyer sans charbon. C'est la misère, mauvaise conseillère, avec toutes ses larmes, tous ses désespoirs et toutes ses haines.

Sans doute, le patron peut avoir quelque difficulté à faire observer le délai-congé à l'ouvrier. Celui-ci échappe par son insolvabilité. Il quitte le pays. Comment le poursuivre ?

Cela est vrai et les sanctions ne sont pas équivalentes pour les deux parties. Mais le dommage non plus n'est pas équivalent pour les ouvriers et pour les patrons.

Le Conseil supérieur du travail est saisi de cette intéressante question et se prononcera en connaissance de cause sur les documents d'une enquête réclamée par lui et ordonnée par le ministre du Commerce. Déjà, nous savons quels sont les usages en matière de délai-congé dans les ressorts des différents conseils de prud'hommes et aussi par profession. On peut dire qu'il varie de 3 jours à quinzaine d'une façon générale.

53 conseils ont noté une tendance dans leur région à la suppression du délai-congé par voie de règlement d'atelier ; 67 ont constaté des dispositions contraires ; 50 conseils ont été d'avis qu'il ne puisse pas être dérogé aux usages par voie de règlement d'ateliers ; 45 conseils ont conclu en sens opposé ; 33 conseils n'ont pas admis la dérogation aux usages par conventions individuelles ; 54 conseils l'ont accepté. On voit combien dans ce domaine les avis sont partagés !

Le rapport fait connaître les avantages et les inconvénients de la pratique qui consiste à fixer les usages, en matière de délai-congé, par des conventions conclues entre les groupements patronaux et ouvriers de la profession.

L'inconvénient principal tient, de l'avis de certains, à ce que les conventions collectives n'ont aucune sanction et sont généralement peu respectées. Mais les avantages ne sont pas douteux : d'abord les groupements ouvriers ont plus d'indépendance que les individualités pour débattre les conditions de leur travail avec les patrons, ensuite l'autorité collective est une garantie du respect des conventions, en cas de contestation ; la tâche des conseils de prud'hommes est rendue beaucoup plus facile, les litiges eux-mêmes ont chance d'être plus rares.

Les conventions collectives n'apparaissent, en somme, que comme la formule qui consacre une entente tacite établie à la longue, et leur utilité n'est pas discutable, sous cette réserve que ceux qui les rédigeront représentent véritablement une majorité parmi ceux qui auront à en subir les effets.

En cette matière la législation étrangère nous offre d'ailleurs ses exemples et ses règles.

En Allemagne, le Code industriel (*Gewerbeordnung*) dit dans son titre XII, chap. ii, paragraphe 122 : « Le contrat de travail intervenu entre les compagnons et aides et leurs employeurs peut — sauf stipulation contraire — être rompu librement par chacune des parties moyennant un préavis de 14 jours. Si d'autres termes de congé ont été stipulés, ils doivent être les mêmes pour chaque partie. Les conventions contraires à la présente disposition sont nulles. »

Les paragraphes 123 et 124 indiquent les cas où les aides et compagnons peuvent être congédiés avant l'expiration du terme convenu et où ils peuvent eux-mêmes abandonner le travail, sans préavis.

De son côté, le Code de commerce prévoit un délai de prévenance de dix semaines, sauf stipulation spéciale, et le Code civil dans ses articles 621 et suivants du contrat de service détermine les délais de préavis, variables suivant que le salaire est fixé lui-même par jour, par semaine, par mois ou par trimestre.

En Autriche, le Code industriel dit : « S'il n'est pas intervenu de convention sur l'époque de la paye et sur le délai de dénonciation de l'engagement, il est sous-entendu que la paye aura lieu chaque semaine et que le délai de dénonciation sera de quatorze jours. Mais les ouvriers qui sont payés à la pièce ou qui travaillent suivant un accord convenu ne sont autorisés à se retirer qu'après avoir régulièrement terminé l'ouvrage entrepris. »

Mêmes réserves qu'en Allemagne pour les cas où l'ouvrier peut être immédiatement congédié et pour les cas où l'ouvrier est en droit de cesser sans délai son travail.

Le règlement d'atelier, obligatoire dans la grande industrie, fait loi en ce qui concerne le délai de dénonciation de l'engagement et les cas de brusque rupture. Ceux-ci doivent y être prévus et portés à la connaissance des ouvriers après que le règlement lui-même aura été visé par l'autorité industrielle.

D'autre part la loi toute récente du 28 juillet 1902, art. 7, prescrit : « En l'absence de convention contraire sur les époques de la paye et du délai-congé, la paye est supposée hebdomadaire et le délai-congé d'une durée de 14 jours pour les deux parties.

La loi belge du 15 juin 1896 impose l'obligation du règlement d'atelier qui doit indiquer « si un préavis de congé est exigé, le délai du congé ainsi que les cas où le contrat peut être rompu sans préavis par l'une ou l'autre des parties »

D'autre part, la loi du 10 mars 1900 sur le contrat du travail détermine en Belgique les différentes manières dont prennent fin les obligations des parties.

En Hongrie, la loi du 24 mai 1884 sur l'industrie ; en Norvège, celle du 27 juin 1892 sur l'inspection du travail dans les fabriques ; en Roumanie, la loi du 5 mars 1902 ; en Russie, le Code industriel ; en Serbie, la loi des 27 janvier-9 février 1900 sur les mines, toutes fixent en général à quinze jours le délai de préavis et les conditions de la rupture du contrat de travail.

En Suisse, la loi fédérale du 23 mars 1877 concernant le travail dans les fabriques porte, comme en Allemagne et en Autriche, le délai minimum de préavis à 14 jours et réglemente les droits respectifs des ouvriers et des patrons en cas de cessation du travail.

Autour de nous, comme on le voit, nos voisins ont légiféré dans le domaine où nous n'avons encore que des usages mal définis et variables ; peut-être le temps est-il venu, si nous ne voulons pas être continuellement devancés, de substituer aux us et coutumes le régime d'une loi assurant aux ouvriers des garanties véritables contre le caprice ou l'intérêt des patrons.

C'est la loi qui doit prescrire les conditions du délai-congé, qu'elles résultent de contrats individuels ou de règlements d'ateliers formulés d'après les conventions conclues entre les groupements patronaux et les groupements d'ouvriers de la profession.

Le délai-congé est nécessaire : il est une garantie pour la fortune du patron, ce qui est équitable, mais il faut avant tout qu'il reste la sauvegarde de l'ouvrier contre la décision injustifiée qui, en le jetant à la rue, peut le condamner lui et les siens à la misère : La loi à faire est une loi d'humanité.

Plaie d'argent pour les uns, le froid, la faim et le désespoir pour les autres, la part n'est pas égale. C'est aux faibles qu'il faut assurer la protection sereine de la loi.

III. — *Les caisses de chômage au Conseil supérieur du travail. Les difficultés de la tâche. L'exemple de l'étranger. Le projet de loi Millerand-Dubief.*

La question du chômage a occupé presque une session entière du Conseil supérieur du travail (1). Les débats en ont été particulièrement intéressants.

Il est, en effet, peu de problèmes sociaux plus importants que celui-là. C'est, pour la famille ouvrière, la plus angoissante menace, et elle est de tous les jours ! Du moins, quand l'ouvrier travaille, si maigre que soit son salaire, peut-il, à force de privations souvent payer sa cotisation à la Société de secours mutuels qui lui viendra en aide s'il est malade ; à la Caisse de la vieillesse ou de l'invalidité qui lui assurera une petite pension, quand l'instrument de travail tombera de ses mains affaiblies ou malhabiles. Mais si le chômage survient, où sera son recours ? Plus de salaire, partant plus de cotisation : plus rien que l'abandon et le désespoir !

Sans doute, pour certains ouvriers privilégiés, il est possible de demander à l'épargne des semaines laborieuses la réserve des moments de chômage ; mais combien travaillent au jour le jour, auxquels ne suffit même pas, — si les vieux sont au logis et si les enfants sont nombreux, — la paye bien gagnée ! Et puis le bas de laine de l'ouvrier, même garni, est toujours vite épuisé !

Ils sont à plaindre les travailleurs qui vivent dans l'appréhension perpétuelle et douloureuse du chômage involontaire et immérité. — Nous ne parlons que de celui-là ! — C'est pour ces ouvriers-là que le chômage survenu est effroyable.

(1) Novembre 1903.

Et je ne sais pas ce qu'il y a de pire, pour le père et la mère de famille, de cette souffrance morale qui les étreint et les angoisse, dans la pensée de leurs responsabilités vis-à-vis des chers petits qu'ils aiment et pour lesquels ils tremblent en songeant à la fragilité de leurs premiers ans, ou du fait lui-même du chômage, avec son cortège de privations, d'humiliations et de misère !

Le Conseil supérieur s'est demandé quel pourrait être le remède à de tels maux.

Allait-il en trouver le secret dans l'organisation rationnelle du placement gratuit à l'aide d'offices syndicaux et municipaux, par la création des colonies de travail ou par l'allocation des secours de route ?

Fallait-il compléter la législation de 1898 sur les Sociétés de secours mutuels pour les mettre à même, par des subventions d'origine diverse et par un concours plus complet de l'État, de donner à leurs adhérents, en chômage involontaire par manque de travail, une indemnité journalière ?

Demanderait-on de mettre en réserve pour les temps de crise, dans les communes et dans les départements, la réalisation de travaux d'utilité générale, susceptibles d'être confiés à des ouvriers non spécialisés ?

Aurait-on recours à l'assurance ? Soit ! Mais comment définir le risque assurable ; comment différencier, en toute certitude, le chômage involontaire et le chômage volontaire ; comment éviter les fraudes ; comment proportionner pour l'assuré la prime aux risques ? Autant de graves questions ; autant de déconcertantes difficultés.

Et tout d'abord, il ne s'agit pas ici du chômage qui, dans tous les pays civilisés, suspend un grand nombre d'actes de la vie civile ordinaire pendant un ou plusieurs jours, à intervalles réguliers. Se reposer n'est pas chômer. Le repos est un bienfait, le chômage un accident douloureux dont H. Taine a dit : « Sous la rigueur du climat et de la concurrence, parmi les chômages de l'industrie, les faibles, les imprévoyants périssent ou s'avilissent. »

Je ne parle pas non plus de ce chômage momentané, partiel et périodique, qui résulte pour certaines industries de la « morte saison » et qui peut normalement se prévoir.

Pour en écarter les conséquences fâcheuses, la prévoyance de l'ouvrier doit suffire, et sa garantie est dans les conditions mêmes du contrat de travail. Il faut que le salaire exigé pendant la période d'activité soit suffisant pour lui permettre à lui et à sa famille de traverser la « morte saison », sans manquer de pain.

Le chômage dont le législateur a le devoir de se préoccuper, c'est celui qui ne peut pas être prévu, qui résulte de mille causes diverses, des fantaisies brusques de la mode, de la disparition d'une industrie, d'une surproduction momentanée ou de quelques-uns de ces mouvements d'opinion qui déterminent les capitaux à se cacher, ou encore — les cas ne sont pas rares — d'une mauvaise distribution des travaux à réaliser, d'une imprudente disproportion entre les capitaux à affecter aux grandes entreprises d'une année à l'autre ou de telle importante centralisation de l'effort national à un moment donné — comme il arrive lors des Expositions universelles, qui laissent toujours après elles des crises plus ou moins intenses du travail.

Qu'importe d'ailleurs l'origine du mal ? Le chômage avec ses misères est un fait qu'il ne suffit pas de déplorer, mais auquel il est nécessaire de remédier.

*
* *

En France, si l'on en croit l'Office du travail et les recensements professionnels de 1896 et de 1901, sur cinq millions six cent mille travailleurs des deux sexes de l'industrie et du commerce, le nombre moyen des chômeurs est de 5, 6 o/o, soit en chiffres ronds trois cent mille ouvriers et ouvrières sans travail.

6o o/o des chômeurs ont moins de neuf semaines de chômage, 11,5 o/o de neuf à douze semaines, 15 o/o de douze à vingt-six semaines, et 13,5 o/o de vingt-six semaines à un an et plus. Les ouvriers de cette dernière catégorie ne peuvent pas être considérés comme des chômeurs proprement dits. Il faut en défalquer le nombre et ne tenir compte que de 86,5 o/o sur 300.000, soit 260.000 travailleurs sans ouvrage.

Les uns sont des chômeurs accidentels, les autres sont des chômeurs saisonniers. Eventualité prévue pour ceux-ci, surprise et déception pour ceux-là. Peut-être peut-on dire que les uns ont le devoir de se prémunir contre le péril qui les attend et qu'ils connaissent, soit par l'épargne et grâce à un salaire majoré en raison même des risques encourus, soit en s'assurant le bénéfice d'un métier complémentaire. Mais les autres ? Qui leur viendra en aide, sinon la société elle-même, qui bénéficie du développement de l'outillage mécanique, cause principale de la réduction du travail des bras et qui a pour devoir et pour intérêt de ne pas laisser s'exaspérer, sur certains points du territoire et notamment dans les grands centres d'industrie, la misère qui engendre le trouble et souffle la révolte.

Le problème du chômage est posé dans tous les pays d'industrie. L'enquête du Conseil supérieur du travail nous montre les efforts persévérants des syndicats ouvriers pour fonder de leurs propres mains et par leurs seuls moyens des caisses de secours contre le chômage, et l'admirable développement que ces institutions ont pris dans la Grande-Bretagne, grâce aux *Trade Unions*. L'Allemagne, l'Autriche-Hongrie, les États-Unis sont entrés dans le mouvement.

Pour remédier à un pareil mal, il existe donc des caisses de secours destinées à venir en aide aux chômeurs : des sociétés d'assistance par le travail. Ce sont des formes de la charité exercée par l'initiative individuelle, excellente, sans doute, mais ce n'est point l'assurance contre le chômage et leur existence ne supprime pas le devoir social.

Si l'on ne tient pas compte des différences de détail, on peut diviser les institutions d'assurance contre le chômage qui existent en France et à l'Etranger en quatre catégories :

1° Les caisses de chômage fondées par les ouvriers et fonctionnant avec les ressources personnelles des ouvriers ;

2° Les caisses de chômage fondées par des autorités publiques ou par des personnes qui n'appartiennent ni au monde des patrons, ni au monde des ouvriers ;

3° Les caisses de chômage fondées par des ouvriers et subventionnées par des autorités publiques ;

4° Enfin les caisses de chômage fondées par des patrons et réservées aux seuls ouvriers de leurs établissements.

L'étranger, sur ce point comme sur beaucoup d'autres hélas ! en matière d'économie sociale, nous a devancés.

L'Angleterre est au premier rang pour les institutions de chômage fondées par les syndicats ouvriers. L'Office du travail à Londres nous apprend, en effet, que les cent principaux syndicats anglais comprenant 1.160.000 membres ont payé, en 1901, pour plus de huit millions de francs d'indemnités de chômage.

Les syndicats ouvriers de l'Allemagne, des États-Unis, du Danemark et de la Suisse possèdent également des institutions analogues, avec des résultats variables.

Mais c'est en Suisse que les sociétés issues de l'initiative indépendante sur des autorités publiques sont le plus nombreuses.

Le canton de Saint-Gall avait institué par une loi de 1895 une caisse obligatoire de chômage, bientôt dissoute en 1897 ; Berne a sa caisse libre depuis 1893, réorganisée en 1900 ; Bâle sa caisse de l'association ouvrière fondée en 1891. Je n'énumère pas, je cite.

La ville de Cologne a une caisse contre le chômage en hiver et la caisse d'épargne de Bologne a un service spécial contre le chômage.

En Belgique, les caisses publiques subventionnent les caisses de chômage des syndicats ouvriers dans la mesure des efforts qu'ils ont eux-mêmes accomplis pour se prémunir. C'est là le principe vrai, le seul fécond, parce qu'au lieu de ralentir l'initiative individuelle, il surexcite l'effort ; au lieu de pousser l'ouvrier à s'abandonner, il le relève et le soutient dans sa dignité conservée.

Ce système fonctionne à Anvers et à Liége, dans d'autres villes encore et à Gand qui en a eu l'initiative.

Il faut citer enfin, comme relevant de la quatrième catégorie, les caisses de chômage particulières à certains établissements industriels et qu'on trouve en Allemagne et en Autriche.

En France, la grande majorité des caisses de chômage ont été fondées par des syndicats ouvriers. Il n'y a guère que trois exceptions connues : le service de chômage de la Société de secours mutuels des gantiers de Grenoble qui fonctionne depuis 1803, c'est-à-dire depuis l'origine de la société elle-même ; la Caisse de chômage des porcelainiers de Limoges et celle des coupeurs en chaussures de Paris.

On peut compter actuellement 280 caisses de chômage ayant 29.000 adhérents. L'imprimerie a elle seule y figure pour 180 caisses avec 13.000 membres, soit 150 caisses et 10.500 membres pour la Fédération du livre et 30 caisses avec 2.500 membres pour la Fédération des ouvriers lithographes.

La Fédération du livre est la seule qui, jusqu'ici, à l'exemple des syndicats ouvriers de l'Angleterre, ait établi l'assurance contre le chômage sur une base nationale.

La ville de Limoges et celle de Dijon subventionnent, depuis 1896 et 1897, les caisses de chômage de leurs syndicats ouvriers respectifs.

Ainsi, à part quelques corporations, privilégiées pour avoir été plus prévoyantes, la généralité des ouvriers n'ont d'autre perspective que la misère quand le travail manque. Pour peu que le chômage se prolonge, la réserve des jours meilleurs est bien vite épuisée quand elle existe et quand déjà la maladie n'a pas vidé le bas de laine. Il faut alors chercher un embauchage accidentel dans un métier quelconque, plus ou moins loin du logis familial — Dieu sait au prix de quel effort, de quelle amertume, de quel souci ! — pour quelque salaire presque toujours infime. C'est la dislocation de la famille avec toutes ses conséquences lamentables — peut-être pour toujours.

Et comme la misère crée la misère, ce déversement de main-d'œuvre accidentel sur le marché des bras a encore pour résultat d'avilir le prix des salaires pour tout le monde des travailleurs.

Remédier à un tel état de choses est un devoir social impérieux.

Sans doute la préoccupation des pouvoirs publics doit être de régler aussi régulièrement que possible la marche des travaux dont ils ont charge d'exécution et d'épargner ainsi le plus possible aux travailleurs les crises de chômage ; mais ils ne sont pas les maîtres absolus de la répartition du travail.

Le chômage en sera atténué peut-être ; il n'aura point pour cela disparu. Quand il sévit, que faire ?

Recourir aux caisses de chômage ? Soit, mais à quelle source s'alimenteront-elles ?

Il faut, dit M. Jules Coutant, prélever un impôt sur la force motrice par cheval-vapeur. Mais pourquoi cette taxe spéciale frappant les industries particulières ? N'y a-t-il point de chômeurs dans les mille et un métiers qui n'emploient pas la force motrice ?

Demandera-t-on, comme le veulent ceux qui s'inspirent de la loi de 1898 sur les accidents du travail, les ressources nécessaires à des centimes additionnels à la contribution des patentes ? Ce serait juste, en effet, si la répartition du travail dépendait des patrons. Mais il en est rarement ainsi et les ouvriers n'en sont la plupart du temps atteints que, parce que les industries elles-mêmes sont frappées dans leur essor. Il nous paraît que c'est l'État lui-même qui doit intervenir, avec son budget, pour seconder, dans la mesure de leur effort, les associations d'assurance contre le chômage qu'il appartient aux syndicats professionnels d'instituer ; et comme il ne faut pas que la caisse de secours s'épuise à entretenir les professionnels du chômage, il convient que la commune et le département apportent à la fois leur garantie et leur subvention.

La loi de 1898 sur les sociétés de secours mutuels englobe les caisses de chômage, elle constitue leur statut légal.

Que la République, qui a fait la loi sur les syndicats professionnels, continue son œuvre en leur accordant, à eux, la grande personnalité civile et la petite personnalité aux Unions de syndicats ; qu'elle leur assure sur son budget pour les caisses de chômage qu'ils créeront, l'aide financière et morale dont ils ont besoin, et, en atténuant dans la mesure humaine le chômage qui fait la famille ouvrière, sans foyer et sans pain, jette la fille au trottoir, épuise le sein des mères et pousse l'homme à l'abrutissement ou à la révolte, elle aura ajouté un titre nouveau et inestimable à la reconnaissance de la démocratie.

Pour une telle tâche, il serait criminel de dire que la République n'a pas d'argent.

*
* *

L'exemple de l'étranger peut, d'ailleurs, nous être utile et pourquoi n'appliquerions-nous pas à nos caisses locales ou fédérales le régime qui a fait ses preuves à Gand et dans plusieurs autres villes de Belgique.

Sous le nom de « fonds communal contre le chômage », la ville de Gand, au lieu de fonder elle-même une caisse, s'est contentée d'inscrire à son budget un crédit destiné à subventionner les caisses existantes, nées de l'initiative des syndicats et administrées par eux sous le contrôle de l'autorité communale.

Toutes les caisses de chômage des sociétés ouvrières de la ville participent de droit à la répartition du crédit. Les subventions servent exclusivement à majorer les indemnités versées par les caisses de chômage soit pour manque de travail, soit après incendie ou arrêt de fabriques.

La majoration est au plus égale à l'indemnité versée par la caisse ouvrière et fixée à l'avance. Elle peut être réduite ou même temporairement supprimée. Pour chaque chômeur, la majoration ne porte que sur un franc d'indemnité quotidienne pendant cinquante jours par an.

Les caisses de chômage des syndicats sont tenues de déposer leurs statuts et règlements et une copie des opérations de chaque exercice ; d'avoir une comptabilité conforme à un modèle établi par le comité de répartition, et enfin de soumettre à la vérification d'un contrôleur *ad hoc* les opérations, les livres et le registre des chômeurs.

Les résultats sont admirables. Dès le début de cette organisation, les caisses de chômage de vingt-huit syndicats et sociétés comprenant 12.906 adhérents, ont demandé et obtenu le droit de participer à la répartition, du crédit. En 1901, le montant des indemnités payées par les caisses de chômage a été de 17.875 fr. 19, et le montant des majorations communales de 6.253 fr. 84.

En 1902, le montant des indemnités s'est élevé à 41.511 fr. 70, et celui des majorations à 16.067 fr. 17, soit en total 24.129 fr. 03 pour 1901 et 57.578 fr. 87 pour 1902.

En 1901, la part de la ville est donc de 26 o/o et celle des caisses ouvrières de 74 o/o ; en 1902, la part de la ville est de 28 o/o et celle des caisses de 71 o/o.

D'ailleurs, l'exposé des motifs de la proposition de loi que j'ai déposée sur le bureau de la Chambre contient une utile documentation.

L'ingénieux système de la ville de Gand, que l'on retrouve à Anvers, est d'une parfaite souplesse ; il ne fait courir aucune aventure aux finances municipales, puisque les majorations ne jouent que dans la limite du crédit fixé par le budget communal, si bien qu'elles ont varié de 50 à 70 o/o de l'indemnité réglementaire de un franc par jour.

Il a cet inestimable avantage de reposer sur le principe de l'effort personnel et de stimuler l'initiative privée des travailleurs. C'est en somme une œuvre de prévoyance et de mutualité.

Pas de risques de voir fleurir les abus là où le contrôle mutuel s'exerce par les adhérents également intéressés à la marche régulière de l'institution.

Le système qui réussit si bien en Belgique ne pourrait-il pas s'acclimater chez nous ? et serait-ce payer trop cher que de dépenser quelques centaines de mille francs à doter des caisses de chômage qui puissent non seulement sauver de la misère les sans-travail, mais donner à tous ceux qu'étreint le souci constant de se voir sans ouvrage à un moment donné, cette paix de l'esprit et cette sécurité du lendemain sans lesquelles les meilleures joies de l'heure qui passe restent empoisonnées ?

Nous croyons la chose possible et d'ailleurs les faits sont là qui nous permettent cet espoir.

A Dijon, en 1902, la somme de 3.130 fr. de subvention municipale a été répartie entre onze caisses de chômage.

A Limoges, 11.500 francs figurent au budget municipal, pour être affectés en subventions aux trente-quatre caisses existantes.

On étudie, en ce moment en Allemagne, un régime dans lequel les offices de placement constitueraient à frais communs des caisses régionales d'assurance contre le chômage avec sections locales plus ou moins autonomes.

Comme on le voit, la question est partout posée devant l'opinion; sans doute on n'aperçoit pas encore la solution définitive.

L'assurance facultative a donné déjà quelques résultats avec le fonctionnement des caisses de chômage subventionnées; peut-être pour certaines professions spécialement sujettes au chômage, faudra-t-il en revenir à l'obligation légale de l'assurance ? Le dernier mot est loin d'être dit, sur ce douloureux problème.

Le Conseil supérieur du travail a conclu qu'il y avait lieu de demander à l'Etat, aux départements, aux communes, aux Chambres de commerce, aux Sociétés d'assurance et de prévoyance, d'aider à la création et de subventionner les caisses locales de secours contre le chômage, sous certaines conditions de répartition et de qualité, afin d'assurer à toutes les caisses un égal traitement et de ne pas permettre que par son élévation, la subvention soit pour une caisse une prime au chômage de ses adhérents.

Voilà qui est fort bien assurément !

En attendant la loi protectrice qui naîtra des enquêtes ordonnées et de l'étude des conditions dans lesquelles les caisses de chômage pourront normalement fonctionner, est-ce que dès maintenant, on ne pourrait pas inscrire au budget un crédit de subvention, si minime qu'il fût, qui servirait à subventionner les caisses existantes et à encourager les syndicats à en créer de nouvelles à l'exemple de Limoges et de Dijon sur le modèle que Gand nous en a donné ?

Bien des misères pourraient être ainsi prochainement évitées et atténuées. Ce serait quelque chose en attendant mieux.

C'est d'ailleurs, en juillet 1904, la raison qui m'a fait déposer sur le bureau de la Chambre, d'accord avec mon collègue M. Millerand, une proposition de loi qui a pour objet l'ouverture d'un crédit — oh ! bien modeste, — de 100.000 francs, pour subventions aux caisses de secours « contre le chômage involontaire par manque de travail ».

100.000 francs ! c'est la goutte d'eau pour une soif ardente, c'est le grain de mil pour qui meurt de faim, mais c'est aussi le gage précieux de sympathie, la contribution à l'effort, la promesse d'autres interventions plus effectives.

Le but est d'ailleurs bien spécifié. Il s'agit de seconder l'initiative des citoyens en faveur des chômeurs involontaires, abstraction faite du chômage des industries saisonnières, et de faire face aux conséquences de ces cataclysmes économiques qui jettent hors des ateliers, tout d'un coup, un nombre plus ou moins grand de travailleurs, ou de l'évolution graduelle qui élimine petit à petit l'effort des bras pour lui substituer le travail de la machine. Le moment est bien choisi.

L'Office du travail nous apprend, en effet, que la moyenne des chômeurs qui était en 1895 de 6,50 o/o s'est élevée en 1902 à 9 o/o.

Cette constatation ainsi prise en bloc ne permet pas de donner au problème sa physionomie exacte. C'est par périodes et par professions qu'il convient d'examiner les conditions du chômage. On voit alors qu'en décembre 1902, la moyenne globale est de 11 o/o avec une proportion de 1 o/o dans les produits chimiques, 5 o/o dans la typographie et l'industrie textile, 7 o/o dans la métallurgie; 12 o/o dans l'industrie du cuir, 13 o/o dans l'alimentation, et 28 o/o dans le bâtiment.

En janvier, la moyenne pour la manutention monte jusqu'à 33 o/o et jusqu'à 34 o/o pour le bâtiment.

A la belle saison, en mai — ce sont les chiffres de 1903,

— la moyenne globale tombe de 7 o/o et la proportion des chômeurs ressort pour les produits chimiques, à 4 o/o, pour le commerce à 3 o/o, pour la typographie, à 6 o/o, pour les textiles, à 8 o/o, pour la métallurgie, à 5 o/o, pour l'industrie du cuir à 9 o/o, pour l'alimentation, à 10 o/o, pour la manutention, à 20 o/o, et à 9 o/o dans le bâtiment.

Ainsi, pour la plupart des industries, c'est en hiver, au moment où l'ouvrier a le plus besoin d'un abri contre les rigueurs de la saison, contre la pluie et le froid, où grelottent les enfants s'ils ne sont pas suffisamment vêtus et chaussés, où les tortures de la faim sont pires, où la force morale est moindre, dans la tristesse glacée de la nature, pour faire effort et pour se maintenir debout, c'est en décembre et en janvier que le chômage fait les salaires plus réduits et plus dure la misère.

Ce triste privilège n'appartient pas qu'à nous. En Prusse, le 14 juin 1895, il y avait 193.978 chômeurs et en décembre de la même année 553.520 !

En Angleterre, d'après les Trade-Unions, la proportion a varié de 2 o/o en 1888, à 7,5 o/o en 1893, soit en moyenne, 5,2 o/o. C'est 10 o/o dans l'État américain de Massachusetts.

Le mal, on le voit, est intense, et il est urgent d'y apporter un remède ; il appartient au Parlement de discerner la meilleure méthode à suivre ; l'important est que l'hiver ne s'ouvre plus avec ses effroyables menaces de chômage, sans qu'une parole de solidarité sociale et un acte de bonté n'aient rendu, dans l'horizon moins sombre, un peu d'espoir et de courage à ceux qu'étreignent, pour eux et pour les leurs, les angoisses des lendemains redoutés.

CHAPITRE VII

—

L'APPRENTISSAGE ET L'ENSEIGNEMENT PROFESSIONNEL OBLIGATOIRE

I. — *L'apprentissage en France et en Allemagne.*

La Commission permanente du Conseil supérieur du travail a mis à l'étude la question de l'apprentissage en France, si restreint qu'en soit aujourd'hui le champ.

La crise de l'apprentissage, en effet, sévit chez nous avec une telle intensité qu'on peut dire que le véritable apprenti a à peu près disparu. La raison en est dans la transformation des conditions de l'industrie, et principalement dans la substitution de la grande usine aux ateliers de famille et du grand au petit patronat.

Autrefois, avant la Révolution, sous le régime des jurandes et maîtrises, chaque corporation avait ses apprentis dont la condition était étroitement réglée par des statuts, qui fixaient la durée de la période d'apprentissage, les obligations réciproques du patron et de l'apprenti, le nombre maximum des élèves pour chaque maître, les devoirs professionnels des uns et des autres.

La spécialisation du travail autant que le machinisme, la substitution au petit atelier et à l'atelier de famille de ces énormes ruches bourdonnantes et laborieuses que sont les grands ateliers et les grandes usines ont rendu difficile, sinon impossible, l'exercice du contrat d'apprentissage par lequel un fabricant, un chef d'atelier ou un ouvrier s'obligeait par définition à enseigner progressivement et complètement la pratique de sa profession à une autre personne.

Autrefois, le chef d'atelier, père de famille ou patron, connaissait son monde, mettait souvent la main à la pâte et son intervention était à la fois une aide et un enseignement. Les jeunes gens qui voulaient apprendre un métier étaient admis dans l'usine, moyennant rétribution, et passaient successivement par toutes les fonctions — jusqu'au jour où, devenus ouvriers, ils complétaient leur instruction par le tour de France.

Dans l'organisation actuelle du travail, à de très rares exceptions, l'apprenti n'est plus qu'un ouvrier plus jeune, occupé à salaire moindre à des besognes simples, qui, la plupart du temps, n'ont rien de commun avec le métier dont il est l'auxiliaire.

Si intense cependant que soit la crise de l'apprentissage chez nous, il n'est pas possible d'admettre que, faute d'avoir été instruit dans son métier manuel, un manœuvre restera condamné toute sa vie à une besogne, toujours la même, inférieure et peu rémunératrice, sans espoir de devenir homme de métier, condamné sans appel et pour toute sa vie à la portion congrue.

L'apprenti d'aujourd'hui est, en effet, le gamin de quatorze ou quinze ans qui, dans les filatures, passe son temps à rattacher des fils du même geste las, toujours répété ; c'est le petit pâtissier qui, du matin au soir, muse à travers les rues, son panier sur la tête, ne rentrant à la boutique que pour échanger sa corbeille vide contre une corbeille pleine et reprendre sa course. C'est le goujat qui n'apprend du métier de maçon que l'art de grimper à l'échelle, sa charge sur les épaules. Ainsi l'apprentissage a gardé et garde encore trop souvent le caractère, que lui attribue l'économiste Rossi, d'un « véritable impôt que les maîtres levaient sans cause aucune, impôt aussi odieux qu'absurde ».

« L'apprentissage n'était point établi en faveur des élèves, mais tout en faveur des maîtres ; c'était, dit-il, une sorte de servitude temporaire. »

Le tiers état, frappé de cet état de choses, devait demander la suppression des corporations et l'organisation de l'apprentissage sous des règles fixant les obligations réciproques des patrons et des apprentis. C'est ce qu'il fit dans ses cahiers.

En 1791, les corporations furent abolies et le lien qui unissait en un faisceau les maîtres, les compagnons et les apprentis fut brisé.

La Révolution s'avisa qu'il s'agissait, dans le contrat d'apprentissage, moins de la liberté des parents et des maîtres de contracter, quand il s'agit d'un tiers incapable de déterminer lui-même son sort, que d'autorité et d'éducation pour la sauvegarde de l'enfant.

L'apprentissage cependant ne fut réglementé que douze ans plus tard par la loi du 12 avril 1803 consacrée aux Chambres consultatives des arts et manufactures. Elle donna au juge la faculté de briser en certains cas le contrat d'apprentissage ; elle frappa de nullité toute stipulation ayant pour objet de prolonger, dans l'intérêt du maître, la durée de l'apprentissage au delà du terme d'usage. Elle protégea la liberté de l'apprenti contre des exigences tyranniques et la probité du maître contre la mauvaise foi de l'apprenti.

Cette législation s'était imposée par voie incidente, mais en réalité la seule loi que nous ayons et qui soit spéciale à l'apprentissage est la loi du 22 février 1851. Encore ne s'applique-t-elle qu'aux seuls établissements industriels.

On en connaît les prescriptions principales. Elle n'exige

pas que le contrat soit écrit ; elle veut que la durée de l'apprentissage soit fixée par la convention entre les parties contractantes èt non par la loi comme auparavant ; le maître doit avoir vingt et un ans et remplir certaines conditions d'honorabilité ; pour recevoir et loger des apprentis mineurs, il doit être marié.

La loi de 1892, modifiée par la loi de 1900 sur le travail des enfants, des filles mineures et des femmes dans les manufactures, a depuis déterminé l'âge des apprentis. Le maître doit se conduire en bon père de famille et enseigner progressivement et complètement à ses élèves le métier qu'il exerce.

L'apprenti doit à son patron fidélité, obéissance et respect. La période d'essai est de deux mois et la loi fixe les causes qui permettent d'annuler le contrat et pour lesquels, à défaut des prud'hommes, le juge de paix est compétent.

Le but poursuivi par le législateur a été très clairement de protéger l'enfant qui, en vue d'apprendre un métier, quitte ses parents pour entrer dans la maison d'un patron et d'un maître auquel est déléguée la puissance familiale. Mais, en réalité, la surveillance n'est pleinement efficace que sur les rares apprentis ayant un contrat écrit, et il semble bien que, comme il arrive dans certains pays étrangers, le contrat écrit devait être obligatoire, qu'une surveillance et un contrôle de l'instruction professionnelle devaient être institués ; que le droit de retirer à certains maîtres leurs apprentis aurait dû être inscrit dans la loi ; que des examens devraient être prévus et créés des certificats et des diplômes d'apprentissage à décerner en fin de période.

Il est vrai que les patrons disent : « A quoi bon ? » La loi de 1900, qui a réduit à dix heures la durée du travail pour le personnel mixte travaillant dans les mêmes locaux, a tué l'apprentissage. Il est certain d'ailleurs que le développement du machinisme ne permet plus guère au patron de prendre l'engagement d'enseigner à l'apprenti progressivement et complètement l'art, le métier ni la profession spéciale qui faisait l'objet de son contrat.

Il semble bien que l'apprentissage ancien ait en effet vécu.

Cependant, le Conseil supérieur du travail, par l'organe de sa Commission permanente et à la suite de savants et compendieux débats, a réclamé le maintien de la liberté de faire des contrats d'apprentissage, mais en l'entourant de tout un régime de dispositions pratiques, de mesures d'application, de moyens de contrôle et de sanction.

Le contrat serait obligatoirement formulé par écrit et déposé au Conseil des prud'hommes. Des commissions locales mixtes en surveilleraient l'application et les conditions, sous certaines sanctions civiles propres à faire respecter leurs décisions.

D'autre part, les patrons qui, sans contrat d'apprentissage, emploieraient des enfants de moins de dix-huit ans, seraient tenus de leur assurer un minimum professionnel, et rendus responsables lorsqu'ils viendraient à se soustraire à la fréquentation des cours professionnels reconnus nécessaires.

Ce second ordre de prescriptions prouve assez que l'apprentissage, tel qu'il se pratiquait autrefois, même réglementé et surveillé, ne répond plus aux conditions modernes du travail, et que, désormais, il appartient aux écoles professionnelles.

On trouve, en effet, dans les écoles pratiques d'industrie, avec une culture générale assez large, l'instruction théorique en rapport avec la profession à laquelle les élèves se destinent. On y apprend aux enfants, dans des ateliers modèles, sous la direction de contremaîtres rompus aux secrets du métier, à vaincre toutes les difficultés de la pratique.

Les plus anciennes de ces écoles, celles de Saint-Étienne, Nîmes, Reims, Grenoble, Fourmies, fournissent aux industries de leurs régions un contingent de plus en plus nombreux d'ouvriers recherchés ; armuriers, électriciens, menuisiers, sculpteurs sur bois, tisseurs, dessinateurs en tissus, teinturiers, coloristes, etc.

Les écoles pratiques de commerce enseignent de leur côté la calligraphie, la préparation des documents commerciaux, les affranchissements et les expéditions, la sténographie et la dactylographie et permettent à leurs élèves d'entrer de suite, comme employés rétribués, dans des maisons de commerce ou de banque.

C'est à généraliser ces écoles et à les mettre pour tous les métiers à la portée de tous, qu'il faut tendre, avec l'appui et sous la sauvegarde de l'État, par l'action des syndicats professionnels à personnalité civile élargie, des départements, des communes et de l'initiative privée qui a déjà réalisé des créations utiles.

C'est à l'école que peut et doit de nos jours se faire l'apprentissage, à l'abri de tout abus et de toute exploitation de l'enfance.

*
* *

Si l'apprentissage fait défaut à bien des industries, il en est pour lesquelles sa disparition est mortelle. C'est le cas de l'industrie de la dentelle, par exemple.

Voici que brusquement la mode est revenue aux élégantes parures, dont les dentellières de Valenciennes et des Vosges avaient le secret. Mais pour les cols ouvragés qui sont dans le goût du jour et forment le complément nécessaire de toute toilette convenable, il faut recourir à l'étranger. Les spécialités de France, autrefois si estimées, sont introuvables ou d'un prix inabordable pour le commerce. On ne fait plus de dentelles ; il n'y a plus d'apprentissage. Les jeunes filles qui, dès leur plus tendre enfance, s'exerçaient au maniement du fuseau pour devenir maîtresses en l'art du fil après dix ou vingt ans, ont autre chose à faire, sollicitées par l'offre immédiate d'un gain plus élevé à la ville ou à l'atelier.

C'est en vain que le Conseil municipal et la Chambre de commerce de Valenciennes, prévoyant la ruine de l'industrie locale, ont uni leurs efforts pour créer une école professionnelle. L'État entendra-t-il le suprême appel qu'ils lui adressent et sera-t-il possible de conjurer le péril ?

De telles crises ne sont pas spéciales à notre pays, car ce n'est pas chez nous seulement que les conditions de l'industrie se sont modifiées. Qu'ont fait nos voisins d'outre-Rhin en pareille occurrence.

Il n'est pas inutile de l'examiner, dût notre amour-propre souffrir un peu de l'exemple qu'on nous donne et de quelques nécessaires comparaisons. Au surplus, nous avons assez d'autres points de supériorité.

Chez les Allemands, l'éducation se résume très nettement « dans le souci constant d'encadrer l'individu très jeune et très fortement dans la profession particulière qu'il s'est choisie ou qu'on lui a désignée, de lui distribuer dès ce moment une instruction et une éducation telles qu'elles puissent à la fois lui assurer l'exercice assez parfait de sa profession et lui apprendre à marquer lui-même sa place légitime dans l'activité sociale ». Aussi, dans les écoles y trouve-t-on toujours « d'une part, un enseignement théorique ou pratique, mais essentiellement professionnel ; de l'autre, surtout dans l'Allemagne du Sud, un enseignement moral et social tendu vers une conception de la dignité professionnelle et basé sur le rôle efficace des métiers les plus infimes en fonction de l'économie générale ».

Le jeune Allemand se laisse d'ailleurs très facilement conduire dans cette voie de l'enseignement professionnel, parce qu'il voit clairement l'avantage qu'il peut en tirer et le salaire très avantageux qui lui sera assuré, dès sa sortie de l'école ; le but qu'il se propose, en se perfectionnant dans une branche spéciale d'industrie, lui apparaît tout de suite ; il y tend son effort et il n'est pas rare de le voir fréquenter, durant de longues années, un même atelier préparatoire. Il sait qu'au bout de ses peines, une carrière — celle qu'il aura préférée — s'ouvrira largement devant lui et avec de justes rémunérations.

L'État et les communes encouragent ces écoles ; les associations professionnelles si nombreuses en Allemagne, si bien disposées en faveur de cet apprentissage, ouvrent parfois, elles-mêmes, des « écoles de corporation » où à côté d'un enseignement théorique, une instruction professionnelle est donnée par des hommes de métier.

En France, le Conseil supérieur du travail et sa section permanente ont bien mis à l'étude le grave problème de l'apprentissage. Des enquêtes ont été ordonnées ; des propositions formulées. Il s'est rencontré des hommes de haute compétence et des esprits prévoyants pour demander que la présence de l'apprenti aux cours complémentaires fût rendue obligatoire et comptée dans le nombre des heures de travail. Mais, tandis que nous en sommes encore sur cette grosse question à émettre des vœux, à faire des statistiques et à désirer l'éclosion, non seulement d'un texte législatif, mais même d'un projet parlementaire ; déjà, en Allemagne, ce besoin est passé dans les mœurs, et de nombreux patrons, comprenant qu'il est de leur intérêt de hâter le perfectionnement de l'apprenti dans sa profession, se sont engagés à lui laisser le temps nécessaire pour suivre les cours organisés pour lui et se sont groupés en associations puissantes, qui viennent de faire, de ce nouveau mode d'apprentissage hors de l'atelier, une obligation.

M. Maurice Wolff, au retour d'une mission d'étude en Allemagne, sur cette question, a pu écrire : « Ce qu'il faut retenir dès maintenant, c'est l'insuffisance pour ne pas dire la déchéance de l'apprentissage à l'atelier, dans le petit commerce ou la petite industrie et, à côté de certaines initiatives particulières, mais d'ailleurs restreintes, dans la grande industrie ou le haut commerce — pour réorganiser sur place un apprentissage à la fois théorique et pratique — la tendance à confier l'apprentissage à des écoles professionnelles aux types les plus variés, assez souples pour se plier aux exigences les plus diverses, établissant dans leur propre sein une gradation naturelle pour conduire le jeune ouvrier docile et travailleur, non seulement à la bonne conclusion de son apprentissage, mais encore à l'obtention du diplôme d'ouvrier, de contre-maître, de maître, pour rappeler l'ancienne division corporative du moyen âge ; des écoles enfin, qui rencontrent de la part des jeunes gens qui en bénéficient un accueil très favorable et de nature à encourager ceux — nombreux en Allemagne — qui ont placé leurs espérances dans le développement de l'enseignement professionnel. »

En constatant le succès de cet enseignement, au moment de le donner en exemple et de réclamer son introduction et sa diffusion en France — à l'encontre de l'Allemagne, qui, pour rehausser la valeur de ses cours, exige de l'ouvrier le paiement d'un droit de scolarité — la France républicaine, qui n'admet aucune distinction de richesse et entend assurer à tous le même droit, ne peut que décréter, en l'instituant, la gratuité de son enseignement professionnel.

A l'apprentissage qui se meurt, substituons l'enseignement professionnel ! A nécessités nouvelles, moyens nouveaux !

Espérons qu'à défaut de l'atelier de famille, l'école nous rendra nos dentellières aux doigts de fées, de Valenciennes, des Vosges et du Puy, dont les merveilleux ouvrages ont fait la parure des belles dames d'autrefois et l'admiration du monde.

II. — *L'enseignement professionnel obligatoire.*

Henry Maret, dans un de ces délicieux articles où se joue, sous la parure d'un style d'une admirable pureté, sa fantaisie aimable et spirituelle, raillait un jour la manie des congrès. Le jeu était plaisant et il n'est que trop vrai qu'il y a beaucoup de touristes parmi les amateurs de congrès. Mais ces réunions sont-elles pour cela moins utiles et faut-il supprimer les cours de la Sorbonne, à cause que la clientèle en est faite en hiver surtout de gens qui vont s'y chauffer ?

En tout cas, il y a des degrés du médiocre au pire et je ne crois pas que des congrès comme celui qui a réuni, au mois d'août 1904, à Amsterdam, les socialistes du monde entier ou comme celui de Rome, où s'affirmait hier avec un si grand éclat, en face du Vatican gardien du dogme et des superstitions, le droit de la science et de la raison, soient des manifestations négligeables.

Il en est de même du congrès de la Ligue française de l'enseignement qui s'est réuni à Amiens ; la lecture du programme de ses travaux permettrait à elle seule de juger de leur importance, si les noms des hommes qui y ont pris part, sous la présidence de F. Buisson, ne suffisaient pas à en déterminer le haut intérêt et la grande autorité scientifique.

A côté des questions qui ont trait à la propagande que poursuit la Ligue et parmi lesquelles je relève le très captivant problème de l'éducation par les fêtes et de l'organisation des colonies scolaires de vacances, il en est qui touchent aux plus graves intérêts sociaux. C'est ainsi qu'y ont été discutées les conditions d'organisation d'un enseignement professionnel obligatoire pour les deux sexes.

Déjà, au congrès de Tunis, en 1903, la Ligue de l'enseignement avait adopté le principe de l'obligation confirmé depuis par le vote du congrès mixte, primaire et secondaire d'avril 1904.

Plus le machinisme se développe, plus l'ouvrier devient à l'atelier le serviteur de la machine-outil, plus l'apprentissage — tel qu'il se faisait autrefois — tend à disparaître. La spécialisation toujours plus grande du travail permet bien de faire du jeune ouvrier un praticien habile à la confection de telle ou telle pièce, mais ne lui donne pas la connaissance complète de son métier et, le jour où la machine se substitue à lui pour accomplir automatiquement, avec une précision supérieure et d'une façon plus rapide et plus économique, le travail auquel une longue habitude lui avait fait la main, il se trouve réduit au chômage par une concurrence contre laquelle aucune lutte n'est possible.

Il faut de nos jours à l'ouvrier une tout autre préparation, beaucoup plus générale et beaucoup plus complète, afin de lui permettre d'abandonner une tâche purement mécanique, pour remplir son nouveau rôle où l'intelligence, la réflexion et l'application de connaissances scientifiques auront la plus large part.

Dans l'industrie de la soie, par exemple, ne fut-on pas obligé, il y a une vingtaine d'années, quand le métier mécanique eut, petit à petit, pris la place du métier à bras, au moment où le goût revint à l'article façonné délaissé depuis longtemps, de recourir à l'enseignement professionnel, l'apprentissage ne suffisant plus.

L'administration municipale lyonnaise d'alors, consciente des besoins d'une industrie qui faisait et fait encore la prospérité et l'honneur de la cité, se hâta de réunir une commission chargée d'organiser à Lyon un enseignement théorique et pratique du tissage et des cours de démonstration des montages.

Le cours de théorie comprenait : les armures simples et

composées, les remettages divers, la décomposition des échan-
tillons, les différents genres d'empoutages, les genres divers
de gazes anglaises, lisses et façonnées, les explications relatives
à la mise en carte et le rapport du tissage avec la mécanique
Jacquart.

Le cours de démonstration avait pour objet d'expliquer
l'organisation des montages de métiers, surtout, dit le programme d'alors, pour les articles spéciaux que le caprice de
la mode fait varier à l'infini, et d'épargner ainsi les tâtonnements qui font perdre un temps précieux.

Que de temps eût été économisé, s'écrie le rapporteur de
la Chambre syndicale, si nous avions eu à cette époque un
cours de démonstration des montages !

Ce qui est vrai pour l'industrie de la soie, ne l'est pas
moins pour tout autre et c'est avec une grande raison que
M. Rocheron, dans son rapport sur les cours techniques de
la Ville de Paris, écrit :

Ce n'est plus seulement de praticiens habiles dont l'industrie
moderne a besoin, mais d'ouvriers adroits, aptes à exécuter les
travaux variés d'une même profession ou d'un groupe de professions
similaires. En plus de cette adresse manuelle, il faut que ces ouvriers
aient l'intelligence ouverte, qu'ils sachent tracer, qu'ils puissent
lever un plan, qu'ils soient capables de modifier leur outillage afin
de l'adapter à un rendement déterminé ; en un mot, qu'ils aient des
connaissances techniques variées et précises.

Or, l'enseignement professionnel des adolescents n'est
assuré nulle part en France, pas même à Paris, malgré les
efforts des Chambres syndicales patronales et des syndicats
ouvriers. En ces problèmes, la Suisse nous a devancés, et
l'Allemagne du nord tout entière et la Saxe ont adopté et
pratiquent l'obligation de l'enseignement.

La Ligue de l'enseignement entend poursuivre la réalisation de cette réforme. Elle voudrait que l'enseignement professionnel fût obligatoire, durant la période de 12 à 18 ans, pendant au moins trois ans, pour tout adolescent qui n'aurait pas suivi un cours complémentaire, une école pratique agricole, industrielle et commerciale ou les cours d'un lycée.

Dans la pensée des rapporteurs du Congrès, cet enseignement comprendrait, à côté d'une partie théorique, des séances pratiques, comme dans les cours techniques de la Ville de Paris. Il serait en outre donné dans la journée, sans diminution de salaire et sans prolongation de la durée du travail ou de l'apprentissage.

Cela vaut que des hommes compétents se réunissent, discutent et décident, fût-ce devant quelques amateurs de voyages à prix réduits. Les bavards, que je déteste, ne doivent pas décourager de parler ceux qui ont des choses utiles à dire et c'est pour cela que — malgré tout — les congrès ont du bon.

CHAPITRE VIII

—

LES CONFLITS DU TRAVAIL

I. — *Deux grèves : le Creusot, Montceau.*

L'arbitre que s'étaient choisi le maître tout-puissant du Creusot et les ouvriers en grève rendit sa décision dans une forme juridique impeccable et avec un sentiment très élevé d'équité. Les ouvriers triomphèrent parce qu'ils avaient raison.

Ainsi se trouva terminée cette grève formidable qui en 1899, ouvrit un moment la porte aux plus terribles éventualités. Tous les bons citoyens en éprouvèrent une joie profonde.

Ce résultat fut dû, comme le proclama le Conseil général des Bouches-du-Rhône, aux ouvriers d'abord, à leur ardeur à défendre leurs intérêts et leurs droits, aux sympathies de l'opinion et à l'appui effectif des pouvoirs publics.

Peut-être pour tirer l'enseignement qui se dégage du conflit qui secoua si profondément toute une grande région industrielle et minière, n'est-il pas inutile de jeter un coup d'œil général sur la condition des ouvriers dans ce milieu !

Au Creusot, comme d'ailleurs à Montceau-les-Mines, la Compagnie était tout. Ici, M. de Gournay, directeur des mines, conseiller général, et M. de Boisset, secrétaire général de la Compagnie, conseiller d'arrondissement et maire de Montceau ; là, M. Schneider, député, conseiller général et maire, personnifiaient toute l'autorité. En dehors d'eux, rien. Maîtres absolus de leurs domaines industriels et de leurs fiefs politiques, ils n'avaient à compter avec personne. Aucune puissance ne venait contrebalancer la puissance souveraine des compagnies qu'ils représentent.

Celles-ci, pour assurer le respect de l'autorité du maître, devaient être entraînées — et, en fait, elles l'étaient — à organiser tout un service de surveillance, dont l'action n'a cessé de s'étendre, pour devenir bientôt et de jour en jour plus arbitraire et plus oppressive, au point que l'œil de l'administration pénétrait dans chaque ménage ouvrier et que rien n'échappait plus aux oreilles toujours aux aguets du maître.

De là à exiger des ouvriers une soumission absolue, même dans les choses qui ne relèvent que de la conscience et dans les actes qui constituent le droit privé et absolu de l'homme et du citoyen, il n'y avait qu'un pas ; il fut vite franchi et de plus en plus devint lourde et intolérable à la population ouvrière la compression exercée par l'autorité patronale.

« Je te donne, disaient les patrons à l'ouvrier, pour rémunération de ton travail, un salaire au moins égal à celui que reçoivent ailleurs tes camarades ; j'assure dans mes écoles l'éducation de tes enfants ; je veille paternellement sur ton bien-être ; j'ai pour tes malades des soins, pour tes malheureux des libéralités ; je t'aide à préparer la retraite de tes vieux jours et l'avenir des tiens ; mais à ce prix, j'exige une soumission entière à mes volontés et un dévouement qui doit aller jusqu'à l'abdication de la conscience d'homme et de citoyen. »

Les ouvriers ont fini par trouver que c'était trop cher.

C'est dans le régime même et la condition imposés aux ouvriers qu'il faut chercher le secret du mouvement de révolte qui s'est produit au fur et à mesure que se sont éveillés chez le travailleur, plus instruit, plus conscient de ses droits, mieux préparé à la conception des problèmes sociaux, le sentiment de sa dignité et le souci de sa liberté.

Sans doute, à ces causes sont venues s'ajouter des questions d'organisation du travail et des questions de salaires, mais on peut affirmer qu'elles ont été absolument secondaires et accessoires.

Aussi les grèves qui ont successivement éclaté ont-elles été l'épanouissement d'un mouvement syndical d'autant plus rapide et plus puissant que les ouvriers avaient pris plus douloureusement conscience de leur isolement et, en même temps de la nécessité de se grouper, pour être forts, dans la lutte qui s'ouvrait.

Une première grève au Creusot, et peu après la grève de Montceau-les-Mines avaient abouti au triomphe des légitimes revendications formulées au nom des ouvriers, par les syndicats grandissants. La forteresse de l'autorité apparaissait démantelée ; la conscience prolétarienne s'affranchissait de l'oppression patronale : le mouvement gagnait Montchanin et Gueugnon.

Il est certain que les Compagnies, surprises un peu par la spontanéité et la vigueur de l'attaque, devaient désirer la revanche qui leur permettrait de ressaisir le sceptre brisé, et qu'elles n'étaient que trop disposées, ne fût-ce que pour relever le plus possible leur autorité et leur prestige compromis, à se montrer rigoureuses vis-à-vis de ceux que l'usine et la mine — suivant une vieille habitude qu'il faudra bien perdre cependant, — considéraient, non comme des défenseurs de droits légitimes, mais comme des monstres d'ingratitude, comme d'indignes agents d'indiscipline et de désordre.

Renvois injustifiés d'ouvriers ; manquements à certaines clauses de la convention du 2 juin, qui avait terminé la précédente grève ; atteintes à la liberté de penser ; provocations répétées ; brutalités de langage de certains contremaîtres, toujours plus royalistes que le roi ; vexations d'une police occulte réorganisée ; constitution de listes de suspects, toujours sous la menace d'une expulsion ; méconnaissance du syndicat et mise à l'index des syndiqués, provoquant partout des réclamations.

A la forge, réclamations au sujet du compte des déchets qui lèse les ouvriers jusqu'à 30 o/o de leurs salaires ; aux aciéries, à l'électricité, aux ateliers de construction, menaces de renvois ; au blooming et à la tôlerie, différends à propos de la réparation des fours ; plaintes des puddleurs et du service des chemins de fer pour inégalité de traitement entre les ouvriers, etc. Telles furent, à côté ou plutôt au-dessous des causes générales, les causes occasionnelles de la cessation brusque du travail.

La sentence arbitrale vint mettre les choses au point. D'aucuns, au point de vue de l'art et en véritables snobs, regrettèrent peut-être que l'exode sur Paris de 7 ou 8.000 ouvriers ne se fût pas accomplie. Il n'eût pas été, en effet, banal, le spectacle de cette longue théorie de travailleurs, cheminant le long des grandes routes, la musette en bandoulière, avec dans leurs rangs les femmes et les petits, la révolte au cœur et, sur les lèvres, la chanson qui raccourcit les trop longues étapes ; tantôt troupeau aux formes indécises dans le brouillard des froides matinées, tantôt bataillons serrés dans l'éclat égayant des derniers soleils d'automne ; il faut s'en réjouir, car même en supprimant l'arrivée improbable sur la place de la Concorde de l'armée creusotine, dans une explosion d'ardentes sympathies et dans un concert d'imprécations contre le capital, qu'en fût-il résulté ? On se le demande avec angoisse.

Combien a été plus important et plus décisif le résultat acquis, grâce à la sentence arbitrale qui n'impliqua pas seulement une constatation de fait, mais la consécration officielle du droit ouvrier en face du droit patronal.

Depuis, les délégués par corporation ont eu le droit de porter au patron, obligé de les recevoir, les doléances des ouvriers, et lorsque les syndiqués seront l'immense majorité comme au Creusot, leur organe légal, le syndicat, sera constitué en puissance avec laquelle le patronat devra traiter d'égal à égal. Le contrat de travail ne sera plus imposé par l'un, subi par l'autre, mais librement débattu et librement accepté de part et d'autre.

Ce qui s'est passé au Creusot et à Montceau, ce n'étaient pas des grèves ; ce fut une révolution.

*
* *

L'histoire de Montceau, dans la période qui va de janvier à mai 1901 n'est pas moins suggestive.

La Compagnie des mines de Blanzy, la vieille Société Chagot, dont le nom est demeuré synonyme d'oppression et d'intolérance, déplorablement administrée au point de vue de l'exploitation des riches gisements dont elle doit la concession à l'État, n'avait d'autre souci, depuis des années, que de constituer en fief politique, comme au Creusot, son vaste fief industriel.

Pour la plus grande joie du parti réactionnaire-clérical de la région, la mine avait mis la main sur les pouvoirs locaux et trônait à la mairie, au Conseil d'arrondissement et au Conseil général. Les séductions habiles, les menaces et la fraude avaient eu raison d'une population terrifiée. Il n'y avait plus pour personne liberté de croire, de penser, de parler ou d'agir. Aux consciences individuelles s'était substituée la conscience de la mine, et pour que le troupeau docile pût être maintenu dans une soumission entière et silencieuse, il s'était formé tout un bataillon de gardiens vigilants, habiles à surprendre les propos suspects, à surveiller les manquements aux devoirs religieux, à dénoncer la lecture des mauvais journaux et la fréquentation des républicains, l'œil et l'oreille toujours au guet à toutes les fenêtres et à toutes les portes. Mouchards à 27 sous, redoutés des camarades et comblés des faveurs de la maison !

Les commerçants et les boutiquiers eux-mêmes devaient, pour échapper à un « boycottage » sans merci, montrer patte blanche, si bien que rien ne bougeait dans la ville où les anciens membres de la bande noire de 1882, devenus les agents fidèles de la despotique Compagnie de Blanzy, faisaient la loi.

Mais, comme dans ces lacs redoutables dont la surface ne trahit par aucune ride l'agitation du fond, de sourdes révoltes grondaient dans l'âme des masses ouvrières, si bien qu'un beau jour, sous l'excès de l'oppression et au lendemain d'une manifestation où les « mouchards » s'étaient montrés, sous l'œil bienveillant de la municipalité et de la mine et dans l'effarement des habitants consternés et humiliés, les maîtres violents de la rue, l'explosion se produisit formidable.

En un clin d'œil, dix mille travailleurs et la population tout entière d'accord avec eux, secouaient leur joug dans un éclat de colère, et au cri de : « Vive la liberté ! » opposaient à l'autorité ruinée de la mine et de ses chefs déconcertés, la puissance redoutable et légitime d'un syndicat.

De salaires, il n'était pas question, mais de liberté de conscience et de liberté politique, et à travers deux grèves mouvementées où s'affirma la sagesse du syndicat et des mineurs et qui ne furent marquées d'aucune violence, la Compagnie, cahotée et disloquée, dut baisser pavillon et se transformer.

A la gérance succédait un Conseil d'administration ; le personnel était modifié. La mine, impuissante désormais à faire élire, comme autrefois par la terreur et par la fraude, ses délégués mineurs, chassée de la mairie par les bulletins victo-

rieux de la masse ouvrière, voyait ceindre l'écharpe municipale par un des membres du bureau syndical. Et, soit dit en
passant, ce ne fut pas un spectacle banal que celui du citoyen
Bouveri, succédant au puissant et autoritaire M. de Boissel,
et s'en retournant, sa fonction de maire remplie, la lampe
et le pic à la main, travailler au fond à sa tâche de mineur !

Pour la réactionnaire Compagnie, pour ceux de ses ingénieurs qui — à les entendre — étaient non pas chargés
d'extraire du charbon mais « de remplir une mission sociale », pour les conseilleurs autorisés qui ne sont point les
payeurs, un tel état de choses n'était pas supportable :
c'était l'abomination de la désolation.

Alors, tout fut tenté pour réveiller la grève, sans qu'on
pût venir à bout de la patience, du sang-froid et de la sagesse
du syndicat. Un dernier espoir restait : diviser les ouvriers;
créer avec l'ancienne « mouche », avec le fameux bataillon
des 27 sous, grossi de tous ceux que pourraient amener les
menaces, les promesses et les faveurs, un second syndicat et
le jeter contre les neuf mille adhérents du syndicat n° 1, tel
fut le plan et le syndicat des « Jaunes » fut fondé.

Un beau dimanche, les « Jaunes », après avoir fait grand
tapage dans les feuilles réactionnaires, se réunirent dans leur
local ordinaire, qu'ils appellent leur « fort Chabrol », et vou-
lurent tenter une manifestation.

Mal leur en prit, car la foule, de méchante humeur, se
mit à les houspiller ferme, et n'eût été l'énergie et le courage
civique de la municipalité et du bureau du syndicat, tempé-
rant les ardeurs du préfet trop prompt à mêler ses gen-
darmes à l'affaire, les Jaunes n'en auraient pas été quittes,
sans doute, pour quelques horions, comme il arriva.

Voilà toute l'histoire des soi-disant troubles, au sujet desquels la presse nationaliste et cléricale mena alors si grand
bruit ; le bon sens et le calme des organisations syndicales

triomphèrent, comme au Creusot, de la puissance patronale, cléricale et réactionnaire.

II. — *L'arbitrage et les Conseils du travail.*

Il semble qu'il y ait quelque impertinence à choisir le moment où le canon parle pour disputer de l'arbitrage. Est-ce à dire cependant qu'il faille renoncer à poursuivre l'organisation de la Cour de paix rêvée par le tsar?

Certes non! pas plus que nous ne devons, pour les conflits économiques, dans des horizons moins vastes, nous abstenir de rechercher des moyens propres à rendre les batailles du capital et du travail — c'est-à-dire les grèves — aussi rares et aussi peu malfaisantes que possible, alors même qu'elles éclateraient tout autour de nous.

Mais, si l'heure n'est pas à la paix des armes dans le monde, quel moment plus favorable chez nous pour s'entretenir des règlements amiables des différends relatifs aux conditions du travail que le moment actuel, où ne sévit aucune grève de quelque importance.

La question est d'ailleurs à l'ordre du jour des commissions parlementaires. Elle y a été portée par M. A Millerand, député, comme elle avait été soumise précédemment à l'examen de la Chambre par M. A. Millerand, ministre du Commerce, de l'Industrie, des Postes et Télégraphes.

A part la guerre à la dynamite et à la mélinite, qui fait les victimes par milliers, dans la grandiose horreur des désastres navals — où sombrent les cités flottantes que sont les cuirassés actuels, entraînés dans les effroyables remous qui s'ouvrent sous eux en tombeaux mouvants — et dans la désolation des villes en flammes et des champs dévastés, rien n'est plus lamentable, sous un appareil moins tragique, que la grève avec ses désespoirs et ses pleurs, plus brûlants encore que les larmes de sang que font couler les sabres et les balles.

Il n'est personne d'ailleurs qui ne déplore la fréquence et l'acuité de ces conflits qui ne cessent de s'élever entre le capital et le travail. Ce n'est pas que notre pays soit à ce point de vue plus troublé qu'un autre, mais le mal des uns ne guérit pas celui des voisins.

Le fait de grève existe partout et la Suisse elle-même, qu'on nous donnait souvent comme un pays de rêve fermé aux crises ouvrières, n'échappe pas à la loi générale, comme l'a prouvé, il y a plus d'un an, le conflit qui a si profondément troublé la ville de Genève.

Il en a été ainsi à toute époque, aussi loin que l'on remonte dans les annales du travail national. Au moyen âge, c'étaient les apprentis qui cessaient le travail quand un différend surgissait entre eux et le patron. Mais à cette époque, le fait de grève n'était qu'une sorte de révolte contre la loi et les servitudes qu'elle imposait, car si la coalition était licite pour les patrons, elle ne l'était pas pour les ouvriers.

La Révolution, dans sa passion d'égalité, pour rétablir l'équilibre, ne crut pouvoir mieux faire que d'interdire toute coalition tant patronale qu'ouvrière. La paix n'y gagna rien.

Peu à peu, avec le développement du machinisme, au fur et à mesure que disparaissait l'atelier familial pour laisser la place aux vastes usines ; que se développait l'industrie des chemins de fer avec ses milliers d'employés ; que les grandes sociétés anonymes en venaient à absorber toute la vie, toute l'activité d'une région, la lutte entre le patron et le salarié changea de caractère et l'on s'aperçut qu'au lieu de refuser à l'un et à l'autre le droit de coalition, il était plus logique de l'accorder à tous deux.

Les luttes devenant plus nombreuses et plus vives, le Parlement, après une série de tâtonnements, aboutit à la loi du

25 mai 1864, dont le rapporteur, M. Emile Ollivier, disait : « Il n'y a pas lieu de frapper d'une peine la coalition simple ou, pour parler plus exactement, le concert soit entre patrons, soit entre ouvriers qui s'entendent librement, volontairement, sans emploi ni de la violence ni d'aucun moyen d'intimidation, pour fixer les conditions auxquelles ils veulent faire travailler ou travailler et sanctionnent leurs prétentions par la fermeture ou l'abandon simultané et convenu des ateliers... Le concert des patrons ou des ouvriers, renfermé dans les limites que nous avons indiquées n'est pas de soi un fait illicite. »

Le progrès était accompli : le droit de grève reconnu à tous. La loi de 1884 sur les syndicats professionnels devait en affirmer et en fortifier encore le principe. Mais pour avoir armé plus également les deux adversaires, le législateur n'avait point espéré supprimer le combat. La grève avec tous ses périls pour la production, avec tout son cortège de souffrances et de misères pour le prolétariat, reste l'unique et suprême ressource.

Si encore les conditions de la lutte étaient égales ? Elles le sont en droit, mais non en fait. Tandis que le patronat, solidement campé sur ses capitaux, peut attendre que le temps fasse son œuvre, le prolétariat, encore mal secondé par ses syndicats, manquant de tout et surtout du nerf de toutes les guerres, voit chaque jour s'augmenter le nombre de ses victimes et s'engloutir ses espérances. On ne saurait vraiment trop admirer les héroïsmes qu'enfante souvent, dans ces crises douloureuses, l'esprit de solidarité chez les travailleurs.

Il devait venir à la pensée du législateur de rechercher les moyens de faire trêve à ces conflits lamentables et de substituer à leur explosion inattendue l'exercice réglé et normal d'un droit.

Dès 1872, l'Angleterre eut sa loi sur l'arbitrage, que devait abroger la loi du 7 août 1896 qui, tout en consacrant l'existence des conseils privés de conciliation et d'arbitrage, fait intervenir les pouvoirs publics pour le règlement des conflits industriels.

Aux États-Unis, dès 1878, des lois sur l'arbitrage ont institué une procédure pour la constitution de conseils locaux et temporaires, et dès 1886, l'État de New-York a créé un Conseil permanent d'arbitrage — exemple bientôt suivi par les autres États de la Confédération. Comme arbitres ou comme enquêteurs, les conseils officiels jouissent de tous les pouvoirs accordés aux tribunaux ordinaires.

En Allemagne, les tribunaux de prud'hommes sont chargés, en vertu d'une loi du 29 juillet 1890, de la conciliation et de l'arbitrage dans les conflits collectifs. La loi autrichienne du 14 août 1896, dont M. Millerand paraît s'être plus particulièrement inspiré, crée pour les mines une délégation ouvrière élue, chargée de présenter aux chefs d'exploitation « les vœux et les griefs des ouvriers relativement au travail et à préparer l'aplanissement des différends qui naîtraient en cette matière ».

La Belgique a ses conseils de l'industrie et du travail créés par la loi du 16 août 1887 ; la Hollande ses chambres de travail instituées par la loi du 2 mai 1897 ; le Portugal ses tribunaux d'arbitres-conciliateurs ; la Suède ses tribunaux permanents d'arbitrage ; la Suisse ses conseils de prud'hommes chargés du rôle de médiateurs dans les grèves, et Genève, depuis le 10 février 1900, fixe par la loi le mode d'établissement des tarifs d'usage entre ouvriers et patrons, règle les conflits relatifs aux conditions de leurs engagements et prévoit l'arbitrage obligatoire en cas de désaccord.

Le Canada, pour les mines, les États-Unis, les colonies anglaises de l'Australie, la Nouvelle-Zélande ont une série de lois qui toutes tendent à l'organisation permanente de l'arbitrage.

En France, nous n'avons que la loi du 27 décembre 1892, à ce point imparfaite que c'est à peine si, en sept ans, il y a eu 33 recours avant la cessation du travail, et encore n'est-ce que dans les grèves à personnel restreint. La proportion de ces recours a varié de 17 à 26 0/0 soit de 23 0/0 en moyenne après déclaration de grève, et le pourcentage des conflits terminés par la conciliation et l'arbitrage a été en moyenne, par rapport au nombre des grèves déclarées dans l'année, de 6,58.

L'éloquence de ce chiffre dit assez ce que vaut la loi.

Il y avait plus et mieux à faire.

*
* *

Aussi dès le 8 juillet 1895, M. André Lebon déposait-il un projet de loi sur les conseils permanents de conciliation. Le 23 janvier 1896, M. Mesureur et, après lui, M. Dejeante, le 7 novembre 1895, M. Jaurès et M. de Mun la même année, MM. Bovier-Lapierre, Charles Ferry et Dutreix en 1898, M. le sénateur Magnien en 1899 et M. Fournière en 1900, ont présenté également sur le même objet des propositions de loi qui n'ont pas pu venir en discussion.

Notre éminent ami, M. Millerand, a su s'inspirer de ces travaux autant que de l'exemple de l'étranger. Le système qu'il préconise tient en quelques lignes : dans toute usine de quelque importance qui en accepte la loi, le personnel choisit ses délégués chargés de dissiper les malentendus qui peuvent surgir et de présenter aux patrons les doléances des ouvriers et employés.

En cas de différends graves, des arbitres sont désignés par les parties. Si toute tentative de conciliation est vaine, la grève peut éclater après un délai déterminé, sur un vote au scrutin secret et à la majorité.

Dès que la grève est déclarée, le Conseil du travail évoque

l'affaire devant sa section compétente et la termine par une sentence.

L'État doit donner l'exemple, comme aussi les départements et les communes, en fixant les conditions d'un contrat conforme dont leurs ouvriers devront accepter et respecter les clauses.

Ce n'est pas seulement en temps de conflit, mais aussi en temps de paix que les délégués pourront, à des jours et à des heures déterminés par le règlement, s'adresser aux chefs d'établissements. Résultat : malentendus écartés, équivoques dissipées, interprétations rectifiées.

Est-ce à dire que toutes les grèves se trouveront supprimées ? Non, hélas ! Mais du moins, se sera-t-on mis de part et d'autre à l'abri des emballements irréfléchis et des résistances injustifiées. La colère, mauvaise conseillère, aura perdu ses droits. C'est quelque chose et c'est même beaucoup. Le sang-froid revient avec la nécessité de faire précéder la déclaration de grève de certaines formalités. S'il faut préciser par écrit les divers point du débat, s'il faut soumettre le conflit à des arbitres et si la grève est subordonnée à un vote à la majorité, il y a des chances pour qu'elle n'éclate pas, et s'il faut renouveler ce vote tous les sept jours, plus de raisons encore pour qu'elle dure peu et fasse le moins de victimes possible, dans un minimum de misères communes.

Malgré tout, la grève est-elle déclarée, survient l'arbitre désigné par la loi, arbitre technique, compétent, impartial : c'est la section du Conseil du travail à laquelle se rattache la profession en cause. Sa sentence doit être obéie.

A ceux qui se refuseraient à s'incliner, en violation du contrat par eux-mêmes consenti, M. A. Millerand propose de retirer certains droits d'électorat et d'éligibilité d'ordre professionnel. Il va jusqu'à l'amende pour qui aura mis obstacle à l'accomplissement des fonctions d'un arbitre et jusqu'à la prison pour ceux qui auront influencé le vote.

Un contrat initial librement accepté, comme une sorte de constitution, et à son ombre, le jeu normal des représentations et des majorités : c'est le régime parlementaire substitué au régime monarchique.

Quoi d'étonnant à ce que le patronat tout entier se soit insurgé contre une telle proposition ? Comme le charbonnier qui veut être maître chez lui, les patrons ont repoussé avec énergie un système qui, du travail considéré jusque-là comme un mineur, faisait un collaborateur du capital, traitant avec lui de puissance à puissance.

Mais les syndicats professionnels et les Bourses du travail ont également protesté et avec une vivacité tout aussi grande. Eh ! quoi ? disaient-ils, nous accepterions une pareille juridiction ? Ne sait-on pas que les réparations ne s'obtiennent que sur l'initiative de quelques hommes plus avisés et plus hardis que les autres, au sein de la masse ouvrière ; le projet Millerand c'est la suppression du droit de grève.

Ainsi se sont dressés contre la généreuse tentative de ce libre et large esprit, à la fois le monde patronal et le monde ouvrier, unis, pour une fois et par hasard, dans la plus improvisée mais aussi dans la plus complète entente.

Il y a quelqu'un qui a plus d'esprit que Voltaire, a-t-on dit, c'est tout le monde. La sagesse des nations me semble en ce cas être en défaut et je crois bien que c'est M. Millerand, qui pour la circonstance a raison contre tous. N'est-il pas d'ailleurs tout à fait démocratique d'obliger la minorité à s'incliner devant la majorité ? Que diraient les protestataires des syndicats si, au nom même des arguments qu'ils invoquent, on refusait à la masse ouvrière le droit de vote sous prétexte de ne le laisser qu'aux capacités ?

Toute législation qui aura pour effet d'empêcher les manifestations violentes où se cache pour les pires desseins tout le rebut social, où dans le trouble de la rue et la surexcitation des esprits, dans l'angoisse du chômage et de ses conséquences de famine et de misère, s'éveillent les mauvais instincts des foules ; tout ce qui pourra, en un mot, rendre plus rares les grèves sera un bienfait pour tous — pour les patrons sans doute, mais pour les ouvriers surtout, dont le bon droit a tout à gagner de la délibération d'un tribunal de justice et tout à perdre de la violence.

C'est toujours dans le monde du travail que sont les victimes.

Les patrons, d'ailleurs, auraient la mémoire bien courte qui ne se rappelleraient pas quelles amères doléances leur arracha l'explosion soudaine de certaines grandes grèves et l'énergie qu'ils mirent à réclamer des garanties contre le retour de ces atteintes brutales à la marche régulière de la production.

La grève est une guerre. Ce n'est sacrifier ni les droits ni les intérêts des belligérants que d'exiger des deux parties que la colère fasse place à la réflexion, la violence à la raison, et qu'un arbitrage entouré de toutes les garanties d'impartialité soit le terme nécessaire d'un conflit qu'elles se seront elles-mêmes reconnues impuissantes à résoudre par un accord amiable.

L'auteur de la proposition de loi a eu raison de mettre la garantie du progrès social dans la raison, de placer sa confiance dans le débat loyal des intérêts opposés, voire même d'escompter la sagesse des travailleurs organisés et de fonder son espoir sur la vertu éducatrice de l'association.

*
* *

A cette question de l'arbitrage, se rattache étroitement la grande querelle de la légitimité des Conseils du travail.

On se souvient que l'honorable M. Millerand, en qualité de ministre du Commerce et de l'Industrie, prit un jour, au rand scandale des jurisconsultes du Sénat et au mépris des véhémentes protestations du grand patronat, des décrets instituant des Conseils du travail.

C'était, à entendre ses adversaires, un abus de pouvoir injustifiable et une illégalité : seule la loi pouvait faire ce que M. Millerand s'était avisé, sous sa seule responsabilité ministérielle, d'organiser par décret.

Cette furieuse opposition eut pour effet d'arrêter le fonctionnement des cinq Conseils du travail créés à Paris. Le ministre avait beau arguer de son droit en faisant remarquer que ces conseils étaient purement consultatifs, qu'ils n'avaient aucune qualité pour se substituer à des juridictions existantes quelconques, comme celles des prud'hommes par exemple ; que ce n'étaient que des organes d'information ; que les élus des syndicats patronaux et ouvriers qui les composaient n'avaient d'autre mission que de discuter des intérêts corporatifs qu'ils représentaient, des conditions générales du travail, des questions de salaire et de durée de la journée. On ne voulut rien entendre.

La campagne se poursuivit au Sénat, où les juristes purent donner carrière à leur goût de la controverse sous les yeux des patrons, heureux de voir leur cause défendue par tant de savants professeurs de droit à la fois.

S'il faut une loi, disait simplement le ministre du cabinet Waldeck-Rousseau, interpellez-moi ; nous discuterons. Il considérait, en effet, et non sans raison, que le rôle du pouvoir consiste à user des droits qui lui appartiennent et que le devoir d'un ministre n'est pas de laisser tomber de ses mains les armes qu'il tient de sa fonction même, mais au contraire de s'en servir sous sa responsabilité.

Personne d'ailleurs ne contestait en principe l'excellence d'une telle création.

En 1895 déjà, la question des Conseils du travail avait été posée au Conseil supérieur du travail et l'accord avait été complet pour en reconnaître l'utilité. M. Cheysson, qui n'est point un révolutionnaire, et M. Jules Roche également opinaient dans ce sens. Seulement, ils réclamaient l'intervention de la loi là où Millerand recourait au décret.

Rien ne peut être plus avantageux aux ouvriers comme aux patrons eux-mêmes qu'un organisme qui crée entre eux un contact permanent et les appelle à discuter en commun de leurs intérêts réciproques ; c'était l'avis unanime. Et, certainement, si les décrets Millerand avaient institué les Conseils du travail sur la base du suffrage universel des patrons d'une part et des ouvriers de l'autre, l'opposition serait restée dans les limites d'une discussion académique et aurait facilement passé condamnation.

L'audacieux ministre avait eu cependant ce tort impardonnable de ne donner le droit de vote qu'aux syndicats patronaux et ouvriers. Pas de place aux conseils pour les ouvriers libres.

A vrai dire, M. Millerand donnait bien quelques bonnes raisons de sa décision. Tout le monde sait à quels résultats on arrive lorsqu'il s'agit, par exemple, d'élections consulaires. Pour la nomination des juges au tribunal de commerce, les élections se font par un nombre ridicule d'électeurs : A Paris, on ne va pas au scrutin dans une proportion supérieure à 5 o/o des inscrits. Si les juges consulaires ont cependant quelque autorité, c'est qu'une fois nommés, — si humble que soit leur origine — ils n'en n'ont pas moins le droit de prononcer des jugements auxquels il faut bien se conformer, et c'est de leurs fonctions mêmes qu'ils tirent un pouvoir considérable et effectif. Mais quelle serait l'autorité de conseils purement consultatifs qui ne représenteraient qu'un collège électoral réduit à quelques unités ?

Si, au contraire, les élus sont les représentants des syndicats patronaux et ouvriers, tout change, car ils apparaissent alors avec toute l'autorité des groupements dont ils sont les porte-parole et vis-à-vis desquels ils auront des comptes à rendre et des devoirs à remplir.

Si l'expérience n'a pas été tentée chez nous, elle l'a été chez nos voisins. En Belgique, les Conseils du travail sont élus au suffrage universel. A quoi ont-ils abouti ? Quels services ont-ils pu rendre ? Que vaut leur avis ? Quel compte tient-on de leurs délibérations ? Ils n'existent pas. Ce n'est pas le résultat qui pouvait séduire l'esprit net, clair et pratique de M. Millerand.

Sans doute, on pourra dire que ces Conseils ne représentent qu'une minorité. Mais cette minorité n'est-elle pas la fraction agissante ? N'a-t-elle pas pour elle l'intelligence et l'esprit d'initiative ? En dehors des syndicats, qui donc intervient quand il s'agit de discuter dans un intérêt professionnel une question de douanes, de durée de travail ou de salaires ? Personne : eux seuls ont une action et luttent pour tous. C'est avec eux qu'il faut compter. En faisant appel aux syndicats, on assure aux Conseils du travail la base solide dont ils ont besoin pour parler haut et pour se faire écouter.

Mais c'est contre cela justement que proteste le grand patronat en criant au syndicat obligatoire. Nous savons comment on joue du mot magique de liberté, dans un certain monde, toutes les fois qu'on a à défendre un privilège. Le procédé est vieux jeu et l'on peut ne pas s'y arrêter. Quant à développer la puissance syndicale, M. Millerand ne se défend pas d'en avoir l'intention. Il reste en cela parfaitement logique avec lui-même. La loi sur les syndicats, qu'il voudrait élargir encore, ne lui paraît pas faite pour demeurer un simple ornement de nos Codes.

S'aviserait-on de lui reprocher de réduire à l'état de parias les ouvriers non syndiqués ? La réplique est facile. Ne seront parias que ceux qui le voudront bien, car le syndicat est à la portée de tous. Des statuts que tout le monde connaît, les noms des administrateurs désignés ; un dépôt à la préfecture, et le syndicat est constitué et ceux qui en font partie ont droit de prendre part aux élections des Conseils du travail.

Quoi qu'il en soit, d'ailleurs, de la façon dont M. Millerand a composé l'organisation de ces conseils, ce n'est point ce que le Sénat lui reprochait.

Son grief était que les décrets du 17 mars 1900 n'étaient pas légaux et c'est pourquoi il leur a substitué une loi, votée par le Sénat et depuis soumise à l'étude de la Commission du travail de la Chambre.

Mais entre temps, le Conseil d'État, saisi par des pourvois formés contre les décrets de M. Millerand, rendit l'arrêt suivant :

« Considérant, d'une part, que les Conseils du travail, tels qu'ils ont été institués par ces décrets, sont essentiellement des organes d'information ; qu'ils ne sont investis d'aucun pouvoir propre de décision et que leurs avis, destinés à éclairer les autorités administratives sur les mesures à prendre dans la limite de leurs attributions, ne sont pas obligatoires pour ces autorités ; que le caractère purement consultatif des Conseils du travail résulte, tant de l'ensemble des dispositions qui les instituent que des termes du rapport du ministre précédant le décret du 17 septembre 1900, confirmés par ses déclarations au cours de l'instance ;

« Considérant, d'autre part, que si d'après l'article 2, paragraphe 3 du décret du 17 septembre 1900, les Conseils du travail sont chargés d'établir dans chaque région un tableau constatant le taux normal et courant des salaires et la durée normale et courante de la journée de travail, ils doivent le faire dans les formes prévues aux articles 3 des décrets du 10 août 1899 ;

« Que ce tableau n'est qu'un nouvel élément d'information, soumis à l'appréciation des administrations publiques intéressées, et ne change rien aux attributions qu'elles ont reçues de ces décrets ;

« Qu'il suit de là que les décrets attaqués n'apportant aucun empêchement à l'entière application des lois des

21 mars 1884 et 27 décembre 1892 et des décrets du 10 août 1899, les requérants ne sont pas fondés à prétendre qu'ils auraient été pris en violation des lois et règlements précités;

« Que, dès lors, ces décrets sont intervenus dans la limite du pouvoir réglementaire du Président de la République. »

Les décrets de M. Millerand sont donc déclarés réguliers et valables, et, tant que la loi ne sera pas intervenue pour modifier ou supprimer le pouvoir du ministre en la matière, rien ne sera plus légal que les créations qui pourront être faites de Conseils du travail.

III. — *Les Conseils de prud'hommes.*

Parlons maintenant des prud'hommes.

Il s'agit de substituer à la législation actuelle, qui remonte à 1853, — cette date en dit assez ! — une législation plus libérale et plus en rapport avec la transformation qui s'opère dans les conditions économiques, parmi le monde du travail.

Nous sommes loin de l'empereur Constantin et des « prudentes », ces ancêtres de nos prud'hommes actuels, dont l'autorité faisait loi sur les points de droit. Chez nous, en France, c'est sous Philippe le Bel, qu'à Paris d'abord, à Lyon ensuite, furent constitués les premiers Conseils de prud'hommes chargés d'assister le prévôt des marchands et les échevins et de juger en dernier ressort dans les litiges qui survenaient entre les marchands et les fabricants, réunis pour leurs affaires dans les foires et les marchés de cette époque.

C'est au temps du bon roi René qu'en Provence s'institua la juridiction des prud'hommes pêcheurs, juges souverains, dont les décisions orales se passaient d'avocats et de greffiers et qui prononçaient sans appel sur tout ce qui concernait la police de la pêche.

Cette juridiction paternelle des Conseils de prud'hommes qui, à défaut de majesté, avait au plus haut point le caractère familial, devait disparaître et disparut en effet en 1791 avec l'abolition des jurandes et des maîtrises, pour ne renaître, mais sous une forme un peu nouvelle, qu'en 1806. C'est à cette date que Lyon, par une loi spéciale, fut doté d'un tribunal de prud'hommes, et après la grande cité de la soie, d'autres villes industrielles par les décrets du 11 juin 1809 et du 3 août 1810.

Mais cela c'est le passé : tout a changé depuis, et la face de la terre s'est renouvelée. Il est vrai que, depuis, la législation a subi aussi certaines modifications sous la pression des événements. En 1811 et 1812, ce sont les attributions spéciales des Conseils de prud'hommes qui sont déterminées. Sous Charles X, c'est l'attribution aux conseillers d'une médaille d'argent suspendue à un ruban noir porté en sautoir qui marque, à cet égard, la grande pensée du règne. Réforme modeste, qui ressemble à celle qui consistait autrefois, pour la gloire de nos ministres de la Guerre, à changer la forme d'un képi ou la couleur d'un brandebourg !

Jusqu'à 1848, et malgré que la question des juridictions de prud'hommes ait été constamment sur le chantier parlementaire, rien n'était sensiblement modifié au fond.

Sous le souffle de la Révolution, la législation se fit plus libérale et plus démocratique ; avec l'Empire, elle redevint telle que pouvait l'admettre un régime de despotisme violent : Présidents et vice-présidents nommés par l'empereur ; secrétaires choisis et révoqués par les préfets : là comme ailleurs à la justice s'est substituée la volonté de l'homme ; au tribunal qui juge, le maître dont le caprice lie et délie.

Ce fut la loi de 1853, qui forme aujourd'hui encore, avec ce qui reste de la loi de 1806 et les décrets du 11 juin 1809 et du 3 août 1810, la base de la législation en vigueur.

Déjà, il est vrai, les lois du 4 juin 1864 sur la déchéance des conseillers, du 7 février 1880 sur l'attribution de la présidence, celle du 24 novembre 1883 relative aux conditions de l'électorat et celle du 10 décembre 1884 sur la constitution des conseils, ont modifié l'ancien état de choses, mais si peu ! Et combien de réformes nécessaires ! combien nous sommes loin encore de la législation qui serait en harmonie avec les conditions actuelles du travail !

Le Conseil supérieur du travail a estimé qu'il fallait étendre aux employés de commerce, aux ouvriers mineurs, aux ouvriers et employés de transport et à tous les ouvriers du commerce et de l'industrie, la compétence actuelle des Conseils de prud'hommes, sans établir des conseils distincts pour les catégories nouvelles.

Il a exprimé l'avis que les tribunaux de section devaient conserver leur autonomie, que leurs présidents et vice-présidents eussent à nommer chaque année parmi eux le président de service chargé des relations administratives, de la direction générale et de la police intérieure du tribunal.

Il a proposé de ramener à vingt et un ans, comme le réclament trois cent onze syndicats, l'âge de l'électorat et à vingt-cinq ans l'âge de l'éligibilité, sous la double condition de six mois de domicile et de trois ans de profession.

A l'unanimité, il a conféré aux femmes l'électorat.

Pourquoi pas l'éligibilité ? L'esthétique y gagnerait et la justice n'aurait probablement rien à y perdre. Tout cela est fort sage, mais ce sont réformes de détail. C'est un peu jusqu'ici l'histoire de la médaille de Charles X et le changement de la forme du képi.

L'atelier familial n'existe plus. Le tribunal paternel a perdu son caractère. La juridiction, fondée sur le partage égal des juges-ouvriers et des juges-patrons pour former le tribunal, répond mal aujourd'hui à un état de choses qui ne permet plus de distinguer, du haut en bas de l'échelle des situations sociales, le niveau, l'échelon où l'ouvrier cesse d'être ouvrier pour entrer dans le patronat ou réciproquement.

Le Conseil supérieur s'en est bien aperçu à son impuissance, dans le dédale inextricable des positions diverses, à classer, pour l'électorat, les patrons d'une part et les ouvriers de l'autre. Le directeur d'une entreprise ou d'une industrie est-il un patron ou un ouvrier ? et le contremaître ? et le chef d'atelier ? Faudra-t-il distinguer entre patentés et non patentés ; entre salariants et salariés ? Les objections ont surgi en foule, pour chaque corps de métier, dans chaque spécialité, si bien qu'il a fallu pour en sortir renvoyer à une enquête et au Conseil d'État.

Peut-être cette constatation, sur laquelle il y aurait quelque cruauté à insister, aurait-elle dû éveiller cette pensée qu'un système qui conduit à de telles impasses a un vice initial ; que peut-être l'organisation d'une juridiction basée sur l'égale représentation des intérêts en conflit n'est pas l'idéal, et qu'au lieu de deux juges antagonistes, mieux vaudrait un juge unique, indépendant et appuyé, au point de vue technique, sur un jury professionnel. Mais l'idée est trop simple.

En France on aime les vieilles choses, même quand il est devenu impossible de les adapter à leur ancien usage.

* *
*

Quoi qu'il en soit, la Chambre, en 1901, s'inspirant des débats du Conseil supérieur du travail, a voté un texte de loi que le Sénat, au bout de trois ans, lui a renvoyé, revu, corrigé, considérablement mutilé et méconnaissable.

La création des Conseils de prud'hommes serait exigible de droit à la condition, il est vrai, qu'elle soit demandée par le Conseil municipal de la commune, avec avis favorable des Chambres de commerce et des Chambres consultatives des arts et manufactures, du Conseil général du département, des Conseils d'arrondissement du ressort, et de la majorité des Conseils municipaux des communes devant composer la circonscription projetée : voilà qui n'est pas manquer de précautions !

Le droit est inscrit dans la loi : l'appliquer en fait sera moins commode !

Le Sénat a, de plus, étendu le bénéfice de la loi à l'industrie — fort importante à coup sûr — de l'exploitation des mines, mais c'est tout et c'est peu ! Il a élevé de 200 à 300 francs la compétence en dernier ressort des Conseils ; la Chambre a proposé 500 francs. Il a, il est vrai, porté l'appel de leurs jugements du tribunal de commerce au tribunal civil, ce qui est parfait ; donné aux Conseils le droit d'autoriser à se concilier ou à plaider devant eux, les femmes en cas de refus ou d'empêchement du mari, les mineurs en cas d'empêchement du père ou du tuteur ; supprimé la citation et diminué le plus possible les frais de procédure ; permis aux Conseils de statuer en dernier ressort sur les demandes reconventionnelles fondées exclusivement sur la demande principale, qui n'ont d'autre but que de supprimer, en fait, tout jugement en dernier ressort : c'est fort bien encore ! et enfin, frappé d'inéligibilité ou de déchéance tout candidat ou élu convaincu d'avoir accepté un mandat impératif.

Il a même été plus loin : il a réduit le temps d'exercice de la profession et de la résidence exigé pour l'électorat, de façon à le donner à un plus grand nombre ; il a accordé l'électorat aux femmes et inscrit à l'article 16 une disposition sans laquelle il serait facile à l'un des éléments du Conseil, animé d'un esprit de parti pris, d'en empêcher le fonctionnement. Malheureusement ces modifications sont de minime importance, et le Sénat semble avoir laissé de côté toute la vraie réforme proposée par la Chambre pour n'en accepter que les améliorations de détail, sauf en ce qui concerne la juridiction d'appel et les demandes reconventionnelles.

En effet, pour l'État, les départements, les communes, les établissements publics et les ouvriers et employés non fonctionnaires de leurs entreprises industrielles, aussi bien que pour les entrepreneurs de spectacles et leurs artistes, point de Conseils de prud'hommes ! Le Sénat ne les a pas admis.

La Chambre avait eu pour but l'extension d'une juridiction qu'elle trouve excellente, le Sénat s'est fait un devoir de la limiter « aux petits différends » survenus entre les chefs d'industrie — y compris les mines — et leurs ouvriers. Mais si ce qui est parfait pour les uns lui a paru détestable pour les autres, il a, en revanche, modifié le fonctionnement du bureau de jugement — qui se compose actuellement du président ou du vice-président, siégeant alternativement, et d'un nombre toujours égal de prud'hommes-patrons et de prud'hommes-ouvriers, deux au moins — en donnant en cas de partage, au juge de paix, la présidence, par assimilation aux prescriptions de la loi des 16-24 août 1790, oubliant ce simple détail que le juge de paix de la Révolution était élu, tandis que le magistrat d'aujourd'hui est un fonctionnaire nommé par le garde des sceaux ! La différence est cependant d'importance !

Les justiciables des Conseils de prud'hommes ne seront pas ravis de savoir que le bureau de jugement pourra être départagé par le juge de paix président, et les ouvriers trouveront sans doute que les garanties qui leur étaient assurées dans le régime actuel leur sont enlevées et que la loi nouvelle serait pour eux une loi de recul. En tous cas, le caractère des Conseils de prud'hommes serait singulièrement altéré par cette innovation.

Est-il besoin de dire que si le Sénat a cru pouvoir accorder l'électorat aux femmes, il n'a pas consenti à leur conférer l'éligibilité. Il ne faut pas de robes aux Conseils de prud'hommes, et comment la Chambre a-t-elle pu se laisser entraîner jusqu'à élever les femmes à la dignité de juges et oublier assez que du côté de la barbe doit demeurer la toute-puissance. Le Sénat a rappelé à l'ordre les féministes de la Chambre, sous prétexte que l'éligibilité avait été refusée aux femmes en matière d'élections consulaires. Le motif est maigre pour ceux qui pensent que les femmes sont plus aptes que qui que ce soit à juger avec équité et avec compétence dans nombre d'occasions, quand il s'agit des métiers qui leur sont propres, comme la confection, les fleurs, les dentelles à la main, etc. Elles ne sont pas éligibles aux tribunaux consulaires, c'est vrai ! C'est la raison qu'on invoque, et ce n'en est pas une.

Le Sénat a eu le tort aussi de ranger parmi les électeurs ouvriers, les contremaîtres et chefs d'ateliers de famille. Les uns et les autres n'y doivent pas figurer : les premiers parce qu'ils ne sont que des intermédiaires entre les patrons et les ouvriers et n'ont pas place aux Conseils ; les autres, parce qu'ils sont de petits patrons et doivent compter parmi les patrons. N'est-ce pas le sens même des mots et aussi le bon sens qui le veut ainsi ?

Mais on a oublié, aussi bien au Sénat qu'à la Chambre, d'assurer, comme pour les élections des délégués mineurs, le secret du vote. La loi nouvelle devra combler cette lacune.

La Chambre s'est remise à la besogne, mais quel que soit l'esprit de conciliation dont elle se montrera animée, il n'est pas possible qu'elle cède, sur le principe de l'extension de la juridiction prud'hommale aux représentants et employés de commerce non plus qu'aux ouvriers de l'État, des départements, des communes et des établissements publics, ni qu'elle permette, à un titre quelconque, l'intervention du juge de paix.

Ce serait, du même coup, manquer le but poursuivi et fausser l'institution elle-même.

IV. — *Le régime du travail aux colonies.*

Le colon, dans les pays tropicaux, ne saurait travailler de ses mains ; il ne peut donc, au point de vue agricole, concurrencer l'indigène. Il ne doit pas non plus, cependant, se renfermer dans un rôle strictement commercial ; par ses capitaux, par ses connaissances techniques, il peut jouer un rôle important dans l'exploitation méthodique du sol ; mais il est un principe qui, en cette matière, doit dominer toute notre législation et notre administration coloniales, c'est que, en aucun cas, la colonisation européenne, c'est-à-dire la colonisation du petit nombre, ne doit être un obstacle au libre développement de l'indigène.

Le régime des concessions ne peut donc être le même dans toutes les colonies. Dans les colonies d'attente, il n'y a pas lieu de donner ou de vendre à l'Européen des terres qu'il ne pourra mettre en valeur, faute de main-d'œuvre. Dans les colonies de production, on peut un instant distribuer largement des concessions, sans crainte de léser l'indigène, car la population est clairsemée et les terres sans maître abondent ; enfin, dans les colonies de consommation, on ne peut concéder le sol sans dépouiller l'indigène ou sans compromettre l'avenir ; il faut réserver, au contraire, les terres où pourront plus tard s'installer de nouveaux villages, à mesure que la population s'accroîtra. Ce n'est pas que, dans ces pays, il n'y ait pas de place pour le colon : celui-ci pourra y fonder des industries agricoles, y construire des usines que les agriculteurs indigènes alimenteront ; il pourra même prendre la direction de certaines cultures — cultures de la canne à sucre ou du tabac — et participer ainsi largement à l'éducation de l'indigène et au développement du pays.

Mais, quel que soit le pays, quels que soient les colons, il est un problème capital qui se pose et qu'il faut résoudre : l'obstacle le plus sérieux qu'ait rencontré jusqu'à ce jour la colonisation européenne est l'insuffisance de la main-d'œuvre. En Indo Chine, à Madagascar, en Nouvelle-Calédonie, dans l'Afrique occidentale, des plaintes nombreuses se sont élevées à ce sujet, et partout les colons ont demandé l'établissement d'une législation spéciale qui leur paraît indispensable pour la prospérité de leurs entreprises. Nous allons essayer de voir sur quels principes doit être fondé le régime du travail.

*
* *

Tout d'abord, on peut se demander s'il est nécessaire d'instituer le régime du travail aux colonies sur d'autres bases que dans la métropole. Que le travailleur soit Européen ou qu'il soit indigène, il ne semble pas *a priori* qu'il y ait lieu de régler d'une façon spéciale ses rapports avec son patron. On ne comprendrait pas, surtout dans un pays républicain, que la différence des races puisse suffire à légitimer aux colonies des pratiques inacceptables en Europe. Et cependant, cette différence de race doit nécessairement intervenir si l'on veut donner au travailleur indigène des garanties équivalentes à celles dont jouit le travailleur français.

En France, en effet, le travailleur et le patron sont deux citoyens d'un même pays, jouissant des mêmes droits civils et politiques Les mêmes codes leur sont applicables ; tous les deux sont représentés au Parlement et dans les Assemblées élues. Les ouvriers peuvent se syndiquer pour soutenir leurs intérêts ; ils disposent d'une presse et d'une part légitime d'influence. Aux colonies ou du moins dans les plus modernes et les plus importantes, le colon et l'indigène se trouvent, au point de vue civil comme au point de vue politique, dans des situations très différentes. Ils ne sont pas justiciables des mêmes tribunaux ; les mêmes codes et les mêmes peines ne leur sont pas applicables. Le régime sous lequel vit l'Européen ne peut être modifié que par la loi ; celui auquel est soumis l'indigène peut être adouci ou au contraire aggravé par des décrets ou même par de simples arrêtés. L'indigène n'a pas de représentants élus, pas de presse. On conçoit donc que la protection des travailleurs, reconnue nécessaire en France, soit plus indispensable encore aux colonies et qu'elle doive y être réglée d'une manière spéciale.

Mais il y a encore, entre la France et les colonies, des différences profondes et qui exigent l'application de mesures particulières. On a, du reste, dans bien des cas, invoqué ces différences afin d'obtenir, en faveur des colons, une réglementation du travail qui a soulevé des protestations fréquentes, et il importe de préciser la question afin de ne léser ni les intérêts des Européens, ni ceux des indigènes, et de ne point risquer de violer les règles mêmes de l'humanité.

Tout d'abord, il faut observer qu'un premier problème, inconnu en Europe, se pose dans nos colonies : il s'agit avant tout de recruter la main-d'œuvre.

En Europe, les travailleurs nulle part ne font défaut. Nous vivons dans des pays à population dense, sillonnés de voies de communications rapides. Les habitants ont des besoins nombreux et qu'ils ne peuvent satisfaire que par le travail. Le climat est rude, les produits du sol comme le sol lui même constituent des propriétés individuelles. Dans ces conditions, il est aisé d'embaucher des travailleurs et le patron ne se préoccupe pas de les conserver. Si l'un de ses ouvriers le quitte, il est assuré de le remplacer et le dommage causé est minime. L'abondance de la main-d'œuvre est telle que le patron peut même être tenté d'en abuser, d'augmenter ses prétentions, de modifier le taux des salaires ou la durée de la journée de travail. Aux intérêts du patron s'opposent les intérêts des ouvriers : ceux-ci peuvent se syndiquer, défendre leurs droits. La réglementation du travail a pour objet essentiel de définir ces droits, d'établir d'une manière équitable les rapports entre l'ouvrier libre et le patron.

Les colonies sont le plus souvent des pays à population clairsemée et les voies de communication y sont rares et difficiles. Dans certaines régions privilégiées, dans les deltas de certains fleuves comme en Cochinchine ou au Tonkin, sur de hauts plateaux comme à Madagascar, les habitants se sont groupés il est vrai et forment des agglomérations extrêmement denses, où les industriels européens recruteraient et recrutent, en effet, sans peine des journaliers. Mais dans de telles régions, la colonisation agricole est impossible à moins de déposséder l'indigène. Les colons sont forcés de s'établir là où ils peuvent trouver des terres libres et là, précisément, la main-d'œuvre fait défaut. Il faut donc aller la recruter dans des districts éloignés et les travailleurs ne se résignent pas volontiers à quitter leurs villages pour une longue période. D'autre part, lorsqu'ils possèdent quelques ressources, ils sont tentés de s'établir eux-mêmes dans le voisinage des plantations européennes et de cultiver le sol pour leur propre compte. Dans certaines régions, non seulement les habitants sont rares, mais encore ils n'ont que des besoins restreints. La température toujours chaude rend inutiles les habitations confortables, les vêtements compliqués. Le sol appartient à celui qui s'y installe, l'agriculture, surtout dans certaines parties de l'Afrique, est rudimentaire ; les produits naturels de la forêt suffisent presque à nourrir les habitants. Il se peut que, sous la pression de certaines circonstances, si la sécheresse a détruit les récoltes, si l'incendie a ravagé les villages, ou bien encore s'il s'agit de payer l'impôt, l'indigène entre au service de l'Européen ; mais, dès qu'il le pourra, il abandonnera les plantations et retournera dans son village. Or, les exploitations agricoles exigent une main-d'œuvre abondante et surtout régulière. Si l'on est forcé d'interrompre le travail à certaines époques, au moment du repiquage, par exemple, pour certaines plantes, ou au moment de la récolte, on ne perd pas seulement le fruit de quelques journées de travail, mais on risque de compromettre l'œuvre de l'année tout entière.

Aux causes naturelles que nous venons d'énumérer et qui rendent le recrutement même de la main-d'œuvre fort difficile, d'autres encore sont venues s'ajouter et qui tiennent à la conquête elle-même. Partout où nous nous sommes établis, nous avons été, du moins au début, l'objet de la défiance ou de la haine des populations. Il n'est pas de pays où l'on accueille volontiers l'envahisseur, et il y avait entre nous et les indigènes des différences si profondes et si nombreuses que les sentiments hostiles ne pouvaient s'éteindre que lentement. Il fallait donc s'attendre à rencontrer chez les travailleurs une répugnance instinctive à servir des étrangers. Aussi les colons devaient-ils se heurter à de graves difficultés. En Europe, le travail manque parfois ; aux colonies, ce sont les travailleurs qui font défaut.

Il est certain cependant qu'une telle situation ne peut être que passagère. A mesure que nos colonies se développeront, que les communications y deviendront plus rapides, que la propriété s'y constituera d'une façon stable, à mesure que, grâce à un contact journalier, les Européens arriveront à conquérir la confiance de l'indigène et que les besoins deviendront plus grands, le recrutement de la main-d'œuvre deviendra plus facile. Mais cette solution naturelle est trop lointaine pour donner satisfaction à tous les intérêts. La conquête de notre empire colonial s'est faite trop vite pour que l'on ait pu appliquer à sa mise en valeur une méthode et une doctrine rationnelles. On a cru que, pour en tirer rapidement parti, il fallait y envoyer le plus grand nombre possible de colons. On n'a pas compris tout d'abord que les colonies de la zone tropicale ne se prêtaient pas au même mode de développement que celles de la zone tempérée.

Il y a donc eu, depuis vingt ans, dans toutes nos colonies, *quel que fût leur état économique*, un mouvement d'émigration que l'on n'a pas essayé de diriger et que l'on encourage aveuglément sans avoir conscience des difficultés. Actuellement, dans toutes nos colonies, il y a des colons qui ne peuvent attendre sans risquer de succomber et pour qui la question de recrutement de la main-d'œuvre présente un intérêt immédiat et capital.

* *
*

On sait comment, dans les colonies d'autrefois, on a résolu le problème : on a contraint l'indigène au travail et dans les pays où les natifs ne pouvaient suffire, on a importé des noirs : l'esclavage et la traite, tels ont été les moyens employés, et, pendant longtemps, il a semblé que les colonies ne pouvaient subsister sans eux. Il ne faut pas s'étonner que, dans les temps modernes, en présence de difficultés qui paraissent insurmontables, les colons d'aujourd'hui, malgré les principes hautement affirmés, aient adopté ou préconisé des systèmes où l'on retrouve, sous des déguisements divers, toutes les conceptions esclavagistes.

Il faut dire, il est vrai, que l'esclavage, aboli dans les pays qui dépendent de nations civilisées, subsistait encore dans bien des régions lorsque nous nous y sommes installés. Il en était ainsi aux Comores et à Madagascar. A Madagascar, l'un des premiers actes de notre administration a été de l'abolir ; mais il n'en a pas été de même partout. Aux Comores, pays de protectorat, l'esclavage a persisté jusqu'en 1892. Il n'avait pas, sans doute, le caractère odieux qu'il a revêtu ailleurs. Comme dans tous les pays noirs, le captif faisait partie de la maison ; il accomplissait les travaux domestiques, mais sa condition n'était pas sensiblement plus dure que celle des hommes libres ; il n'y avait entre lui et son maître que les différences dues à un état social particulier, différence de caste ou de rang. C'est pour cela du reste que la suppression de l'esclavage à Madagascar a soulevé des critiques nombreuses, de la part d'écrivains qui reprochaient au Gouvernement de l'époque de s'en être laissé imposer par un mot et de n'en avoir pas compris le sens exact. Mais cet esclavage, si doux qu'il fût, n'en laissait pas moins au maître le droit de disposer de ses serviteurs. Et comment, dès lors, le colon n'aurait-il pas été tenté de se procurer de la main-d'œuvre, d'une façon régulière et sûre, en traitant non pas individuellement avec des travailleurs, mais avec des propriétaires. C'est ainsi que la Société de colonisation de la Grande Comore a pu mettre en valeur ses plantations. Officiellement sans doute, il n'y avait pas esclavage, il y avait simplement des contrats de travail, contrats signés non par les intéressés, mais par leurs maîtres et valables pour une durée de dix ans. Certains faits montrent cependant de la façon la plus claire que l'on ne se méprenait pas sur la valeur de ces contrats et que l'on se trouvait en présence de véritables esclaves. En 1901, un syndicat se forme à la Réunion pour l'introduction des travailleurs dans l'île et charge le directeur de la Société de colonisation de la Grande Comore de recruter des engagés. En présence du refus apporté par celui-ci, on s'adresse aux anciens maîtres d'esclaves (esclaves libérés d'ailleurs officiellement depuis 1892) et l'on s'efforce de traiter avec eux. Mais les travailleurs refusent de s'embarquer pour la Réunion et se réfugient sur les plantations de la Société de colonisation. On adresse alors *par huissier*, le 3 octobre 1901, une sommation au président de la Société, et dans cette sommation, on lit les phrases caractéristiques suivantes : « attendu qu'il est de notoriété que de nombreux *esclaves* libérés par leurs maîtres et inscrits pour s'engager comme travailleurs à la Réunion, se trouvent sur les propriétés de la Société afin de ne pas être *obligés* de tenir leurs engagements. »

« Sommation à M. X. d'avoir à restituer d'ici à samedi prochain, à Moroni, devant le siège de la Résidence, jour et lieu fixés pour le rassemblement du convoi d'émigrants, tous les *esclaves* déjà munis d'une déclaration de libération et d'engagement pour la Réunion, se trouvant réfugiés ou cachés sur n'importe quelle propriété de la Société. »

Il n'était pas possible d'user, dans toutes les colonies, d'un procédé semblable, mais là où l'esclavage n'existait pas, il était plus facile de s'entendre avec le chef d'une tribu qu'avec des indigènes isolés. Le chef eût été un intermédiaire tout désigné, s'il s'était borné à faciliter l'entente entre le colon et le travailleur, mais l'état social de certains pays lui permettait souvent de substituer son autorité au libre consentement des individus. Au lieu de recruter des travailleurs pour une période déterminée et limitée, le colon traitait avec le chef de tribu qui s'engageait à mettre régulièrement à sa disposition un certain nombre de travailleurs.

Là même où l'organisation politique était plus complexe et plus parfaite, dans les pays où il n'existait point de chef jouissant d'une autorité absolue sur les indigènes, il y a toujours eu une tendance invincible à négliger l'individu. En Indo-Chine, on s'adressait au mandarin ou chef de village, bien que celui-ci ne fût que l'élu de ses concitoyens.

Pendant longtemps, l'Administration a autorisé ces pratiques. Elle-même, du reste, en avait largement usé. Au début d'une organisation coloniale, il y a toujours des besoins urgents à satisfaire et pour lesquels on est forcé de se servir des moyens qui paraissent les plus rapides et les plus sûrs. Lorsqu'il fallait former des convois de ravitaillement, entreprendre des travaux indispensables, on invoquait volontiers le droit de conquête pour réquisitionner les populations et l'on s'adressait tout naturellement, non point aux individus, mais aux autorités indigènes. D'ailleurs, dans aucune de nos colonies, il faut le reconnaître, l'Administration française n'a affaire directement aux particuliers. Dans celles de nos possessions où l'organisation politique est la plus parfaite, en Indo-Chine, le pouvoir central ne s'adresse qu'aux communes et laisse au Conseil des notables le soin de répartir les impôts ou les prestations. A Madagascar, en Afrique, en Nouvelle-Calédonie, il en est de même : le chef, chef de village ou chef de tribu, est l'intermédiaire obligatoire, *chaque fois qu'il s'agit d'administration publique*, et l'on s'efforce de ne pas porter atteinte à son autorité. On devait tenter d'agir de même pour favoriser les colons.

Il est évident qu'il y avait là deux cas bien distincts. S'il est légitime d'attribuer à des chefs ou à des notables des pouvoirs politiques et d'user de leur influence ou de leur autorité pour faciliter l'administration générale du pays et garantir les intérêts publics, il n'était pas permis d'employer les mêmes moyens pour favoriser les intérêts particuliers. Mais, ainsi que nous l'avons déjà dit, la colonisation par l'Européen paraissait être *l'unique but de la conquête* et on croyait légitime de la faciliter au détriment de l'indigène. Qu'il s'agit de concession ou de main-d'œuvre, on ne mettait pas en balance les droits de l'indigène et ceux du colon. Non seulement on était guidé par une doctrine coloniale inexacte, mais encore on se laissait influencer, quels que fussent les principes, par l'idée d'une supériorité originelle, supériorité du vainqueur sur le vaincu, de l'Européen sur le Canaque ou l'Annamite. Presque partout on a dépossédé l'indigène et on l'a contraint au travail.

Des exemples typiques ont été à maintes reprises signalés à la presse et au département des colonies par le Comité de protection et de défense des indigènes. C'est en Nouvelle-Calédonie surtout qu'a été appliqué, avec une extrême ténacité, un système singulier où la spoliation et l'asservissement de l'indigène ont été consacrés par une longue série d'arrêtés émanant du Gouvernement local. Un décret du 18 juillet 1887 attribuait au gouverneur le droit de délimiter le territoire de chaque tribu, d'interner les indigènes ou de prononcer le séquestre de leurs biens, et c'est sur ce décret que s'est, pendant plusieurs années, appuyée l'administration. L'arrêté du 25 novembre 1897 ordonne la revision des limites territoriales des tribus : cette revision doit s'opérer en présence du chef de la tribu et des indemnités peuvent être allouées, indemnités dont le montant sera plus ou moins élevé « selon que les terrains à reprendre pour les besoins de la colonisation seront *effectivement* occupés ou non ». On ne se contente point d'affecter à la colonisation les terres libres ou incultes, mais encore les terres cultivées et occupées, et l'arrêté du 23 novembre 1897 spécifie que l'indemnité devra comprendre une compensation suffisante « des dommages subis (valeur des arbres, des cases à abandonner, etc.) par les Canaques, du fait de leur déplacement ».

Dès lors, le *Bulletin officiel* de la colonie insère régulièrement une série d'arrêtés, consacrant la spoliation des tribus et la confiscation de leurs terres, moyennant des indemnités qui varient de *0 fr. 25 à 4 francs l'hectare* (arrêtés du 9 janvier 1899, du 15 janvier 1899, du 11 novembre 1899, du 5 décembre 1899, du 8 décembre 1899, etc.).

Cela, du reste, ne devait pas suffire. A la Nouvelle-Calédonie, pas plus que dans les autres colonies, l'Européen ne peut s'adonner lui-même à des travaux agricoles ; il fallait donc de la main-d'œuvre, et, avant d'avoir recours à l'immigration d'Annamites ou de Javanais, les colons de l'Administration devaient songer logiquement à utiliser les Canaques et à les attacher aux plantations d'une manière stable. On a donc autorisé des contrats collectifs, contrats signés seulement par les chefs de tribu et dont certains sont de véritables contrats de servage. L'un de ces contrats a été l'objet de protestations indignées. C'est une convention passée le 13 septembre 1899, en présence de l'*administrateur du troisième territoire*, entre quatre colons propriétaires d'une concession et 110 indigènes *représentés par leur chef*. Cette convention stipule d'abord que les indigènes valides des deux sexes s'engagent à fournir aux colons, pendant quatre mois de l'année, les travailleurs qui leur seront nécessaires, et, en outre, *que tous les jeunes gens à partir de 10 ans* devront contracter avec les colons un *engagement de 5 ans comme domestiques ;* sur les 110 indigènes de la tribu, il y avait 31 enfants au-dessous de 10 ans, fillettes ou garçons. Pour sauvegarder complètement encore les intérêts du colon, une note annexée à la convention stipulait qu'un recensement annuel de la tribu serait fait par l'administrateur du territoire ou le commandant de la gendarmerie, et cet acte singulier a été revêtu, le 5 octobre 1899, de la signature du gouverneur.

Deux ans après cette convention, des dissentiments se produisaient entre les colons qui en bénéficiaient : un partage de la concession avait lieu, et, en même temps, une décision du Gouverneur du 24 juillet 1902 partageait également les indigènes entre les concessionnaires. Un tel partage, survenu dans de semblables conditions, présentait précisément les caractères qui permettaient, dans les temps anciens, de distinguer l'esclavage du servage.

Si l'on n'a pas manifesté partout un aussi complet mépris des droits des indigènes, on a cependant, dans d'autres colonies, accepté et favorisé des pratiques analogues. Parfois des administrateurs s'efforçaient de réagir, mais ils n'étaient pas soutenus, et bien au contraire, on leur reprochait d'apporter des entraves à la colonisation. Aux Comores, le 12 novembre 1898, le résident décide qu'il n'enregistrera aucun contrat d'engagement de travailleurs *non adultes* si les mineurs ne produisent pas les actes de consentement de leurs parents.

Le 13 décembre suivant, le résident, ou plutôt le chancelier qui lui a succédé, fait encore proclamer que tous les engagés qui se trouvent *depuis plus de 10 ans* sur les plantations sont libres.

Ces mesures, qui nous paraissent légitimes, soulèvent aussitôt des réclamations de la part des colons. Un haut fonctionnaire colonial est chargé de faire une enquête et il se range résolument du côté des colons. Il déclare *vexatoires* les mesures prises par le résident pour régler le recrutement des travailleurs *mineurs* et, au sujet de la décision prise par le chancelier pour libérer les engagés dont le contrat était expiré, il formule dans son rapport la plus étrange des doctrines :

« N'y a-t-il pas là, écrit-il, un fait inouï dans les annales coloniales ? Est-ce que jamais l'Administration a dit aux engagés : Vous êtes retenus illégalement, vous êtes libres, allez où vous voudrez ? Non, une Administration prudente et ayant souci de l'ordre aurait dit : J'estime que votre engagement est expiré ; mais, en attendant que votre situation soit fixée, que vous ayez un autre engagement de travail ou que vous soyez rapatriés, vous serez maintenus au dépôt où l'on vous nourrira et où vous travaillerez pour gagner votre nourriture. »

Le contrat collectif n'est pas, du reste, le seul moyen employé pour procurer aux colons de la main-d'œuvre. Dans certaines colonies, on a simplement décrété que le travail était obligatoire pour les indigènes. A Madagascar, l'arrêté du 27 décembre 1896 édicte que tout indigène doit être muni d'une patente s'il est commerçant, d'une carte d'identité s'il est employé ou domestique, d'un livret d'ouvrier où de travailleur s'il est au service d'un colon : « Les personnes non munies d'une patente, d'une carte d'identité ou d'un livret individuel parfaitement en règle et tenu à jour seront considérées comme vagabondes. Elles seront passibles de trois à six mois de prison. A l'expiration de leur peine, elles seront classées d'office dans une catégorie de travailleurs et employées sur les chantiers de l'État pendant un temps dont la durée sera triple de cette peine. »

Une politique aussi arbitraire à l'égard des indigènes ne pouvait être suivie pendant longtemps. Les administrateurs devaient bientôt s'apercevoir qu'en sacrifiant l'indigène au colon européen, ils risquaient de compromettre à jamais le développement de la colonie et d'y préparer la révolte. Le véritable but de la colonisation se découvrait peu à peu, et l'indigène, à la fois principal contribuable, seul producteur et principal consommateur, devait nécessairement apparaître comme l'élément essentiel de l'œuvre poursuivie.

Ainsi que l'écrivait M. Doumer, en 1902, dans son rapport sur la situation en Indo Chine, on finissait par comprendre, « qu'il vaut mieux, pour la France, administrer une population de cultivateurs-propriétaires, dont le bien-être s'accroît avec la richesse du pays, qu'un prolétariat agricole forcément pauvre, mécontent et turbulent ». Du reste, les maigres résultats obtenus par les colons n'encourageaient pas les Gouverneurs à persévérer dans la voie qui leur avait été tout d'abord tracée. En Emyrne, malgré toutes les facilités accordées aux planteurs, on n'aboutissait qu'à des déboires. Le principe de l'obligation au travail, tel qu'il avait été formulé par l'arrêté du 21 octobre 1896, n'avait pu être maintenu ; d'autres arrêtés, l'un du 31 août 1897, l'autre du 29 octobre 1898, exemptaient de prestations et du service militaire les indigènes qui contractaient des engagements avec des colons. Cette fois, la tentation pour les Malgaches était grande ; leur empressement à contracter des engagements n'eût d'égal que celui des colons à les recevoir. Malheureusement, le nombre même de ces contrats vint démontrer bientôt qu'une grande part étaient fictifs ; un rapport d'ensemble établi en 1899 évaluait au tiers du total le nombre *des engagements de complaisance* que les Malgaches, désireux de se soustraire au service militaire, obtenaient de certains colons *moyennant une rétribution.*

C'est que, si les Français émigrant aux colonies étaient tous les ans assez nombreux, par contre, ils ne possédaient que de faibles ressources et ils se recrutaient dans toutes les classes de la société. En 1900, l'État a accordé des passages gratuits à 593 émigrants possédant au total 815.000 francs, soit environ 1.400 francs par personne ; en 1902, le nombre des émigrants a été de 559 et les capitaux déclarés s'élevaient à 399.000 francs, soit environ 700 francs par personne. Quelle que soit la législation en vigueur aux colonies, quels que soient les avantages faits aux Européens, il n'est pas possible que des colons réussissent dans des conditions pareilles, à moins qu'on ne leur donne le droit d'exploiter librement l'indigène.

Et à mesure que s'affirmait l'échec de la colonisation européenne, telle qu'on l'avait comprise au début, on recueillait des preuves éclatantes de ce que peut donner l'activité des indigènes lorsque ceux-ci sont soutenus par une administration bienveillante et respectueuse de leurs droits. En Cochinchine, l'étendue des terres cultivées et le mouvement commercial augmentaient chaque jour, et il en était de même dans certaines régions de l'Afrique, au Sénégal, par exemple, et au Dahomey.

Aussi, la protection de l'indigène allait-elle devenir bientôt, sinon dans toutes nos colonies, du moins dans quelques-unes, la préoccupation principale des administrateurs. Dès lors, il fallait s'efforcer de régler les rapports des colons et des indigènes. On ne pouvait plus permettre au colon de traiter directement avec des villages ou les tribus et d'exercer ainsi

14

une part d'autorité. On voit donc apparaître une série d'arrêtés et de décrets destinés à réglementer la main-d'œuvre. C'est, en Indo-Chine, l'arrêté du 26 août 1899, à Madagascar, les arrêtés du 16 janvier 1900 et du 17 mars 1901. Mais dans ces actes qui marquent un progrès considérable sur l'état antérieur, on ne voit pas encore formuler d'une manière définitive la liberté du travail.

*
* *

C'est que toutes les réformes étaient l'objet d'attaques violentes de la part des colons. Plus que jamais ceux-ci étaient partisans des mesures coercitives à l'égard des travailleurs ; plus que jamais, à mesure que diminuait leur confiance dans le succès des entreprises agricoles qu'ils avaient tentées, ils revenaient aux conceptions anciennes et *réclamaient l'asservissement de la main-d'œuvre.*

Pour se rendre compte de cet état d'esprit, il suffit de lire le rapport sur l'agriculture et la colonisation au Congo français, présenté en 1899, au Comité consultatif de l'agriculture, du Commerce et de l'Industrie par M. Médard Béraud, délégué du Dahomey. Nous nous contenterons d'en citer quelques extraits :

« Il existe de nombreuses entraves au développement de la main-d'œuvre au Congo français et la plus grave est, à notre avis, la conséquence d'une mesure politique dont nous n'avons pas calculé la portée sociale en Afrique, où nous avons proclamé la liberté du noir.

« En décrétant, dans nos colonies de l'Ouest africain, la suppression de l'esclavage, nous avons pris une mesure imprudente, dangereuse peut-être, mais tout au moins inutile et certainement prématurée, nous avons accompli un acte aussi mauvais pour le noir que pour nous-mêmes. »

. . . .

« Quand on conduit des noirs, on s'aperçoit vite qu'il faut employer les mêmes procédés que ceux qui sont en usage avec les enfants. N'exige-t-on pas de ceux-ci une certaine somme de travail et d'obéissance ? Ne leur inflige-t-on pas des punitions proportionnées à leurs manquements ? Les punitions ne vont-elles pas parfois, si la mesure devient nécessaire, jusqu'à provoquer des peines corporelles ?

« La libération des noirs, posée en principe, ne devrait être effectuée qu'à titre individuel et vis-à-vis seulement de ceux qui donneraient la preuve qu'ils en apprécient les bienfaits et en comprennent la responsabilité. »

Tels sont les principes et voilà maintenant le système proposé :

« Les travailleurs agricoles, engagés par les soins et sous la responsabilité des chefs de villages, recevraient tous un livret individuel, seraient mis à la disposition du colon contre le versement aux chefs d'une prime d'engagement constituant le rachat... Le noir *éloigné de son pays d'origine* servirait fidèlement l'Européen. »

On voit là l'exposé clair et candide du système, l'indigène acheté au loin et transporté sur les plantations du colon : l'esclavage et la traite.

Tous les colons, sans doute, ne formulent pas leurs desiderata avec cette netteté, mais dans le fond, les réclamations sont partout identiques : « l'indigène est un être inférieur adonné à la paresse, incapable d'assurer à lui seul le développement de la colonie et qu'il faut asservir à l'Européen ».

En Indo-Chine, au moment de la préparation de l'arrêté du 26 août 1899, on avait proposé de rendre applicables aux engagés, dans le cas d'infractions aux contrats de travail, les peines du rotin et du « truong » (bâton), et l'on avait demandé que les engagistes européens fussent investis, vis-à-vis de leurs engagés mineurs, des droits de correction émanant de la puissance paternelle. M. Doumer avait refusé de sanctionner de tels vœux. L'arrêté du 26 août 1899 stipulait que les ouvriers ou domestiques seraient munis de *livrets individuels*, que la durée du contrat ne dépasserait pas un an, sauf rengagement, que les indigènes âgés de moins de 18 ans ne pourraient s'engager sans le consentement de leurs parents. Aussitôt après la signature de cet arrêté, la Chambre d'agriculture du Tonkin émettait à ce sujet un vœu de protestations, et M. Doumer écrivait au ministre que les colons ne trouvaient pas que leurs intérêts fussent sauvegardés et demandaient « l'établissement d'une sorte de servage ».

Depuis cette époque, les réclamations des colons n'ont pas cessé ; il suffit, pour s'en rendre compte, de lire les bulletins des Chambres d'agriculture de l'Indo-Chine ou les journaux locaux. Il est vrai que l'Indo-Chine traverse en ce moment une crise qui résulte de l'abandon des plantations européennes par les métayers indigènes et il était aisé de la prévoir. Le métayage est, au Tonkin, le système le plus fréquemment employé et celui dont on attendait, au début, les meilleurs résultats. Le colon reçoit une concession à titre gratuit, y installe des familles annamites à qui il donne quelques avances remboursables dans un délai de 2 ou 3 ans, et perçoit chaque année une part de la récolte. Cette part est variable : très forte autrefois, elle tend à diminuer chaque jour, à mesure que le recrutement des métayers devient plus difficile, mais elle est nécessairement supérieure à l'impôt foncier. Sans doute l'indigène accepterait ce régime, si toutes les terres étaient occupées ; il s'y est résigné au début, dans des conditions plus dures qu'aujourd'hui, parce que la sécurité n'était pas assurée partout et parce qu'il était dénué de toutes ressources. Le colon lui offrait des avances et lui garantissait, dans une certaine mesure, la tranquillité. Mais lorsque les avances ont été remboursées, le métayer a comparé sa situation à celle des paysans des villages voisins, et il a constaté qu'il supportait une charge plus lourde que celle que lui imposerait l'Administration, s'il allait s'établir dans un des nouveaux villages qui se fondaient et s'il demandait à défricher un coin de terre pour son propre compte. La loi annamite, comme la loi française, permettait à un métayer de devenir propriétaire. Dès qu'il avait quelques ressources, il n'hésitait pas ; il y avait un peu partout aux confins du delta, des terres libres : il allait s'y établir.

Les grandes entreprises des travaux publics ont porté le dernier coup au métayage. Chez le colon, une famille de 6 personnes, cultivant 3 hectares de rizières, pouvait gagner en un an 80 à 100 piastres. Sur les chantiers des chemins de fer, il suffisait de trois mois pour réaliser la même somme, les travailleurs y ont afflué.

Croit-on qu'il soit possible, par *les moyens ordinaires*, d'enrayer un tel mouvement ? Il continuera, cela n'est point douteux, jusqu'au jour où toutes les terres libres seront occupées à leur tour. *En pays de rizières*, les concessions, et surtout les concessions gratuites, n'ont d'autre effet que d'autoriser le colon à prélever sur le sol une dîme supérieure à l'impôt foncier. L'Annamite, s'il n'y est contraint par l'extrême misère, n'acceptera jamais de s'établir à demeure chez le colon et de travailler pour lui. Les colons, du reste, l'ont bien compris, mais ils ne voient pas que c'est le système de colonisation lui même qui est absurde et impraticable. Le métayage n'est possible que si l'indigène est attaché à la glèbe ; c'est là ce que le planteur réclame et c'est ce qu'on ne peut lui accorder.

En résumé, sur presque tous les points de notre domaine colonial, un conflit divise aujourd'hui les administrateurs et les colons : *les premiers voulant que la main-d'œuvre indigène soit libre et les autres demandant qu'elle soit asservie.*

****

Depuis un an, le gouvernement a pris une série de mesures

qui dénotent clairement sa volonté de ne pas tolérer aux colonies la moindre atteinte à la liberté individuelle de l'indigène : la suppression du régime de l'indigénat en Cochinchine, l'application des lois protectrices du travail dans les vieilles colonies, la réglementation de la main-d'œuvre au Congo, marquent des progrès importants dans cette voie.

Mais une telle question est trop grave pour que le Parlement s'en désintéresse. L'indigène ne peut rester plus longtemps soumis au régime incertain des arrêtés et des décrets. Pour protéger sa liberté et ses biens, *il faut la garantie de la loi.*

En pareille matière, cependant, une loi ne peut poser que des principes. Les conditions varient dans chaque colonie et la réglementation du travail ne peut être partout identique.

D'autre part, une loi de protection ne suffirait pas si elle ne tenait compte que de l'indigène, et il faut voir dans quelle mesure on peut donner satisfaction aux colons.

D'une manière générale, les desiderata formulés par les colons sont au nombre de trois :

1° Autorisation de recruter des travailleurs, non point par des engagements individuels, mais par une simple entente avec les autorités indigènes ;

2° Autorisation de passer avec les indigènes des contrats *obligeant* ceux-ci à rester pendant *un temps déterminé* au service de l'Européen ;

3° Application de pénalités permettant de contraindre le travailleur à exécuter les clauses de contrat qui le lie.

Sur le premier point il ne saurait y avoir de doute : la main-d'œuvre, aux colonies comme en Europe, *doit être libre,* et l'indigène ne peut, dans aucun cas, être forcé de travailler pour l'Européen. L'autorité des chefs indigènes ne doit s'exercer que dans le domaine administratif ou politique et ne peut être mise au service des particuliers. On objectera peut-être que, dans certains pays, l'indigène ne s'engagera pas chez un planteur sans l'autorisation ou sans l'ordre de son chef. S'il ne s'agit que d'autorisation, il est aisé de lever la difficulté ; il suffit d'inviter les chefs indigènes à n'apporter aucun obstacle au recrutement des travailleurs ou même de faire connaître aux indigènes que l'autorisation de leur chef est inutile pour servir un Européen. Mais si un *ordre* du chef est *nécessaire*, si, en d'autres termes, l'indigène n'accepte pas, *de son plein gré*, les offres du colon, *il n'est pas admissible qu'il y soit contraint*. Si le colon ne trouve pas sur place de la main-d'œuvre, il ira la recruter soit dans d'autres régions de la colonie, soit dans les pays voisins. A Sumatra, à Ceylan, les Malais et les Cinghalais se sont refusés jusqu'à aujourd'hui à travailler sur les plantations ; on ne les y a pas forcés. Les Hollandais ont recruté des travailleurs à Java et en Chine, les Anglais en ont fait venir à Ceylan de la province de Madras et du Bengale.

Au reste, au point de vue économique, la contrainte aurait des résultats déplorables. Dans un pays peuplé, un patron européen trouvera toujours à recruter des ouvriers indigènes, pourvu que ceux-ci aient quelques garanties, pourvu qu'ils soient assurés que leurs intérêts sont sauvegardés. Dès que la confiance naîtra entre Européen et indigène, le recrutement se fera sans peine, à la condition que l'on donne aux travailleurs une rémunération suffisante ; mais si la population est rare et clairsemée, elle n'offrira que des ressources infimes et ces ressources ne grandiront que si la population elle-même s'accroît. Dans de tels pays, le premier devoir de l'Administration est de veiller à cet accroissement, de prendre toutes les mesures nécessaires pour remédier aux causes qui tendent à la ralentir.

Doit-on compromettre l'avenir, oublier tous les principes pour favoriser quelques colons isolés !

Le système préconisé par M. Médard Béraud et qui consisterait à recruter au loin les travailleurs par l'intermédiaire des chefs indigènes *et à les tenir éloignés de leur village natal*, serait à la fois odieux et absurde. Les violences exercées par les premiers conquérants ont amené la disparition des races qui habitaient les Antilles ou l'Amérique centrale ; c'est l'esclavage et la traite qui ont dépeuplé l'Afrique.

On a dit que le noir en Afrique se refusait au travail. Il s'y habituera, lorsque ses besoins auront grandi. Croit-on vraiment qu'il soit nécessaire de le contraindre ; pense-t-on qu'il puisse se développer, acquérir des notions plus nombreuses et plus complexes si, toute l'année, il travaille pour gagner le maigre salaire que lui donnera le colon ? A lui comme à tous les hommes, il faut d'abord la liberté. Le travail ne lui paraîtra pas trop dur s'il en tire lui-même un profit immédiat. D'ailleurs pour payer l'impôt, ne faudra-t-il pas qu'il s'y résigne, qu'il exploite plus activement le sol et la forêt ? Et si l'impôt est perçu en argent, ne sera-t-il pas forcé d'entrer en rapport avec le colon ? Ces rapports naîtront d'eux-mêmes ; il dépend du colon qu'ils soient stables et réguliers.

Mais si le colon doit recruter au loin la main-d'œuvre qui lui est nécessaire, il faut qu'il soit assuré de la conserver. Pour décider un indigène à quitter son pays, il est indispensable de lui donner quelques avances ; le colon doit, en outre, payer ses dépenses de voyage, subvenir à ses besoins en cours de route.

Si les travailleurs, recrutés à grand'peine et parfois à grands frais, peuvent quitter brusquement la plantation, il en résultera pour le colon des pertes qui, fréquemment répétées, sont capables d'entraîner sa ruine. Il est donc légitime d'autoriser le planteur à passer avec ses engagés des contrats de durée, *mais cette durée doit être limitée.* Elle variera sans doute, non seulement avec les colonies, mais avec les conditions de l'engagement, et elle doit être fixée de telle sorte que le colon puisse, par des prélèvements modérés opérés sur la solde des travailleurs, être remboursé des avances indispensables qu'il a faites, et, par les bénéfices qu'il pourra réaliser, être dédommagé des frais qu'il a dû consentir. Il importe toutefois de fixer un *maximum* de durée. Si les conditions spéciales où se trouvent placés nos colons nous obligent à admettre que le travailleur puisse aliéner sa liberté, il faut cependant qu'au bout d'un certain délai sa liberté lui soit rendue.

L'arrêté du 26 août 1900 (Indo-Chine) avait fixé la durée maximum des contrats d'engagement à un an ; les arrêtés du 16 janvier 1900 et du 16 mars 1901 (Madagascar) l'ont fixée à 2 ans. Si l'on considère que Madagascar est à coup sûr de toutes nos colonies l'une des moins favorisées en ce qui concerne la main-d'œuvre, cette disposition se comprend, mais on peut admettre que le terme de *deux ans* est, en règle générale, excessif. La limite maximum doit être d'un an et il ne faut pas qu'elle puisse être dépassée. Dans certaines colonies, françaises ou étrangères, on a bien des fois retenu des travailleurs après expiration de leur contrat, soit parce qu'ils avaient, au cours de leur engagement, contracté des dettes auprès de leur employeur, soit parce qu'ils s'étaient, à diverses reprises et pour diverses raisons, absentés indûment des chantiers.

C'est là ce qu'on ne peut admettre ; il serait trop aisé, soit en faisant aux engagés des avances exagérées, soit en leur cédant à crédit des marchandises, de mettre les travailleurs dans l'impossibilité de se libérer, si l'on ne fixait un terme irrévocable après lequel tout engagement deviendra nul *de plein droit*.

Comment obtiendra-t-on cependant que les contrats soient observés ? En ce qui concerne le colon, il ne peut y avoir de difficultés ; il suffit de désigner clairement, dans chaque colonie, quelle est la juridiction compétente en cas de conflit entre l'engageur et ses engagés. Si le travailleur porte plainte, le tribunal appréciera le dommage causé, et, s'il y a lieu, allouera au plaignant des indemnités. Mais si c'est le colon qui est lésé, il ne peut avoir de recours pécuniaire contre les indigènes parce que ceux-ci ne possèdent rien. Aussi a-t-on demandé que des peines afflictives puissent être infligées aux travailleurs indigènes qui rompraient leurs engagements. C'est là une question extrêmement délicate. Il arrive fréquemment, en Europe, que des ouvriers abandonnent leur atelier ou cessent brusquement leurs services, et, s'ils ne sont pas solvables, leur patron est désarmé contre eux. On n'a pas songé cependant à leur appliquer des peines afflictives. Pourquoi agir autrement aux colonies ?

C'est que, nous avons essayé de le montrer, les conditions ne sont pas les mêmes qu'en Europe. C'est que le dommage causé, en cas de rupture d'engagement, est nul ou médiocre en Europe et qu'il est souvent très grave aux colonies. C'est surtout que l'on se trouve en présence d'une situation très difficile et que, pour permettre aux Européens de se procurer de la main-d'œuvre sans qu'ils soient tentés de recourir à des moyens barbares, il faut leur donner des garanties. Il ne s'agit point d'instituer un *régime définitif* qui ne saurait différer de celui que nous admettons en Europe, mais un *régime provisoire* qui ménage à la fois, autant que possible, les intérêts du colon et ceux de l'indigène. Il y a actuellement, entre ces deux catégories d'intérêts, des oppositions violentes et parfois même une antinomie absolue. Il faut se contenter, pour le moment, de préparer une transition. D'une part, il est nécessaire de convaincre le colon que celui qu'il emploie a des droits égaux aux siens ou tout au moins équivalents ; mais il faut aussi éduquer l'indigène et lui apprendre à respecter ses engagements. Du reste, si les progrès de nos mœurs ne nous permettent pas d'accepter que des peines afflictives soient appliquées en matière civile, il n'en est pas de même partout.

En Annam, le code civil n'existe pas ; toute action civile

se transforme, s'il ne peut y avoir conciliation, en action pénale, et le jugement se traduit par une condamnation afflictive. On peut donc admettre que certaines infractions aux contrats de travail et surtout la rupture non motivée d'un de ces contrats, de la part d'un indigène, puissent recevoir une sanction pénale, *mais il faut que la peine soit proportionnée au délit* et qu'elle ne soit appliquée que dans le cas où le travailleur n'est pas solvable. Il convient donc de fixer le maximum de cette peine. En Indo-Chine et à Madagascar, ce maximum a été fixé à 15 jours de prison et 15 fr. d'amende, avec cette disposition spéciale que les amendes peuvent être converties en journées de travail (prestations) au profit de la colonie.

Mais ce n'est pas seulement contre l'indigène qu'il faut prendre des mesures spéciales ; c'est aussi contre le colon.

Dans tous les règlements en vigueur jusqu'à ce jour, on n'a prévu aucune sanction contre l'employeur qui ne satisferait pas à ses obligations à l'égard de ses engagés, sinon la résiliation du contrat. Cela ne saurait suffire. Il faut de part et d'autre des garanties égales. L'indigène restera volontiers au service d'un colon s'il est intéressé à y rester, s'il n'a à redouter *ni brutalité, ni contrainte*, et s'il a l'assurance que ses droits ne seront pas sacrifiés.

Nous sommes ainsi conduits à accepter un régime où les travailleurs s'engageraient pour une certaine durée et où ils pourraient, jusqu'à l'expiration de leurs contrats, être contraints à respecter leurs engagements. Mais un tel régime, qui choquera en France bien des esprits, serait intolérable s'il pouvait être imposé, si le libre consentement des travailleurs n'était exigé et si l'on ne s'entourait de précautions minutieuses pour éviter toute contrainte.

En résumé, le régime du travail aux colonies reposerait sur les bases suivantes :

1° On ne peut, dans aucun cas et sous aucun prétexte,

disposer de la personne ou des biens d'un indigène sans son libre consentement ;

2° Tout contrat engageant la personne ou les biens d'un indigène doit être individuel et librement consenti ;

3° Tout contrat passé avec une collectivité, village ou tribu et concernant le travail ou les biens des indigènes, est nul et non avenu ;

4° La durée d'un contrat de travail ne peut, dans aucun cas et sous aucun prétexte, dépasser un an, sauf rengagement ;

5° Les pénalités prononcées contre un indigène, en cas d'infraction à un contrat de travail, ne peuvent dépasser 15 jours de prison et 15 francs d'amende.

Ce ne sont là que des principes généraux, et dans chaque colonie, une réglementation détaillée sera nécessaire. Cette réglementation, on ne saurait, du premier coup, l'établir d'une façon parfaite. On la modifiera et on la perfectionnera peu à peu, jusqu'au jour où l'on pourra appliquer purement et simplement les règles suivies en Europe. Il importe donc que le régime du travail soit soumis à un contrôle incessant.

Il y a en France des Inspecteurs du travail ; il faut aussi qu'il y en ait aux colonies, et le rôle de ces *Inspecteurs* sera essentiellement un rôle de *protection* à l'égard des indigènes. Mais ces fonctionnaires ne pourraient jouir d'une indépendance suffisante s'ils avaient à remplir en même temps des fonctions administratives. Si l'on ne veut pas créer un corps spécial, il conviendrait donc de choisir les inspecteurs du travail parmi le personnel du service judiciaire.

Ainsi contrôlé, le régime dont nous venons d'indiquer les bases nous paraît de nature à assurer le développement de nos colonies, sans sacrifier le colon ni l'indigène. Les principes sur lesquels il serait établi ont subi déjà l'épreuve de l'expérience. Ils ont été inscrits déjà partiellement dans un grand nombre d'arrêtés ou de décrets ; ce sont, par exemple :

1° Dans nos propres colonies :

Le décret du 13 juin 1887 sur l'immigration hindoue à la Guyane ;

Le décret du 30 juin 1890 sur l'immigration hindoue à la Guadeloupe ;

L'arrêté du 24 août 1890 (Indo-Chine) ;

Les arrêtés du 16 février 1900 et du 17 mars 1901 (Madagascar) ;

Le décret du 11 mai 1903 réglementant les contrats du travail au Congo français.

2° Dans les colonies hollandaises :

L'ordonnance du 13 juillet 1880, l'ordonnance du 13 juillet 1889, modifiée le 11 mars 1901, et l'ordonnance du 19 janvier 1887.

3° Dans les colonies anglaises :

La loi du 6 janvier 1882 sur les engagements de travailleurs à l'intérieur de l'Inde anglaise ;

La loi du 18 décembre 1883 sur l'émigration ;

La loi du 7 avril 1889 sur les mesures à prendre dans l'intérêt des travailleurs depuis leur départ jusqu'à leur arrivée sur les chantiers.

Ces mêmes principes ont été affirmés, en 1900, par le Congrès international de sociologie coloniale. Ils ont été invoqués par le Comité de protection et de défense des indigènes, dans une pétition adressée le 23 mai 1901 au ministre des Colonies. L'Association nationale pour la protection légale des travailleurs a émis récemment un vœu tendant à leur adoption, et elle a même proposé une réglementation complète en treize articles, qui pourrait être adoptée intégralement dans la plupart de nos colonies, sinon dans toutes.

La réglementation en usage dans les Indes anglaises et néerlandaises a donné, du reste, de tels résultats, que l'on ne peut douter de son efficacité. On objectera, peut-être, qu'il est utile de favoriser nos colons pour leur permettre de lutter contre la concurrence des planteurs étrangers, mais s'il y a lieu de leur accorder des avantages, ce ne peut être *au détriment* de l'indigène et de simples détaxes douanières doivent suffire. Cela ne veut pas dire que l'on puisse, par une simple réglementation, assurer le succès de la colonisation française dans toutes nos possessions. Quoi que l'on fasse, il est des pays où, pour longtemps, toute entreprise agricole est impossible. La concurrence est aujourd'hui tellement âpre qu'il faut, pour réussir, des conditions particulièrement favorables, un sol fertile, une main-d'œuvre abondante et peu coûteuse, des voies de communication faciles. Nous l'avons dit, il y a dans notre domaine colonial des régions qui ne peuvent être que des colonies d'attente.

Mais, quel que soit le pays, il faut encore, si l'on veut réussir sans exploiter ou asservir l'indigène, pouvoir attendre, c'est-à-dire posséder des ressources sérieuses. Dans les pays où l'indigène seul peut s'adonner aux travaux manuels, régler les rapports du colon et de ses engagés, c'est régler les rapports du capital et du travail. Si l'on favorise ou plus simplement si l'on autorise l'émigration des colons dénués de ressources, si, en un mot, on ne tient pas compte du capital, on se trouve en présence d'un problème insoluble. C'est un non-sens que de donner gratuitement la terre à ceux qui ne peuvent eux-mêmes la cultiver. Au régime de la concession gratuite, il faudrait un complément indispensable, et ce complément, c'est l'esclavage. L'institution aux colonies d'un régime où le travail serait libre, doit s'accompagner d'une réforme du régime des concessions.

CHAPITRE IX

—

LES INSTITUTIONS DE PRÉVOYANCE

I. — *La Coopération rurale et les « Kornhäuser ».*

Aux champs, tout s'éveille dans la clarté du soleil. Les nids chantent dans la neige rosée des buissons d'aubépine ; la ferme s'ouvre à une nouvelle intensité de vie et le paysan commence à escompter, dans la floraison d'aujourd'hui, les richesses de demain.

En cette saison des promesses, la terre fait magnifiquement les siennes.

Mais que d'angoisses encore entre l'heure du renouveau et le moment attendu de la récolte ! Tout est menace dans le nuage qui passe et qui porte peut-être dans ses flancs la grêle dévastatrice, dans la terre sujette aux gelées et dans l'atmosphère où flottent les germes d'innombrables maladies.

C'est le désastre et la ruine toujours à craindre. Contre eux, l'agriculteur n'a qu'un recours et qu'une garantie : l'assurance. Il le sait maintenant : ses préventions premières se sont dissipées, et même depuis qu'une loi de 1900 a étendu aux Sociétés mutuelles d'assurances les avantages que la loi de 1884 accordait aux Syndicats, le paysan voit avec raison dans l'assurance le moyen le plus sûr de s'affranchir des risques qui font son existence précaire sous la perpétuelle imminence des fléaux.

Mais voici que, pour la prospérité de nos campagnes, se produit un mouvement coopératif rural dont le rapide développement est certainement dû à l'intensité de la crise agricole qui sévit sur toute l'Europe. D'Allemagne il a promptement gagné l'Autriche, l'Italie, puis la France. Très accentué dans son pays d'origine, il l'est moins chez nous, bien qu'il paraisse appelé à prendre une considérable extension.

Le problème consiste, on le sait, à organiser la lutte contre le bon marché des nouvelles contrées productrices à culture intensive : États-Unis, Russie, Canada, Australie, etc., dont les denrées envahissent toutes les places par suite des progrès remarquables et du bas prix des moyens de transport. On a préconisé jusqu'ici deux solutions : d'une part, la réduction du nombre des intermédiaires aux profits exagérés; d'autre part, l'accroissement des rendements grâce aux méthodes intensives que permettent les découvertes scientifiques et le machinisme.

Pour l'une ou l'autre de ces deux méthodes, il faut de puissants moyens d'action, une forte concentration de capitaux et d'intérêts, une coordination tenace d'efforts et de volontés que peut seule assurer la coopération.

La loi de 1884 a donné naissance aux premiers syndicats agricoles, qui tout d'abord s'en tinrent à l'étude et à la défense des intérêts des travailleurs attachés au sol. Petit à petit, en resserrant davantage les liens un peu lâches d'abord des syndiqués entre eux, ces associations devinrent de véritables coopératives de consommation. On y achète en gros les semences, les engrais, les instruments aratoires, revendus ensuite aux adhérents en détail, à prix coûtant, suivant les besoins de chacun.

On s'imagine aisément les avantages de bon marché et de

contrôle sur la qualité des marchandises, que les petits propriétaires trouvent dans ces opérations.

Certains syndicats louent à leurs membres les machines agricoles trop coûteuses pour les exploitations modestes ; d'autres constituent des champs d'expérience et des laboratoires d'analyses utiles à tous.

Afin d'étendre encore leur action, ces coopératives, dont le nombre dépasse 2.500 avec 600.000 adhérents, se sont fédérées en douze unions régionales : la plus importante est celle de la région lyonnaise, qui englobe dix départements et réunit environ 260 syndicats.

Est-ce là une innovation ? On le pourrait croire et cependant, dès le treizième siècle on trouve la coopération rurale en Suisse, pour la fabrication du fromage de gruyère, sous le nom de *fruitières*. Ces organisations coopératives se sont beaucoup développées, notamment en Franche Comté, où elles sont aujourd'hui tout à fait florissantes.

Tous les jours les associés, riches ou pauvres, apportent leur lait au fruitier qui inscrit le nombre de litres au compte de chacun d'eux ; quand les fromages sont faits et vendus, les bénéfices sont partagés au prorata de la quantité de lait fourni. Et comme on dit en ce pays de gens avisés : « C'est en apportant chacun sa pierre que la maison se construit sans peine. »

Malgré cet heureux exemple, les sociétés de transformation agricoles sont encore assez peu nombreuses en France. Il n'en est pas de même à l'étranger.

En Danemark, il existe onze cents laiteries coopératives dont les produits ont battu sur le marché anglais ceux de Normandie et de Bretagne. On compte trois mille associations de ce genre en Suisse ; cinq cents en Hollande, sept cents en Italie et quatorze cents en Allemagne où la même idée d'industrie en commun est aussi appliquée, pour la fabrication des sirops et des confitures, à la meunerie et à la boulangerie, pour la préparation des vins et même pour leur vente.

Si les coopératives de transformation intéressent spécialement les producteurs, les coopératives de vente intéressent également consommateurs et agriculteurs ; elles suppriment, en effet, les prélèvements des intermédiaires et par conséquent diminuent les prix, tout en donnant des garanties plus sérieuses contre la falsification.

C'est chez nos voisins d'outre-Rhin que les sociétés de ce genre ont le mieux réussi. La première en date est apparue vers 1868, dans la vallée de l'Ahr, sous la forme d'une association de vignerons.

Ces groupements, maintenant fort nombreux, se sont fédérés en quatre unions centrales afin d'augmenter leur puissance d'action. On compte aussi des sociétés de vente de grains, dont les vastes entrepôts contiennent des approvisionnements énormes attendant l'heure où ils pourront s'écouler au meilleur prix.

Malheureusement, la plupart des associations de production ont été créées sous l'inspiration des grands propriétaires fortement atteints par la crise agricole. Ils en sont demeurés les membres principaux et les directeurs : soit indifférence, soit préparation insuffisante, soit inaptitude, les petits cultivateurs ne sont pas mêlés à l'administration des syndicats agricoles ou fort peu. Il s'ensuit que le parti agrarien constitue, dans tous les pays, un parti réactionnaire.

En France, ce sont les hommes de la fraction conservatrice qui ont été les promoteurs et sont encore les dirigeants du mouvement d'organisation rurale. De là son lent essor.

Il faut solliciter le prolétariat des champs pour qu'il entre en jeu, et c'est à la « poussée rurale » que les vrais démocrates doivent apporter le secours généreux de leur effort.

*
* *

Le principe de la coopérative peut encore être utilement appliqué au profit des agriculteurs désireux de se prémunir contre la nécessité où la plupart se trouvent de vendre leurs produits immédiatement après la récolte et, par suite, à des prix insuffisamment rénumérateurs.

Lorsque, en effet, la récolte a réussi, quand les moissons sont faites et le grain engrangé, le cultivateur peut-il espérer qu'il n'a pas travaillé pour le roi de Prusse, et qu'il va, par la vente de son blé, trouver la juste rémunération due à ses peines ?

Hélas, non ! Presque chaque année, il lui faudra céder à un prix inférieur à son prix de revient la récolte qu'il a eu tant de mal à mener à bien, après avoir échappé à la fureur destructrice des ouragans, et plus nous allons plus le mal s'aggrave.

De 1880 à 1890, le cours du blé a été en moyenne de 18 fr. 88 l'hectolitre. Depuis 1890, à part un relèvement assez marqué en 1898, la chute a été constante et s'est accentuée en 1899, au point de descendre à 15 fr. 35 en 1899 et à 14 fr. 92 en 1900, tandis que la valeur vénale des terres labourables subissait elle-même, au dire du ministère de l'Agriculture, une dépréciation de 17,81 o/o.

Comme le capital-argent, la terre vivifiée par le travail devient un capital à intérêt tellement réduit qu'il ne suffit plus à nourrir son propriétaire, qu'accable la surcharge de l'impôt. Et l'exode déplorable se fait de la campagne vers la ville de tous nos paysans, découragés d'une lutte contre toutes les puissances visibles ou non qui les étreignent et d'où ils ne sortent plus que vaincus et dépouillés.

En face du péril grandissant s'est posé le problème social dont la solution rétablira l'équilibre rompu. Un mouvement très intéressant s'accuse et tend à demander à la coopération le remède désirable aux maux qu'ont déchaînés les conditions économiques nouvelles du marché mondial et les développements du machinisme, autant que les emblavements excessifs et les progrès même de l'agriculture qui ont décuplé les rendements en blé.

Les tarifs de douane au taux de 7 francs avec l'admission temporaire, qui constituent le régime actuel, n'ont réussi qu'à sauvegarder dans quelque mesure les grands propriétaires fonciers, en ruinant plus sûrement nos paysans, victimes dolentes de toutes les spéculations, et toute la masse du prolétariat condamnée au « pain cher ».

En 1901 — année déficitaire pour nous d'environ dix millions d'hectolitres, — alors que la production totale, par suite des récoltes magnifiques de l'Amérique, dépassait de plus de quarante millions d'hectolitres celles des années dernières, nous avons assisté à ce spectacle désolant du cultivateur vendant son blé au-dessous du prix de revient et du contribuable achetant son pain deux fois plus cher qu'on ne le paye de l'autre côté de notre frontière.

La coopération, en diminuant le prix de revient, en perfectionnant le mécanisme du crédit agricole et en permettant la hausse des prix des céréales par la réglementation de la production elle-même, ne réussirait-elle pas, sinon à guérir à elle seule, du moins à atténuer très sensiblement un mal devenu si menaçant ?

C'est dans cette voie que sont entrés nos voisins et qu'il y aurait peut-être intérêt à nous avancer nous-mêmes plus résolument. Sous la pression des nécessités est réapparue l'idée des « Kornhäuser » ou maisons de blé, en honneur en Prusse en 1820, à la suite de la crise aiguë qui désola à cette époque l'agriculture.

Les « Kornhäuser » sont des maisons bâties en Allemagne sur les fonds de l'État et louées à des associations de coopération, à des conditions uniformes, au prix de 3 1/2 o/o des sommes engagées dans leur construction et pour un délai de cinq ans. Toutes sont situées sur les voies ferrées. Elles contiennent des silos, dans lesquels de grandes quantités de blé peuvent être mélangées, et des cases plus petites, généralement en bois, destinées aux propriétaires qui ne veulent pas jeter leur grain dans le silo commun.

Elles comportent un outillage capable de réduire à fort peu de chose les frais de gestion. « C'est merveille, dit M. Souchon, professeur d'économie rurale, dans un excellent article de la *Revue politique et parlementaire*, de voir avec quelle sûreté de machinisme le blé est pris dans le vagon, amené jusqu'au *Kornhaus*, transporté directement dans les parties supérieures de l'édifice, puis ramené au silo ou dans la case, après avoir subi les opérations nécessaires de nettoyage, presque sans qu'il ait été besoin de main-d'œuvre, de telle sorte que les plus grandes maisons de blé comme celle de Halle-sur-Saale, peuvent fonctionner avec quelques ouvriers seulement. »

Dans la conception allemande, les « Kornhäuser » sont à la fois des organes de prêt sur gage et de vente.

Elles procurent au cultivateur cet inestimable avantage de le soustraire à l'exploitation de l'acheteur en lui permettant, dès la récolte, de trouver de l'argent pour l'acquisition de ses engrais et de ses instruments de travail, et d'attendre le moment où il pourra vendre aux cours les plus avantageux. Il échappe ainsi aux usuriers qui sont les pieuvres de nos campagnes.

Les « Kornhäuser » opèrent, soit en achetant ferme à l'agriculteur pour revendre à leurs risques et périls, soit en acceptant un véritable contrat de commission, soit enfin en offrant à leurs déposants le prix moyen des ventes réalisé au cours de la campagne.

Le même mouvement coopératif se manifeste en Autriche et notamment en Bohême.

Je ne parle pas de l'Amérique, où la puissance capitaliste, en possession des « Kornhäuser », fait pour son propre compte la concentration des blés et tient sous son joug, livrés à la tyrannie de ses spéculations, les producteurs désarmés.

Est-ce qu'en France les syndicats de cultivateurs ne pourraient pas devenir les agents d'une organisation analogue à celle qui fonctionne en Allemagne ? Il suffirait pour cela que par le vote du projet Waldeck-Rousseau sur les syndicats professionnels, la loi autorisât ces associations à donner naissance à deux filiales : la coopérative d'achat et de vente, qui supprimerait les intermédiaires onéreux, et la société de crédit, qui faciliterait les transactions.

Ainsi seraient rendues du même coup impossibles les manœuvres de hausse et de baisse, qui résultent de la dissimulation entre les mains des marchands ou de l'offre combinée des stocks demeurés entre les mains des producteurs et concentrés dans les « maisons de blé ».

Déjà d'intéressantes expériences ont été faites dans l'Anjou, dans le Périgord et dans la Dordogne ; la question est à l'étude dans le Loiret, en Seine-et-Oise et en Seine-et-Marne. L'heure n'est-elle pas venue d'en assurer le succès et d'en tenter la généralisation en réclamant de l'État l'appui financier et la protection nécessaires ?

II. — *Le bien de famille.*

Notre ami, M. le député Maurice Viollette, a donné, il y a un an environ, à la *Revue politique et parlementaire*, une étude très documentée et très intéressante des conditions de vie et de l'avenir de la petite propriété rurale. Le problème est grave et d'une haute portée sociale.

Il ne faut pas oublier que la France est, avant tout, par sa situation et par son sol, un pays agricole. Tout ce qui tend à distraire l'effort national de la mise en valeur de la terre est cause d'affaiblissement de la fortune publique. Or, plus que jamais, l'agriculture, comme on dit, manque de bras, et de plus en plus s'accuse l'exode des populations rurales vers les villes.

Il y a à cette émigration des causes multiples. Le jeune soldat, au retour du régiment, s'accommode mal de la vie des champs et subit puissamment l'attraction des grandes villes où le sort l'a un instant jeté. L'espoir d'un gain plus important multiplie les tentations. La rapidité et la commodité des déplacements fait taire les hésitations. Ainsi s'augmente le bataillon des chômeurs dans les grands centres tandis que restent en friches les terres abandonnées.

Le mal est grand et le législateur se préoccupe avec raison d'y porter remède, comme l'ont fait — nous donnant ainsi le bon exemple — les nations voisines. L'Allemagne a une loi sur les *Rentengüter* ; le Danemark sur les biens de *Husmand* ; l'Angleterre sur les *Small Holdings* ; la Belgique sur les droits d'enregistrement ou de transcription des immeubles ruraux.

Comment la France pourra-t-elle à son tour conserver à la famille paysanne la propriété de sa terre et lui faciliter le moyen de l'acquérir, afin de l'attacher au sol par des liens solides ?

Le ministre de l'Agriculture s'est efforcé de trouver le secret du problème en soumettant à l'examen du Conseil d'État un projet de « homestead », qui défend la petite propriété rurale contre la licitation, l'hypothèque et la saisie.

De son côté, la Commission parlementaire de l'agriculture est saisie de nombreux projets faisant valoir les raisons qui lient « la propriété de nos campagnes et la stabilité des familles à la conservation de la petite propriété ».

Une première question se pose. En quoi doit consister essentiellement le bien de famille ? Les uns en voient l'élément principal dans la maison et accessoirement dans le champ qui y est attenant ; les autres, au contraire, dans la terre elle-même et pensent qu'il convient de réserver pour un autre texte de loi les conditions qui doivent garantir la propriété de la maison, car il s'agit moins pour le paysan de se loger que de vivre sur sa terre.

Mais quelle que soit l'opinion qu'on ait sur ce point, tout le monde est d'accord sur le principe, et M. Deville comme MM. Léon Bourgeois et Lemire — pour ne citer que ces noms — estiment que la constitution du bien de famille est sinon le seul, du moins un des plus puissants moyens d'enrayer la crise agricole et de rendre à nos campagnes la main-d'œuvre qui leur manque.

Mais dira-t-on — et nous retrouvons là l'argument tant de fois énoncé contre l'insaisissabilité des salaires — quand la loi aura sauvegardé entre les mains du paysan la propriété de sa terre ou de sa maison, on aura ruiné son crédit en lui enlevant la possibilité d'hypothéquer son bien. Que deviendra-t-il sans argent pour la faire valoir ? Que lui servira son champ s'il ne peut se procurer le grain nécessaire pour l'ensemencer, les engrais pour le féconder et la main-d'œuvre pour les jours de moisson ?

On ne saurait méconnaître la puissance de l'argument, qui serait décisif si l'on ne tenait compte de la transformation qui s'opère dans l'institution du crédit agricole.

Aujourd'hui comme naguère, le crédit est fondé sur la valeur du gage et aussi sur les garanties de probité et de travail que présente l'emprunteur. Mais tandis qu'autrefois les établissements anonymes de crédit ne consentaient à prêter que sur des gages réels et notamment sur hypothèques, de nos jours, grâce aux organisations mutualistes, le crédit agricole tend à s'ouvrir de plus en plus, et l'emprunteur peut trouver auprès du bureau de la Société dont il est connu les avances dont il peut avoir besoin et dont répond sa loyauté.

Combien de paysans se sont vu déposséder de leur bien par des prêteurs transformés en créanciers rapaces — exploiteurs habiles des mauvaises chances dont peuvent être frappés les plus honnêtes des travailleurs des champs, quand se succèdent les mauvaises récoltes sous l'influence des intempéries et des forces aveugles de la nature — et qui auraient réussi à traverser les passes difficiles s'ils avaient trouvé à l'instant critique le crédit nécessaire garanti par l'effort de travail du lendemain et par une probité connue !

Sans remonter d'ailleurs aux ordonnances royales, qui reconnaissaient déjà certaines insaisissabilités, nous trouvons dès la confection des codes, l'article 592 du Code de procédure civile qui définit les biens insaisissables et qui édicte que les débiteurs ne seront jamais dépouillés des objets nécessaires à l'exercice de leur profession, ni des biens pouvant leur procurer leur nourriture, ni de leurs vêtements.

Puis sont déclarés insaisissables les rentes sur l'État, les dépôts en compte courant à la Banque de France, les pensions de retraite, les allocations à caractère alimentaire, la dot de la femme mariée sous le régime dotal et pour la part jugée indispensable aux besoins de la vie, les traitements des fonctionnaires et les salaires des ouvriers et employés.

Le principe de l'insaisissabilité confère à tous ceux qui en jouissent un droit nouveau : le droit de vivre. Quelle que soit la situation du débiteur, quelle que puisse être sa mauvaise foi, le débiteur restera protégé et jouira en paix de la part de ses revenus que le législateur a jugée nécessaire à son existence et qu'il a déclarée insaisissable.

Ainsi se trouvent contenues les rigueurs parfois excessives d'un créancier, qui, d'ailleurs, ne pouvait pas ignorer que le débiteur ne pouvait pas et ne devait pas s'engager au delà de ses forces.

Lors de la confection du Code, on était donc d'accord qu'il fallait laisser au débiteur la possession de son outil, de son instrument de travail ; mais cette conception devait changer. le jour où l'outil, de propriété individuelle allait devenir propriété capitaliste ; aussi, au lieu de conserver au débiteur son instrument de travail, c'est son travail même qu'on allait lui assurer. C'est ainsi que la loi sur la liquidation judiciaire laisse au liquidateur la direction de son exploitation.

N'est-il pas juste que la loi qui, dès maintenant, maintient le commerçant à la tête de son commerce, assure, sous la même inspiration et en vertu du même principe, au cultivateur l'exploitation de son champ ?

III. — *Les Jardins ouvriers.*

Quelle que soit l'idée que l'on se fasse du droit des citoyens et du devoir de l'État en matière d'assistance publique, quelle que soit la doctrine au nom de laquelle s'exerce la bienfaisance, il demeure constant que l'Assistance publique ne suffit pas à faire face à toutes les misères imméritées et que la société doit avoir pour objectif le mieux-être de tous.

Les économistes de l'école de J.-B. Say ont posé en principe que la société ne doit aucun secours à ses membres, tout en laissant fléchir dans les faits la rigueur de leur affirmation ; M. Thiers, d'autre part, reconnaissait que l'assistance est une nécessité sociale, mais qu'elle ne peut constituer un droit pour le pauvre et que le devoir de l'État doit se restreindre à l'exemple donné d'une bienfaisance limitée, qui reste ainsi un instrument du bon ordre public et de la sécurité pour les personnes et pour les propriétés. On peut penser, au contraire, avec les hommes de la grande assemblée révolutionnaire, que les secours publics sont une dette sacrée et qu'il appartient à la loi d'en déterminer l'étendue et l'application. C'est l'article 23 de la Déclaration des droits de l'homme. Il est l'évangile des républicains.

Mais, quelle que soit la thèse adoptée, qu'on invoque le droit ou la nécessité, le spectacle des misères sociales n'en est pas moins réel et le problème humain de leur disparition n'en est pas moins posé.

C'est pour cela que les philanthropes modernes s'ingénient à assurer au prolétariat ouvrier un sort meilleur, avec cette haute préoccupation de ne pas briser les ressorts de l'effort individuel et de sauvegarder chez le citoyen le sentiment de sa dignité et de son indépendance.

De toutes les œuvres instituées dans cette pensée, il n'en est pas de plus intéressante que celle des jardins ouvriers, qui est une forme de l'assistance par le travail. C'est à l'ingénieur Le Play qu'en revient l'idée. En sociologue avisé, il voyait dans la stabilité du foyer domestique par la propriété, la condition essentielle et fondamentale de l'organisation du travail, et restait frappé des avantages que l'ouvrier industriel pourrait retirer, pour l'amélioration des conditions de sa vie, du travail de la terre.

Donnez, en effet, quelques arpents de terre ou seulement un jardinet si petit qu'il soit au travailleur de la mine, de l'usine et de l'atelier et vous aurez du même coup assuré une existence plus large et plus facile au ménage, par la production des légumes et des fruits qui viendront garnir sa table ; vous aurez permis à la femme de rendre la maison plus gaie en la parant de quelques fleurs, et l'homme aura trouvé à la fois un frein aux entraînements des jours désœuvrés et un repos hygiénique et bienfaisant, loin des poussières et des fumées de l'usine, au grand air dont s'emplira sa poitrine, dans le calme des champs ensoleillés.

Bien vite, l'ouvrier s'attachera à son petit coin de terre et les liens de la famille en seront resserrés et consolidés.

Le difficile est, dans bien des cas malheureusement, de

trouver à proximité des cités ouvrières, dans les grands centres industriels, les terrains convenables. Là où cela est aisé, comme dans certains pays de mines, ils sont nombreux les piqueurs et les chercheurs qui ont réalisé par leur seul effort leur rêve d'avoir à eux un petit coin de terre. Mais beaucoup ne réussissent pas à faire les économies nécessaires. La maladie, le chômage, les charges de famille sont là pour absorber tout le salaire, et souvent, quand l'ouvrier touche au but, quand le pécule péniblement amassé va suffire à l'acquisition projetée, un accident survient qui emporte tout. Combien alors serait grand le service rendu par l'association qui offrirait au travailleur un lopin de terre.

C'est le but que se sont proposé les fondateurs de l'*Œuvre des jardins ouvriers*.

Le premier effort a été fait à Sedan, en 1889, sur l'initiative d'une femme de grand cœur, Mᵐᵉ Hervieu. Le succès répondit à son attente. Auprès d'elle, une famille nombreuse était tombée dans l'indigence ; elle eut l'idée de lui procurer à bon marché un petit jardin à cultiver à moments perdus. Ce fut, pour ces pauvres gens, le salut.

L'effet fut grand. Dès le printemps suivant, l'œuvre était constituée. Quelques dames, inspirées des mêmes sentiments généreux, s'étaient groupées autour de Mᵐᵉ Hervieu ; un premier capital — bien modeste — était réuni ; un pré était loué. On le partagea en plusieurs parcelles et, en 1897, avec un apport de 1.800 francs sur près de sept hectares de terrain, cent familles étaient assistées.

L'exemple fut contagieux. L'*Œuvre des jardins ouvriers* se développa un peu partout, à Saint-Etienne et dans le Nord surtout.

Le 19 octobre 1898, le Conseil municipal de Boulogne-sur-Mer louait sept mille mètres de terrain destinés à être sous-loués à des indigents. Quelque temps après, le bureau de bienfaisance de Besançon distribuait à plus de cent familles nécessiteuses des pièces de terre ; on en faisait autant à Troyes et ailleurs.

A Nancy, au mois de septembre de la même année, un congrès spécial fit connaître les résultats obtenus et imprima à l'*Œuvre des jardins ouvriers* une nouvelle et vigoureuse impulsion.

Le mouvement envahit bientôt l'étranger. La Belgique d'abord, les États-Unis, l'Italie ensuite y prirent part, et bientôt la *Ligue française pour le coin de terre et le foyer insaisissable* fut instituée dans le but de relier tous les efforts accomplis en Europe dans cette voie.

Tous ces renseignements nous sont fournis par un publiciste distingué, M. Louis Rivière, dans un travail intitulé : « Les jardins ouvriers en France et à l'étranger. »

Voilà certes une méthode d'assistance par le travail qu'on ne saurait trop recommander. Avec une très faible cotisation versée par l'Œuvre, le père de famille mis en possession d'un petit terrain arrive, s'il peut disposer d'une ou deux heures par jour, à accroître suffisamment ses ressources pour se mettre tout à fait à l'abri de l'indigence.

Aucune humiliation, aucun abandon de son indépendance. Il ne doit qu'à lui-même et à son travail — un travail supplémentaire qui pour beaucoup est un agrément — le surcroît de bien-être dont il jouit ; ce n'est pas la charité, qui lie, c'est l'aide à laquelle le malheur donne droit, par esprit de solidarité.

Le danger serait que cette œuvre excellente fut abandonnée à des associations disposées à n'en réserver les bienfaits qu'à une certaine clientèle pour en faire un instrument d'action.

C'est aux municipalités plus particulièrement, aux Conseils généraux et aux Associations mutualistes qu'il appartient de s'emparer de cette idée, de la mettre en œuvre et de lui faire donner tous ses fruits.

IV. — *L'assistance par le travail.*

Quand la pluie froide d'hiver bat les vitres, quand la neige tombe, quand le vent aigre souffle méchamment, il est impossible de ne pas songer avec un serrement de cœur à tous les ventres creux, sans abri autre que les embrasures des portes cochères ou les arches des ponts, à tous les malheureux que la faim tenaille, grelottant sous leurs hardes, dans l'angoisse du secours qui ne vient pas.

Comme une armée en marche, la civilisation, dont les étapes se marquent de progrès incessants, traîne après elle ses éclopés et ses vaincus. Elle passe au milieu des douleurs et des ruines, et plus son allure est rapide et victorieuse, plus la misère grandit et s'accuse.

A de tels maux, les monarchies et les religions n'ont proposé d'autre remède que la charité, humiliante et dégradante pour celui qui reçoit et trop facilement s'y habitue, génératrice d'oppression et d'orgueil chez celui qui donne.

Souvent même l'aumône crée la misère. J'ai connu un village sans pauvres. Le zèle de quelques dames y fonda un bureau de bienfaisance ; quelques mois après, on mendiait à tous les chemins et la bourse des bonnes âmes ne suffisait plus.

Le seul mode d'assistance qui sauvegarde la dignité de l'homme est celui de l'assistance par le travail. Quand le malheureux réduit à la détresse a fourni une besogne et en a touché le prix, il est quitte et n'a rien perdu de son indépendance. La preuve d'ailleurs que l'obligation du travail est un bon remède, c'est qu'elle opère la sélection des miséreux : elle met en fuite les professionnels de la charité, ceux qui font de la mendicité un métier, les « voleurs des pauvres » comme on les a appelés avec raison. Elle est comme la pierre de touche de la vraie misère, et par elle peuvent être concentrés tous les efforts en faveur des seules victimes de la misère imméritée, vraiment dignes d'intérêt.

L'assistance par le travail, en outre, a pour heureux effet de rendre à la collectivité la plupart des forces utiles qu'elle avait perdues.

L'idée d'ailleurs n'est pas nouvelle, mais les diverses applications qu'en fit l'ancien régime paraissent avoir été bien plus des mesures de police et de répression que des tentatives de relèvement matériel et moral de l'indigent.

La Révolution française, dès les premiers jours, proclama le droit au travail. Pour remédier à la misère générale causée par la crise économique et politique, elle ordonna l'ouverture d'ateliers nationaux. Hommes, femmes, enfants y furent employés, les uns à des travaux de terrassement, les autres à des ouvrages de filature. Le nombre des ouvriers qui se présentèrent aux chantiers de Paris prit bien vite des proportions imprévues : des abus s'ensuivirent, la surveillance devint illusoire, le travail stérile et nul. Comme les scandales se multipliaient, la Constituante ferma les ateliers.

La Convention à son tour décréta, le 15 octobre 1793, que « tout homme a droit à sa subsistance par le travail s'il est valide et par secours gratuit s'il est hors d'état de travailler ». Aucune application ne s'ensuivit.

L'Empire créa les dépôts de mendicité dans chaque département. Il en subsiste une vingtaine qui ne sont plus les établissements d'assistance par le travail qu'ils devaient être, mais des annexes des prisons pour les condamnés libérés et des refuges pour les infirmes et les vieillards.

La République de 1848 reprit les traditions de sa grande aînée et le gouvernement provisoire s'imposa l'obligation « de garantir du travail à tous les citoyens ». Les ateliers nationaux réapparurent. L'excès des bras, le manque d'ouvrage utile, les fraudes innombrables, le défaut de surveillance firent avorter cette entreprise, emportée dans la tourmente des journées de juin. L'essai d'assistance agricole tenté quelques mois après en Algérie, où furent dirigés 36.000 ouvriers sans travail, ne fut pas plus heureux.

Depuis, l'assistance par le travail est restée surtout le domaine de l'initiative privée. A l'heure actuelle, la France compte plus de soixante œuvres de ce genre dont Paris possède la moitié. Elles furent, pour la plupart, créées après les remarquables fondations de Mamoz et du pasteur Robin et grâce à l'influence du Comité central des œuvres qui date de 1891.

De nombreuses communes cependant ont également tenté de secourir les indigents en leur procurant du travail. Plus de deux cents villes emploient, pendant l'hiver, les ouvriers âgés ou infirmes à l'enlèvement des glaces et des neiges, ou même, en tout temps, à la construction des chemins et au cassage des pierres. A Bourg, fonctionne durant la mauvaise saison un atelier de charité ; les municipalités de Reims, de Vitré, de Saint-Brieuc, de Saintes font exécuter ainsi certains travaux de voirie.

Le ministre de l'Intérieur n'a pas manqué de solliciter dans cette voie, notamment en 1895, l'initiative des conseils généraux. Mais les tentatives sont restées partout isolées, incomplètes ou nulles.

Des propositions de loi tendant à l'obligation pour les départements de créer des maisons de travail destinées à secourir les indigents valides ont été sans succès déposées au Parlement, à plusieurs reprises.

Et tandis que la Hollande a ses colonies agricoles, la Belgique ses maisons de refuge, l'Allemagne ses stations ouvrières, l'Angleterre ses *workhouses*, nous en sommes encore aux tâtonnements de l'initiative privée et aux insuffisantes et fantaisistes interventions des pouvoirs publics.

Sans doute, la ville de Paris a entrepris beaucoup dans cet ordre d'idées : elle gère directement plusieurs établissements d'assistance par le travail. Exemple :

Les femmes peuvent être hospitalisées pendant trois nuits à l'*asile George-Sand* fondé en 1894 ; elles doivent, en échange, travailler le jour au service de la maison. La durée du séjour écoulée, si l'assistée n'a pu trouver un emploi, elle est envoyée au *refuge-ouvroir Pauline-Roland* où il lui est fourni de l'ouvrage en rapport avec ses aptitudes et ses forces. Les enfants y sont admis avec leurs mères, la fille à tout âge, le garçon jusqu'à huit ans.

L'asile cherche, entre temps, à placer ses hospitalisées et à leur sortie, celles-ci reçoivent le prix de leur travail.

Certains refuges d'hommes, en particulier le *refuge Nicolas-Flamel*, ont organisé des ateliers de travail rétribué.

Pour ramener au travail de la terre les ouvriers agricoles que la misère a saisis dans la grande ville où ils étaient venus comme le papillon à la flamme, le Conseil municipal de Paris a bien créé aussi, en 1892, la colonie d'assistance de *la Chalmelle* dans la Marne, mais que valent ces efforts, si méritoires qu'ils soient, en face du flot montant de la misère ? On aura beau associer dans une entente féconde, les bureaux de bienfaisance et les associations libres, comme il arrive à Paris, le devoir de l'État ne se trouvera pas tout entier rempli.

Entre l'entreprise *officielle* dont au Congrès d'assistance de 1900, M. le pasteur Robin, *fondateur d'une œuvre libre*, exaltait les mérites, et l'*initiative privée* à laquelle seule M. Monod, *délégué du Gouvernement*, reconnaissait la souplesse indispensable, n'y a-t-il pas place pour un système mixte ?

L'État n'a pas le droit de s'affranchir de son devoir d'assistance. Il y peut associer toutes les initiatives privées, mais il a mission d'assurer le secours et le respect de la misère. Il n'est pas tolérable que le droit à l'assistance puisse tenir, comme il arrive encore trop souvent aujourd'hui, à la présence ou à l'absence d'un billet de confession. Mais ce qui est moins admissible encore, c'est qu'au xxᵉ siècle, sur le territoire de la République, il puisse y avoir, par les froides nuits d'hiver, des êtres humains, hommes, femmes et enfants, sans abri et sans pain !

V. — *Le droit des vieux à l'assistance à domicile.*

Est-ce un droit qu'ont les vieux à l'assistance ? Oui, dit la Déclaration des droits de l'homme qui proclame dans son article 23 « que les secours publics sont une dette sacrée et que c'est à la loi à en déterminer l'étendue et l'application ». Oui, dit le décret interprétatif de la Déclaration, qui prescrit que le « vieillard indigent doit être secouru dès que l'âge ne lui permet plus de trouver dans son travail des ressources suffisantes contre le besoin ».

Au Danemark, la loi du 27 juin 1891, a institué l'assistance obligatoire en faveur des vieillards à partir de soixante ans, exception faite pour ceux qui ont subi des peines infamantes ou qui ont dissipé leurs biens par inconduite ou qui ont été depuis moins de dix ans à la charge de l'assistance publique.

En Prusse, la loi du 11 juillet 1891, qui édicte l'obligation du secours à l'égard des idiots, des épileptiques, des sourds-muets et des aveugles est muette pour les vieillards : mais le principe est posé.

L'Angleterre et la Suisse marchent dans cette voie. Quant à la Belgique, elle semble s'être inspirée de la doctrine de M. Thiers, dans sa loi du 27 novembre 1891 qui généralise l'assistance mais ne la rend pas obligatoire. Le législateur belge a pensé sans doute que « si l'individu a des vertus, la société aussi peut en avoir et ne doit pas apparaître comme un être froid, insensible et sans cœur ; mais qu'il importe que cette vertu — quand elle devient de particulière, collective, de vertu privée, vertu publique — conserve son caractère de vertu, c'est-à-dire reste volontaire, spontanée, libre enfin de faire ou de ne pas faire. »

N'en déplaise à la mémoire de cet homme d'État, n'en déplaise à J.-B. Say qui dit que « la société ne doit aucun secours à ses membres » et à M. Cherbuliez qui personnifia si bien l'égoïsme bourgeois ; dussent leurs ombres offensées se lever contre nous et quand même les voix de Léon Faucher, de Baudrillard et même de Bastiat ne cesser d'affirmer le devoir de charité de l'Etat et de nier le droit à l'assistance des vieillards et des faibles ; aucune autorité, si grande soit-elle, ne saurait prévaloir auprès des vrais républicains contre l'avis de Stuart Mill et de tous ceux qui basent leurs conceptions sociales sur le principe humain de la solidarité, et de tous les démocrates qui pensent avec le cœur.

C'est ainsi qu'a conclu la commission parlementaire chargée de rapporter les propositions de loi relatives à l'assistance des vieillards et des infirmes.

Au-dessus de tous les raisonnements s'élève le cri de la conscience humaine ; elle proteste contre le spectacle navrant de la misère silencieuse des vieux, qui n'a de comparable que la misère bruyante des petits pendus à la robe maternelle et criant la faim.

Prétendre qu'un homme qui a travaillé sa vie durant pour vivre et faire vivre les siens, s'il n'a pu, sous le poids des charges de famille et des obligations que la société lui impose, à travers les assauts de la maladie et les détresses du chômage, se constituer le pécule nécessaire pour assurer la subsistance de ses derniers jours, n'a droit qu'aux hasards des rencontres charitables ; prétendre qu'homme ou femme, arrivé à soixante-dix ans, du jour où l'échine pliée, les jambes tremblantes et les bras cassés il ne peut plus rien faire, le vieillard n'a droit à rien et que la société peut le repousser du pied dans le ruisseau pour y mourir ou le condamner à demander à un bout de corde et à un clou la fin de ses douleurs et de ses humiliations, cela peut être dans une société de sauvages, mais cela ne peut exister que là.

Aux vieux, dans l'intérêt de sa conservation même, la société doit l'asile et le morceau de pain. Comment s'acquittera-t-elle de cette dette sacrée ?

Elle n'a pas assez d'hospices et ils sont mal répartis sur le territoire de la République. Ici le nombre des lits est insuffisant, là il excède les besoins locaux, si bien qu'il y a en France, si l'on en croit les statistiques, 6.000 lits qui annuellement restent inoccupés !

Les bureaux de bienfaisance ne suffisent pas à leur tâche et il n'y en a pas partout.

En 1888, M. Ch. Floquet, président du Conseil, adressa un appel aux Conseils généraux. Il resta à peu près sans écho. D'autre part, toutes les tentatives faites dès 1897 pour assurer l'assistance aux vieillards par l'inscription au budget du ministère de l'Intérieur de crédits « destinés à amorcer la loi en préparation sur l'assistance obligatoire aux vieillards et aux incurables, en associant le Gouvernement aux efforts bénévolement faits par les départements et les communes pour venir en aide à cette catégorie de malheureux », restèrent lettre-morte. En 1899, sur le crédit de 590.000 francs destiné à fournir la part de l'État, 65.000 francs au plus ont été dépensés, et le total des pensions allouées dans les quarante départements où le système a été appliqué n'a pas atteint 800 000 francs.

L'expérience n'a donc que trop démontré combien M. Sabran, rapporteur du Conseil supérieur de l'Assistance publique, avait raison quand il disait en 1891 : « Nous voyons que si *l'obligation n'est pas imposée,* tout projet qui serait présenté, dénué de sanction, ne recevrait pas d'application. »

La Commission de la Chambre des députés s'est inspirée de cette vérité en écrivant l'article premier de la future loi, ainsi conçu :

« Tout Français indigent et, soit âgé de 70 ans, soit atteint d'une infirmité ou d'une maladie reconnue incurable et qui le rend incapable de pourvoir à sa subsistance par le travail, reçoit l'assistance. »

Fort bien ! dira-t-on. Mais quel sera le coût de la réforme et qui paiera ?

Si l'on excepte la ville de Paris, et si l'on évalue d'après les chiffres du Gouvernement à 4 % de l'ensemble des vieillards, ceux qui peuvent être considérés comme indigents et à 1,2 pour 1.000 de la population totale, les infirmes et les incurables indigents ; en calculant à 150 francs par individu et par an le prix de l'assistance à domicile, à 480 francs l'entretien des hospitalisés et à 220 francs le coût du placement familial, on arrive à 44 millions en chiffres ronds.

Si, d'autre part, on déduit de cette somme la dépense faite actuellement par les hospices pour l'hospitalisation des vieillards, soit 24 millions, par les dépôts de mendicité, soit 2 millions, et par les bureaux de bienfaisance, 11 millions, on obtient un total de 37 millions. La dépense complémentaire serait donc de 7 millions ; d'autres arrivent à 9 et à 12 millions. D'après la loi, l'assistance est un devoir de la commune ; à défaut de domicile de secours, c'est le département et à défaut du département c'est l'État qui doit intervenir.

Au Danemark, la commune et l'État participent par moitié aux frais de l'assistance. En France, lorsque la Convention a organisé l'assistance par la loi de vendémiaire an II, elle a créé le domicile de secours et en a tracé les règles, faisant ainsi de la dette d'assistance une obligation communale resserrant les liens de solidarité intime qui doivent unir les citoyens d'une même commune, dans la solidarité plus vaste du département et de l'État.

Quand cette loi sera votée au Sénat comme à la Chambre ; quand sera consacré le secours à domicile, qui laisse l'assisté dans le cadre habituel de sa vie, au milieu des objets familiers et des affections conservées ; quand interviendra l'hospitalisation qui assure au vieillard isolé et sans asile les soins nécessaires sous le toit hospitalier ; quand, à la famille dispersée ou perdue, le placement familial aura substitué une famille nouvelle, il n'y aura plus pour « nos vieux », à travers les humiliations de la mendicité, l'angoisse poignante des lendemains sans abri et sans pain : un peu plus de justice et un peu plus de bonté auront pénétré dans nos lois.

*
* *

En attendant, les communes et les départements, aidés des subventions de l'État, ont porté leurs efforts sur la création d'hospices et d'asiles.

Mais hélas ! si nombreux que soient les lits institués par les libéralités individuelles ou collectives, pour la foule des appelés, il y a bien peu d'élus.

Cela coûte trop cher et le plus grand nombre des vieillards à secourir reste à la charge des bureaux de bienfaisance, qui n'existent pas partout, et dont l'aide toujours insuffisante, souvent capricieuse, comporte tant d'humiliations ?

Elle est innombrable la théorie des vieillards ou des infirmes qui attendent à la porte de nos hospices départementaux, escomptant la vacance que va faire la mort et pour lesquels chaque glas funèbre annonçant le décès d'un pensionnaire de l'établissement, éveille une espérance. Immédiatement toutes les influences s'agitent, les sollicitations se multiplient, les recommandations affluent à la préfecture. Heureux celui qui, au milieu de tant de déceptions, est admis à cette paix de trouver avec le pain et un peu de bien-être assuré, un lit blanc pour le reste de sa misérable existence !

Pour combien l'heure attendue ne sonne-t-elle que lorsqu'il n'est plus temps et le billet d'admission n'arrive-t-il que lorsque la mort a passé ?

Même dans cette espérance que de tristesse pour le vieillard ! Quitter le toit sous lequel on a vécu, la maison pleine des souvenirs heureux ou malheureux, mais restés chers quand même ; les choses dont on a été entouré et qu'on aime ; les êtres — des enfants, des petits-enfants — dont on veut s'éloigner, avec les yeux gonflés de larmes contenues et le cœur gros de la crainte de ne les plus revoir, parce qu'on se sent à charge mais au milieu desquels on eût tant aimé à vivre, dans les horizons familiers... et à mourir.

N'est-ce pas pour beaucoup de vieux acheter trop chèrement l'assurance du pain quotidien et de l'abri hospitalier que de se condamner à la banalité du lit d'hospice, au milieu d'une nouvelle famille de miséreux que l'on ne connaît pas, loin des affections trop facilement oublieuses ?

Un tel mode d'assistance est bien fait d'ailleurs pour relâcher jusqu'à les rompre les liens naturels et pour faire oublier aux enfants que c'est à eux qu'incombe, d'après la loi de nature, le devoir de soigner et de nourrir leurs parents vieux ou infirmes et de leur donner ce quelque chose qu'eux seuls peuvent leur assurer : la joie de se sentir aimé, la douceur des consolations.

L'hospitalisation devrait être réservée à ceux qui sont seuls sur terre ou à ceux auxquels ne peut suffire un intérieur médiocre à raison d'infirmités graves, de maladies gênantes ou d'un âge trop avancé. Pour tous les autres, dont la prévoyance sociale devra diminuer le nombre dans la plus large proportion possible, l'assistance plus humaine et moins onéreuse doit être l'assistance à domicile.

Sans doute, on a pu craindre que le secours soit détourné de son adresse ; que les nourriciers se fassent parfois exploiteurs dans un sentiment d'abominable égoisme, mais c'est là une simple question d'organisation et de surveillance attentivement exercée.

On a pu se demander encore si les finances publiques ne pourraient pas se trouver compromises par le développement d'un pareil système d'assistance ? Peut-être, si pour maintenir les crédits dans la limite des ressources disponibles, les départements n'avaient pas, dans les conditions mêmes où les secours sont accordés, une règle mobile et un frein, soit en élevant la limite d'âge exigible, soit en augmentant la durée prévue de séjour.

Déjà un certain nombre de départements — et celui de Saône-et-Loire fut le premier — ont adopté ce système et inscrit des crédits à leur budget pour ce service. La Seine, dont le Conseil général a un concept si logique, si noble, si humain de l'exercice de l'assistance publique et de son devoir social ; qui pour ses pauvres, pour ses malades, pour ses aliénés, pour l'enfance, pour tous les faibles et les déshérités, a de si généreuses initiatives et consent de si énormes sacrifices, a, dès 1895, inscrit à son budget un crédit de secours aux communes pour l'assistance à domicile des vieillards indigents, infirmes et incurables, laissés dans leurs familles ou placés dans une famille étrangère.

La part contributive du département est déterminée, pour chaque commune, par l'administration et doit correspondre normalement au tiers de l'allocation communale. Pour avoir droit au secours à domicile, il faut — mais seulement pour les indigents valides — avoir atteint un minimum d'âge de 65 ans et une durée de séjour dans le département de dix ans.

En 1897, 28 communes de la Seine sur 76 avaient appliqué le système de l'assistance à domicile. La dépense totale a été de 92.057 fr. 50, avec une contribution du département de 30.685 fr. 83.

Sans doute l'assistance est un mode anormal, imparfait,

transitoire de réaliser le droit à la vie. Comme le dit excellemment M. Gervais, député de la Seine, le secours à domicile n'est en réalité que l'élément de préparation à l'institution de la prévoyance. C'est un élément de transformation et l'amorce, dans les budgets départementaux et communaux, des crédits de prévoyance qui serviront à former l'appoint social dans la constitution des retraites. Le secours à domicile, ce n'est plus de l'assistance suivant l'ancienne formule, ce n'est pas la prévoyance selon la nouvelle : c'est le mode transactionnel, le système intermédiaire qui prépare dans les textes budgétaires et acclimate dans les mœurs le régime nouveau.

Organisons l'assistance à domicile partout.

*
* *

C'est pour entrer dans cette voie que le vieillard de soixante-dix ans, l'infirme ou l'incurable qui sera secouru à domicile aura droit désormais à une allocation mensuelle d'au moins 10 francs.

Si l'assisté s'est, à force d'épargne, créé une pension de retraite qui n'excède pas 60 francs, cette pension n'entre pas en compte. Si elle excède 60 francs, la moitié seulement de l'excédent est déduit. Cette quotité est élevée de 60 à 120 francs pour les ayants droit justifiant qu'ils ont élevé au moins trois enfants jusqu'à l'âge de seize ans.

Voilà une belle et bonne loi qui fera le plus grand honneur au Parlement.

Très sagement aussi la Chambre a prévu que souvent le vieillard, l'infirme ou l'incurable ne seraient pas en état de recevoir ou d'administrer eux-mêmes cette petite rente, et elle a décidé que l'allocation serait payée au moyen de mandats mensuels délivrés soit à l'assisté, soit à toute autre personne qui se chargera de pourvoir à sa subsistance, désignée par lui et agréée par le maire de sa résidence.

C'est la porte ouverte à l'assistance dans la famille et à l'extension, aux bénéficiaires de la loi nouvelle, des avantages d'un mode d'hospitalisation excellent et qui a donné pour les aliénés chroniques, dans l'heureuse expérience de Dun-sur-Auron, les meilleurs résultats.

On sait, en effet, que l'Assistance publique de la Seine a créé dans le Cher, à quelques kilomètres de Bourges, de véritables villages d'aliénés, en inaugurant la méthode du placement familial, sous la surveillance immédiate de médecins spécialistes, des malades auxquels leur état mental rend sans danger ce mode d'existence.

Un examen attentif et quotidien de ces aliénés permet de suivre les transformations qui pourraient se produire dans l'évolution du mal et de prévenir tout danger pour leur entourage et pour eux-mêmes. Une infirmerie d'asile convenablement aménagée pour ce que, en termes médicaux, on appelle les « cas de garde » s'ouvre immédiatement aux malades dont la folie viendrait à prendre une tournure inquiétante.

Le succès a été complet pour les aliénés. Comment ne le serait-il pas à plus forte raison pour les vieillards, les infirmes et les incurables auxquels s'adresse la loi nouvelle ?

L'hospice pour les assistés, soit ! Mais pourquoi pas la maison particulière ? Celle de la famille d'abord, c'est entendu ! Mais pourquoi pas, à défaut de celle-ci, celle de la famille d'adoption ? L'hospitalisation dans les hospices est très onéreuse ; elle soumet le vieillard à la discipline de certaines règles qui souvent lui pèse. Elle l'arrache au milieu familier, aux coutumières promenades, aux distractions, aux joies et même aux peines qui sont la vie elle-même.

L'hospitalisation dans la maison amie ce n'est plus l'isolement douloureux dans la foule, mais un peu de l'intimité familiale retrouvée.

Pour les enfants assistés et moralement abandonnés, l'assistance familiale n'est-elle pas pratiquée de la façon la plus satisfaisante et la plus heureuse ? Qu'est-ce que le septuagénaire, sinon un vieil enfant ? Qu'est-ce que l'infirme ou l'incurable sans famille et sans ressources sinon un être moralement abandonné ?

Les hospices protesteront peut-être, mais qu'importe !

Jusqu'à l'âge de treize ans, en règle générale, « l'enfant trouvé » est maintenant placé chez un nourricier qui reçoit une layette et un trousseau et prend charge de veiller aux soins du petit abandonné et de l'envoyer à l'école ; à treize ans il est placé chez un patron pour un salaire débattu dont une part est mise à la Caisse d'épargne, et sous conditions de traitement, de nourriture d'habillement déterminées.

L'Administration étend sur tous ses pupilles l'aile protectrice de l'inspection. C'est en proportion infime que les enfants assistés, devenus adultes, ont mal tourné et encore, parmi les déchets, la presque' totalité vient-elle d'enfants recueillis en vertu de la loi de 1889, à un âge où le mauvais pli était pris et où les vices innés ou contractés dès l'enfance ne pouvaient plus être réformés.

Pourquoi n'appliquerait-on pas, dans toute la mesure possible, aux vieillards, aux indigents et aux incurables la méthode qui réussit si bien aux enfants ?

A Paris, l'assistance à domicile, qu'il ne faut pas confondre avec l'assistance familiale, existe ; elle s'appelle secours représentatif d'hospice et est de 360 francs par an. Dans certains départements, en Saône-et-Loire notamment, le Conseil général inscrit chaque année un crédit pour l'assistance des vieillards à domicile et qui correspond au secours représentatif d'hospice de Paris. Mais combien le placement des vieillards, des infirmes et des incurables chez des nourriciers ne sera-t-il pas facilité par cette petite fortune que déjà va lui assurer la loi nouvelle : de 120 francs par an ?

« Ne devons-nous pas faire tous nos efforts, dit le docteur

Marie, dont on connaît les remarquables travaux sur ces matières, pour que le mode d'hospitalisation dans les hospices soit réservé aux incurables et que l'assistance familiale devienne la règle en ce qui concerne les vieillards valides, puisque cette façon de venir en aide à la vieillesse indigente permettrait d'en secourir beaucoup plus, en attendant qu'on puisse les secourir tous ? »

N'y a-t-il pas d'ailleurs quelque chose de profondément inhumain et de véritablement monstrueux dans la séparation qu'impose aux vieux ménages l'obligation de vivre séparés — parfois dans deux hospices différents, toujours dans des quartiers distincts et plus ou moins éloignés ? J'ai sur ce sujet des lettres navrantes écrites par de pauvres vieux qui ne pouvaient s'accoutumer à manger loin l'un de l'autre le pain blanc de l'Assistance, au point de regretter même les jours d'affreuse misère, sans abri et le ventre creux, subis en commun.

« Il n'est pas un paysan, dit M. le Dr Marie, qui, hésitant peut-être à se charger d'un seul pensionnaire à raison, par exemple, de 250 francs par an, n'accepterait avec empressement le ménage pour 400 francs par an, en vertu de l'adage : Quand il y en a pour deux... » qui est surtout vrai pour les pauvres vieilles gens, point difficiles et habitués à se contenter de peu. »

Et les vieux seront bien soignés à la campagne, parce que l'intérêt du paysan sera de conserver ses pensionnaires, et qu'à défaut de philanthropie l'intérêt sera son guide.

Quoi qu'il en soit, la République, qui a déjà donné à la démocratie ces quatre grandes lois : la loi Bérenger, la loi Roussel, la loi de 1889 sur l'enfance moralement abandonnée et la loi sur l'assistance médicale ; qui prépare la loi de pardon et vote la loi qui doit assurer aux vieillards à la fin de leur carrière le droit à l'assistance dans la dignité et dans la paix, peut dès maintenant regarder avec orgueil le chemin parcouru dans la voie de solidarité sociale.

« Aux pauvres gens tout est peine et misère ! », dit la fameuse ballade. Le vingtième siècle s'annonce avec un peu plus de justice sociale et de bonté.

VI. — *L'assistance obligatoire aux vieillards, aux infirmes et aux incurables.*

La Chambre a voté, sur le rapport de sa Commission d'assurance et de prévoyance sociales, une proposition de loi créant un service de solidarité sociale sous forme d'assistance obligatoire aux vieillards, aux infirmes et aux incurables.

Le caractère particulier de cette loi consiste dans l'obligation pour la société d'assister la vieillesse et l'infirmité devenues et proclamées créancières de l'État. A la charité se substitue ainsi la reconnaissance d'une dette sociale.

Notre ami M. Strauss a tout récemment déposé au Sénat, sur ce sujet, un excellent rapport.

Sans s'attarder à une phraséologie sentimentale, l'auteur se contente d'affirmer l'accord unanime de tous les sociologues sur le devoir d'assistance. Il lui eut été facile de trouver dans son érudition et dans son cœur d'éloquentes paroles à l'appui de cette thèse. L'honorable sénateur s'est dit sans doute : « A quoi bon ? » se rappelant cette apostrophe d'un libre citoyen au rhéteur de l'antiquité qui commençait l'éloge d'Hercule : « Vous défendez Hercule ; mais qui donc l'attaque ? »

La conception de l'ancien régime, dans sa lutte contre la mendicité, est tracée dans l'ordonnance de 1536 qui dit « que les pauvres impuissants qui ont chambre et logement et lieu de retraite seront nourris pas les paroisses, et qu'à ces fins les rôles en seront faits par les curés, vicaires ou marguilliers, chacun en son église et paroisse, pour leur distribuer, en leur maison ou en tel autre lieu commode et qui sera, par lesdits curés, vicaires ou marguilliers, avisé en chaque paroisse, l'aumône raisonnable ». Sinon la première parole de « bonté » du moins la première parole de « justice » au xviii° siècle est de La Rochefoucault-Liancourt, qui disait : « cette bienfaisance n'est pas l'effet d'une sensibilité irréfléchie, elle n'est pas même une vertu compatissante, elle est un *devoir*, elle est une *justice* ; elle doit en avoir tous les caractères et se prémunir contre les mouvements si naturels qui pourraient les altérer. »

Le décret du 19 mars 1793, le décret du 24 vendémiaire an II traduisent les aspirations révolutionnaires : « tout vieillard âgé de 70 ans, sans avoir acquis de domicile ou, été reconnu infirme avant cette époque, recevra les secours de stricte nécessité dans l'hospice le plus voisin. »

L'idée d'ailleurs était jetée, et même sous les régimes qui suivirent, elle devait germer. Les secours aux enfants assistés sont obligatoires depuis 1811, les soins aux aliénés sont dûs depuis 1838.

La troisième République a toujours voulu suivre dans cette voie la Révolution de 1789.

« Le but que doit se proposer un gouvernement dévoué à la démocratie, disait en 1888 Charles Floquet, président du Conseil, ministre de l'Intérieur, est de mettre en pratique ces principes de solidarité sociale consacrés par la Révolution française, et d'arriver enfin à une organisation de l'assistance publique telle que le vrai besoin soit toujours secouru, sans que jamais l'imprévoyance ou la paresse reçoive un encouragement. » Et d'ailleurs c'est un sentiment international qui pousse irrésistiblement vers cette solution de justice et de bonté. Lors de l'exposition de 1889, le Congrès d'assistance, après un débat auquel tous les délégués des puissances étrangères ont pris part, n'a-t-il pas émis le vœu que « l'assistance publique doit être rendue obligatoire par la loi, en faveur des indigents qui se trouvent temporairement ou définitivement dans l'impossibilité physique de pourvoir aux nécessités de l'existence ».

Depuis trente ans, cette question est donc constamment à l'ordre du jour de nos deux Chambres, et jamais peut-être il n'y a eu sur un sujet autant de propositions parlementaires. Il serait fastidieux de les rappeler ici. Cependant, le 27 décembre 1897, la Chambre des députés se disait, à l'unanimité de 512 votants, « résolue à organiser dans le plus bref délai possible l'assistance des infirmes et des vieillards indigents par la contribution des communes des départements et de l'État, et prenait acte de la promesse faite par le Gouvernement de proposer dans le budget de 1897 les crédits nécessaires pour jeter les premières bases de cette organisation. » C'est à la suite de ce vote que, depuis 1898, nous avons un embryon d'assistance facultative. Il restait néanmoins beaucoup à faire. Est-il besoin de rappeler la résolution votée le 5 décembre 1903 par la Commission d'assurance et de prévoyance sociales, sur la proposition de son président, M. Millerand, qui, au nom du principe de solidarité, demandait la réalisation de l'assurance constituant à tous les membres de la nation les moyens de se préparer, par leurs seules ressources personnelles, une retraite de vieillesse ou d'invalidité et la réalisation de l'assistance proclamant, dans tous les cas où pour une raison quelconque un vieillard ou un invalide se trouve privé de toute ressource, le devoir strict de la nation d'intervenir pour l'assister.

La Chambre des députés, après tous les congrès, toutes les sociétés, toutes les commissions plus ou moins spéciales qui l'ont étudié, a abordé le projet, et après de longs et intéressants débats, elle l'a adopté par 537 voix contre 3.

Le principe de l'assistance obligatoire est établi ; il est indispensable maintenant d'en arriver à des pensions de vieillesse et d'invalidité pour aboutir, car sous le régime de la bienveillance facultative, les ressources sont inégalement réparties et inégalement employées. L'obligation seule permettra d'utiliser favorablement les ressources et de répartir équitablement les charges.

L'organisation rudimentaire et facultative des pensions de vieillesse instituée le 27 décembre 1897 a produit déjà quelques résultats assez sensibles. Mais il faut, par une loi, édicter l'obligation pour vaincre certaines résistances, et d'abord celles des administrations locales qui ne veulent pas prendre l'initiative de dépenses nouvelles et aussi des municipalités qui consentent bien certains sacrifices, mais se refusent obstinément à payer la dette des voisins.

Il est nécessaire d'encourager la prévoyance et la mutualité, et, pour cela, il faut ne décompter que jusqu'à concurrence de moitié de la quotité de l'allocation les ressources provenant d'une pension de retraite. La pension des mutualistes est majorée par un secours.

Même avec l'assistance obligatoire, la bienfaisance privée ne doit pas disparaître ; son activité sera tout au plus déplacée. Déjà des lois comme celles des Enfants assistés et de l'Assistance médicale sont venues restreindre son champ sans diminuer son développement. La vieillesse prématurée, par exemple, ne sera-t-elle pas digne de susciter son bienveillant intérêt ?

M. Paul Strauss a examiné très consciencieusement le nombre des bénéficiaires, et surtout les évaluations financières qu'entraînerait l'adoption du projet de loi.

La Commission sénatoriale, chargée de cette étude après le vote de la Chambre, a fait au texte adopté quelques modifications. C'est le titre, tout d'abord, qui subit une variante et devient « Assistance obligatoire aux vieillards infirmes et incurables » ; les mots « solidarité sociale » disparaissent.

Puis, dans l'article premier, les dispositions introduites par la Chambre pour favoriser les mères de famille ont été supprimées.

De ci, de là, des modifications de détail qui, par exemple,

laissent à un réglement d'administration publique le soin de fixer la Commission centrale que la Chambre constituait par le texte législatif lui-même.

Pour la détermination du minimum de l'allocation mensuelle, le chiffre de 8 francs adopté par la Chambre a été abaissé à 5 francs pour permettre aux petites communes de passer plus aisément du régime actuel à celui de l'assistance obligatoire. Le Sénat n'a pas cru non plus devoir suivre la Chambre qui décidait que, jusqu'à concurrence de 60 francs, les ressources personnelles de l'assisté s'ajouteraient intégralement à la pension d'assistance, et il décide que les ressources provenant d'une pension de retraite seront déduites de moitié.

A côté de ces modifications restrictives, il en est d'autres dans l'intérêt de l'assisté, telle que celle qui fait commencer l'assistance au moment même où le besoin a été reconnu et non au début du mois suivant, et aussi celle qui donne au bureau d'assistance le soin de s'occuper de la délivrance de l'allocation de façon à tirer le meilleur profit de la somme allouée.

Dans l'article 27, le Sénat a prévu la participation éventuelle des bureaux de bienfaisance et des hospices ; il a écarté l'obligation imposée par la Chambre.

Enfin, la commission sénatoriale, contrairement à la Chambre, estime qu'il n'est pas nécessaire d'appliquer cette loi d'assistance obligatoire aux incurables dans des colonies où l'assistance médicale obligatoire aux curables n'est pas encore promulguée. Au fond la pensée est la même.

Nul doute que l'entente se fasse aisément entre les deux assemblées sur un texte définitif et que cette grande loi de solidarité sociale n'apporte enfin, à ceux que la vieillesse atteint et que les infirmités frappent, le secours nécessaire et la sécurité.

17

CHAPITRE X

—

LE MINISTÈRE DU TRAVAIL ET LA CODIFICATION DES LOIS OUVRIÈRES

I. — *Le ministère du Travail.*

Au mois de mai 1903, M. Vaillant et un certain nombre de ses collègues du groupe socialiste-révolutionnaire ont déposé sur le bureau de la Chambre une proposition de loi en quatre articles, tendant à la création d'un *ministère du Travail et de la Santé publique*.

La question n'est pas nouvelle.

Déjà, en 1897, un rapport présenté au nom de la commission du travail démontrait la nécessité de créer un organisme qui grouperait toutes les branches de la législation du travail dans l'unité d'un service administratif et directeur.

Il est certain que si les Chambres pouvaient distraire quelques instants leur esprit des préoccupations qui naissent de l'actualité et qui occupent toute la vie parlementaire, le problème que pose à nouveau M. Vaillant, comme l'avaient fait les radicaux-socialistes de la commission du travail, serait parmi les plus intéressants à étudier et à résoudre. Aussi bien, les études précédentes l'ont montré, notre législation du travail n'est encore, dans notre pays, malgré l'effort considérable de l'honorable M. Millerand pendant son passage au ministère du Commerce, qu'à ses débuts et presque à l'état embryonnaire.

Là, comme pour bien d'autres questions, nous nous sommes laissés considérablement devancer par nos voisins d'outre-Manche, d'Allemagne et de Suisse, pour ne parler que de ceux-là. Et cependant, si incomplète et si imparfaite que soit l'œuvre de justice et de solidarité sociale commencée, il est temps, si nous voulons précisément assurer son développement, de créer l'organe d'où partira le mouvement et la vie.

L'existence est dure au prolétariat et le spectacle des misères ouvrières autant que le sentiment du devoir de solidarité ont imposé le principe de l'intervention de l'État.

N'en déplaise aux économistes distingués, partisans du « laissez faire », l'État, dans la lutte inégale pour la vie engagée entre les détenteurs de la fortune et des privilèges sociaux d'une part, et les créatures de travail qui n'ont d'autres ressources que l'effort de leurs bras, de l'autre, a pour empêcher l'asservissement et l'écrasement des uns par les autres, un devoir social de protection.

Pour sauvegarder l'avenir de la race, il doit empêcher que l'enfant, la fille mineure et la femme puissent être astreints à certains travaux de force, au surmenage des labeurs trop prolongés, à l'action débilitante, énervante et partant de côtés productrice d'immoralité, du travail de nuit. De là les lois de 1892 et de 1900 promulguées et appliquées, et la loi, qui reste à faire, sur l'apprentissage.

Il n'est pas moins nécessaire de protéger le prolétariat contre le péril qui peut venir de l'insalubrité des ateliers, de l'insuffisance des logements, de la malfaisance des procédés de fabrication, comme aussi contre les accidents où peut disparaître partiellement ou en totalité la faculté de travail ; c'est à ces préoccupations que répondent les lois de 1893 et de 1903 et la législation des accidents du travail de 1898.

Mais si le chômage survient, épuisant dès les premiers jours les ressources de la famille ouvrière, c'est la misère désolante, car la loi protectrice, la loi nécessaire est encore à faire.

Si, au lieu du chômage, c'est la maladie qui s'abat dans la mansarde ou dans la chaumière, la loi qui a proclamé le droit à l'assistance intervient, soit directement, soit indirectement sous une inspiration morale plus haute, par les avantages encore insuffisants, que la loi du 1er avril 1898 assure aux sociétés de secours mutuels.

Et lorsqu'enfin, après une vie de travail plus ou moins longue, l'ouvrier, épuisé par l'effort, courbé et sans forces est réduit à traîner sa misère dans l'angoisse du lendemain et dans l'amertume des privations quotidiennes, alors que cependant il n'a rien fait pour mériter les rigueurs de son sort, ne faut-il pas que l'État lui apporte son secours ?

Ce sera l'objet du projet voté récemment et actuellement renvoyé au Sénat et de la loi sur les retraites, ébauchée dans la précédente législature et qu'il faudra au plus tôt remettre sur le chantier.

Tout cela se tient, se lie et s'enchaîne. Tout ce qui a trait au contrat de travail, aux accidents, aux syndicats professionnels ; la loi du 15 février 1902 pour la protection de la santé publique, les services de l'hygiène et de la médecine publique, la police sanitaire et animale et la médecine vétérinaire ; la protection contre toutes les fraudes en matière d'alimentation, contre l'empoisonnement industriel et commercial, ne font qu'un tout.

« Nulle part, dit l'honorable M. Vaillant, nous ne voyons mieux qu'ici l'intime union des questions de travail, de médecine, d'hygiène et d'assurance. La protection de la santé publique contre toutes les causes d'insalubrité, la surveillance des industries insalubres, des logements et des ateliers et chantiers, ainsi que des installations agricoles, la sécurité de l'emploi des machines et appareils, l'application des prescriptions légales concernant le travail, ses conditions d'exercice, son éducation professionnelle, l'inspection médicale des écoles, celle des apprentis en vue du certificat d'aptitude physique, le service des épidémies et de la désinfection, le fonctionnement de l'assurance sociale et, en attendant sa création, celui de l'assistance, le secours médical et pécuniaire du bureau de bienfaisance, les soins au domicile, au dispensaire ou à l'hôpital ou à l'asile ou à l'hospice, les institutions de prévoyance, d'invalidité et de retraite, tous ces éléments ne forment-ils pas un tout, un ensemble dont rien ne peut être distrait et auquel la vie si incertaine, troublée, accidentée et misérable du prolétaire donne son unité? »

Le nouveau ministère du Travail prendrait au ministère de l'Intérieur quelques-uns de ses services : l'Assistance publique, les institutions de prévoyance avec la Mutualité. Peut-être M. Vaillant a-t-il tort d'empiéter sur le ministère de l'Instruction publique : pour moi je crois devoir laisser l'école de côté. Au ministère des Travaux publics, il prendrait les mines pour lui adjoindre en compensation le sous-secrétariat des Postes et Télégraphes; au Commerce son Conseil supérieur et son Office du travail, ses inspecteurs, ses statistiques, ses syndicats et ses Bourses, pour lui adjoindre, en échange, tous les services de l'agriculture moins l'hydraulique qui revient logiquement aux Travaux publics. Et ainsi se trouveraient constitués, au lieu des trois ministères actuels, — des Travaux publics, de l'Agriculture, du Commerce, — les trois nouveaux ministères du Commerce, de l'Industrie et de l'Agriculture; des Travaux publics et des Postes et Télégraphes; du Travail.

Un groupement logique créerait de la sorte trois organismes bien définis, avec une vie harmonique et complète, pour le plus grand avantage du progrès social. Et par cette combinaison, nous éviterions la création d'un ministère de plus, avec les charges qui en résulteraient, et peut-être aussi, — ce

serait là un petit profit — y gagnerions-nous, au point de vue
même de l'emploi des crédits, une plus grande sincérité et une
plus exacte appropriation aux divers services pour lesquels les
Chambres imposent aux contribuables des sacrifices toujours
plus lourds. On paye plus volontiers lorsqu'on sait que l'impôt va droit à sa destination, surtout lorsqu'il est, au nom de
la solidarité sociale, l'apport de la collectivité aux faibles, aux
déshérités et aux vaincus de la vie.

M. Vaillant et ses collègues ont raison de demander — après
les radicaux-socialistes et la commission parlementaire — la
création du ministère du Travail.

C'est l'organe nécessaire pour la grande œuvre législative
qui doit être à la fois la caractéristique et l'honneur du
xx° siècle.

II. — *Le Code du travail.*

On a célébré avec éclat, dans le monde des législateurs et
gens de robe, le centenaire de notre Code civil. Quelle meilleure occasion. d'attester la majesté de ce monument que
Louvet, durant les travaux préparatoires à son élaboration,
baptisait le « Code immortel » ?

N'était-il pas bon de saluer en lui, avec l'historien de la
Révolution et de l'Empire, M. Thiers, une précieuse compensation aux œuvres de mort des campagnes napoléoniennes ?

Il faut louer ceux qui ont eu la pensée de préparer cette manifestation. La curiosité qui s'est éveillée autour de cet évène-
ment a rendu à ce Code « que l'Europe nous envie » — sans nous
le prendre tel quel — la place réelle qu'il doit occuper dans
l'évolution générale. La comparaison s'est imposée entre « ce
centenaire » et les recueils de lois plus complets, plus récents
qui, à l'heure actuelle régissent nos voisins. Ainsi, avons-

nous vu se dresser, en face des articles où survit l'esprit du passé, les premiers textes où s'affirment les aspirations du droit nouveau.

Enfin, l'initiative dont il s'agit a eu cet autre avantage d'appeler l'attention sur l'œuvre, qu'en attendant la création du ministère du travail, le Parlement doit réaliser par la codification des lois ouvrières actuellement poursuivies.

Déjà, en 1889, l'honorable M. de Mun, frappé de la confusion des textes en matière de contrats de travail aussi bien que des hésitations et des contradictions de la jurisprudence, avait présenté une proposition de codification des lois du travail que la Chambre n'eût pas le loisir de discuter.

Au fur et à mesure qu'augmentait l'embroussaillement des textes par le vote, de législatures en législatures, de nouvelles dispositions relatives au travail et à la prévoyance sociale, les investigations devenaient de plus en plus difficiles pour les intéressés et de plus en plus obscurs les droits et les obligations du monde du travail.

Aussi, dès le mois de juin 1898, un député de Paris qui comptait parmi les plus distingués et les plus laborieux, M. Arthur Groussier, eut-il l'idée de proposer une loi sur le Code du travail, dont l'exposé des motifs disait :

« Les lois concernant la défense des intérêts des travailleurs ou réglant les rapports de ces derniers avec leurs employeurs sont disséminées dans nos Codes.

« Chaque année de nouvelles lois viennent s'ajouter, contredisant quelquefois, sans les abroger, les textes existants.

« Les dispositions particulières au travail s'enchevêtrent dans des textes d'ordre différent concernant l'assistance, l'hygiène générale, la prévoyance, et ces lois, le plus souvent, n'intéressent qu'une profession, une catégorie de travailleurs.

« Aucune vue d'ensemble ne se dégage de leur examen. Nous devons donc grouper les textes épars, modifier les textes anciens pour les faire concorder avec les besoins de notre époque et en former un corps de lois qui soit clair et précis.

« De même que nous avons un Code de commerce qui règle les rapports des commerçants et un Code rural pour les agriculteurs, nous demandons que les rapports des travailleurs et de leurs employeurs soient déterminés par un Code du travail. »

Mais quatre années s'écoulèrent sans que le débat put s'ouvrir. Sans se décourager, notre ancien collègue, dans la législature de 1898 à 1902, après avoir fondu en un seul code ses travaux antérieurs, présenta de nouveau sa proposition. Il ne devait pas avoir plus de succès.

C'est cette œuvre de patiente élaboration que M. Dejeante et plusieurs de ses collègues du groupe socialiste ont reprise et soumise à l'étude de la Commission parlementaire du travail.

« La codification des lois du travail, dit M. Charles Benoist, dans un rapport très intéressant, l'élaboration d'un Code du travail est comme le préambule ou la préface nécessaire d'une politique sociale. »

Il serait bon en effet de savoir exactement où l'on en est. Au milieu de l'inextricable embroussaillement de lois successives dont les articles, avec leurs oppositions, leurs lacunes et leurs embarrassantes redites se heurtent, se pénétrent, se contredisent dans les dispositions essentielles et dans les prescriptions secondaires aussi bien que sur les sanctions pénales, il est devenu nécessaire, indispensable de mettre de l'ordre, de la suite, de la logique en les classant avec méthode, dans un cadre solide, divisé et subdivisé, avec toute la rigueur désirable.

Faut-il s'étonner de l'état de confusion que nous constatons? Non, car elle est la résultante fatale de l'évolution subie par la législation du travail.

La Révolution économique qui a donné naissance à la grande industrie a désorganisé l'ancien régime du travail sans fonder le nouveau d'une seule pièce.

Au régime des jurandes, des maîtrises, des corps et communautés de marchands et d'artisans supprimés par les édits de Turgot et par les lois révolutionnaires, succéda brusquement le régime de la liberté. « Il sera libre, dit le décret du 17 mars 1791, à toute personne de faire tel négoce ou d'exercer   profession ou métier qu'elle trouvera bon. » Dès lors, on légiféra sans doute et beaucoup, mais pas pour organiser et protéger le travail. La liberté doit suffire à tout, et le travail semble au législateur ne devoir être réglé législativement que sur les points où, selon l'expression de M. Ch. Benoist, « il touche et, en quelque façon, se marie à la misère ».

Quant au Code civil, il ignore ou à peu près les ouvriers. Il s'occupe du louage de choses et non du louage de services. Mais, en revanche, le Code pénal de 1810 ne manque pas d'atteindre les travailleurs auxquels le droit de coalition est refusé par les articles 414, 415 et 416.

Avec la Révolution de 1848 souffle un esprit nouveau. Toutes les conditions du contrat de travail entrent dans le domaine du législateur, y compris « le droit au travail » que proclame le décret paru au *Moniteur* du 29 février. Les lois succèdent aux lois, les décrets aux décrets. C'est un effort énorme où apparaît l'admirable collaboration des ouvriers ; une œuvre de progrès s'élabore, qui tend à amener sans secousse l'abolition du prolétariat, et sur laquelle plane, dans un rayonnement de bonté et de solidarité, la figure d'apôtre de Louis Blanc.

Depuis, la tâche législative s'est poursuivie d'une allure plus ou moins vive suivant les époques. A partir de 1890, son développement déjà rapide n'a cessé d'augmenter, notamment sous la large impulsion imprimée au mouvement socialiste dans la dernière législature par M. Millerand.

« C'est ainsi, dit fort bien M. Charles Benoist, que, par une élaboration continue, bon ou mal an et le fort portant le faible, nous sommes arrivés à posséder une législation sociale très touffue et très ramifiée où il n'est pas toujours facile de se retrouver, dont la richesse même nuit quelquefois à l'ordre et dans l'enchevêtrement de laquelle quelques lois à peine... font saillie et marquent la charpente. »

C'est tout cet amas de prescriptions et de lois qu'il s'agit de fondre en des textes précis, nets, clairs, de façon à donner à la jurisprudence des bases solides et à faire de ses décisions, changeantes jusqu'à déconcerter, un bloc homogène et harmonique — autant qu'il est du moins humainement possible.

On a longtemps protesté contre toute codification, et en 1886, M. Leroy-Beaulieu, économiste — éminent d'ailleurs — a pu écrire : « Comment serait-il possible de nos jours de réglementer le louage de services, il n'y a plus d'ouvriers. »

N'en déplaise à notre contradicteur, il y a des ouvriers et des lois ouvrières, et par suite place pour un Code du travail.

L'interventionnisme n'est plus à discuter, et la préoccupation du législateur comme la difficulté de sa tâche ne peuvent plus consister qu'à faire, dans un état social plus conforme à la justice, la part de l'ouvrier et celle des intérêts industriels dans la mesure du droit.

Sans doute, l'œuvre qui cristallisera dans un Code les lois du travail ne sera pas une œuvre définitive et sans appel, et peut-être ne sera-ce pas son moindre mérite que de faire apparaître les imperfections et les lacunes de la législation.

Est-il d'ailleurs si difficile de modifier les Codes ? Les lois sur les sociétés, la faillite et la liquidation judiciaire répondent pour le Code de commerce ; le Code pénal, le Code de procédure civile ne sont-ils pas, d'autre part, à tout instant remaniés et perfectionnés dans leurs détails ?

On ne ferait, en cela, que suivre — après que nous avons nous-mêmes ouvert la voie — les progrès réalisés à l'étranger, où la législation est cependant moins abondante que la nôtre.

L'Allemagne a la « Gewerbeordnung » de 1869, complétée

en 1883, 1884 et 1885 par des lois sur les accidents, l'invalidité et la vieillesse.

Depuis 1877, la Suisse a son Code du travail, l'Autriche depuis 1885. La Norvège termine le sien, et l'Espagne eut depuis longtemps réalisé cette tâche, actuellement sur le chantier, si elle n'avait été arrêtée par les secousses politiques successives qu'elle a subies.

Si la besogne est ardue, l'avantage est certain. Dès que nos lois du travail auront été mûrement étudiées et réunies en un code, aussitôt tout prendra sa place normale, l'ordre sera substitué à la confusion des textes dans une parfaite clarté, et les yeux les moins exercés pourront de suite se porter, sans peine, sans risque d'erreur et sans perte de temps, sur des articles auxquels ils auraient dans une espèce déterminée à se référer.

Il fallait faire au plus vite le Code du travail.

*
* *

L'honorable M. Millerand, ministre du Commerce, frappé de ces considérations, institua par arrêté du 27 novembre 1901, une Commission dite de la codification des lois ouvrières sous la présidence d'un jurisconsulte éminent, au large et généreux esprit, ancien ministre de la justice, M. Louis Ricard. J'ai eu l'honneur de faire partie de cette commission, en qualité de président de la Commission du travail de la Chambre des députés.

« Le premier travail à faire, disait M. Millerand, dans son discours d'installation de la Commission, sera uniquement un travail matériel et pour ainsi dire de mosaïque. » Mais il lui apparaissait bien vite que ce travail « en appellerait forcément un autre », qu'il y aurait des rédactions à remanier, des dispositions inharmoniques ou contradictoires à refondre.

On se mit à l'œuvre.

Il fallut d'abord préciser le domaine de la législation à codifier. On s'aperçut qu'elle débordait le cadre du travail proprement dit et qu'il y fallait comprendre aussi la matière de l'assurance et de la prévoyance sociales. Et tout en écartant les décrets pris en exécution des lois, la mesure de la tâche de la Commission apparaissait bientôt dans toute son ampleur.

Mais comme si ce n'était pas assez, la Commission, dans son souci de bien faire et malgré qu'elle ne parût pas en principe chargée de ce soin, se crut obligée d'apporter à la législation existante les modifications de fond réclamées par l'état des mœurs et les progrès de la législation ouvrière et de faire apparaître, toutes les fois qu'elle en avait l'occasion, les contradictions qui résultaient de l'interprétation des textes dans la jurisprudence et des intentions manifestes du législateur.

Sur ces entrefaites et tandis que la Commission, qui a tenu près de quarante séances de laborieux efforts, poursuivait résolument sa tâche, M. Ch. Benoist, membre de la Commission parlementaire du travail, demandait à la Chambre par un projet de résolution, de prescrire l'élaboration d'un Code du travail.

Saisie de la question, la Commission parlementaire du travail fit demander par l'intermédiaire de M. le ministre du Commerce, de l'Industrie, des Postes et des Télégraphes, de vouloir bien lui transmettre au fur et à mesure de leur achèvement les différents livres du Code du travail et de la prévoyance sociale en préparation à la Commission de codification. Ainsi fut fait.

La Commission parlementaire du travail a, en effet, reçu, à la veille de la session de mai 1904, les deux premiers livres, l'un intitulé : *Des conditions relatives au travail*, subdivisé en cinq titres : *Du contrat d'apprentissage* ; *Du contrat de travail* ;

Du salaire ; *Du placement des travailleurs et des pénalités*, et dont M. Raoul Say, professeur à la faculté de droit de l'Université de Paris fut le rapporteur, et l'autre intitulé : *De la réglementation du travail*, subdivisé en six titres : *Du travail des enfants et des femmes* ; *Du travail des hommes adultes* ; *Du travail des étrangers* ; *De l'hygiène et de la sécurité des travailleurs* ; *De l'inspection du travail* ; *Des pénalités* ; et dont le rapport est dû à M. Bourguin, professeur adjoint à la Faculté de droit de Paris.

La Commission de codification va incessamment terminer cinq autres livres traitant : 1° *Des groupements professionnels* ; 2° *De la juridiction* ; *De la conciliation et de l'arbitrage* ; *De la représentation professionnelle* ; 3° *Des assurances ouvrières* ; 4° *De la prévoyance* ; 5° *De l'assistance.*

Mais que fera le Parlement ? Attendra-t-il que les dernières lignes des derniers chapitres du Code soient arrêtées. Va-t-il confier à son tour à sa Commission du travail le soin de remettre sur le chantier cette énorme besogne pour en entreprendre ensuite la discussion interminable en séances publiques de la Chambre, ou bien, comme il en est arrivé en Allemagne, pour ce qu'on a appelé la codification du droit privé, le Parlement acceptera-t-il pour bon le travail de ses Commissions, et par une sorte de compromis tacite dans lequel chacun renoncerait à son droit d'amendement, limitant les larges débats aux questions de principe, consentira-t-il par un accord de ses groupes à une sorte de vote en bloc assez délibérément accepté pour qu'il ne puisse être fait grief à personne de suppression ou même d'étouffement arbitraire de la discussion ?

Là serait la solution pratique — et c'est à peu près la seule — pour qui connaît la vie du Parlement chez nous et l'impossibilité où il se trouverait de conduire une telle discussion jusqu'au bout, à travers les mille incidents de la politique journalière, qui absorbent dans les sessions la meilleure part du temps des débats.

La besogne entreprise est énorme. Une seule chose peut nous permettre de la mener à sa fin : la bonne volonté de tous sous le sentiment impérieux de sa nécessité.

TABLE DES MATIÈRES

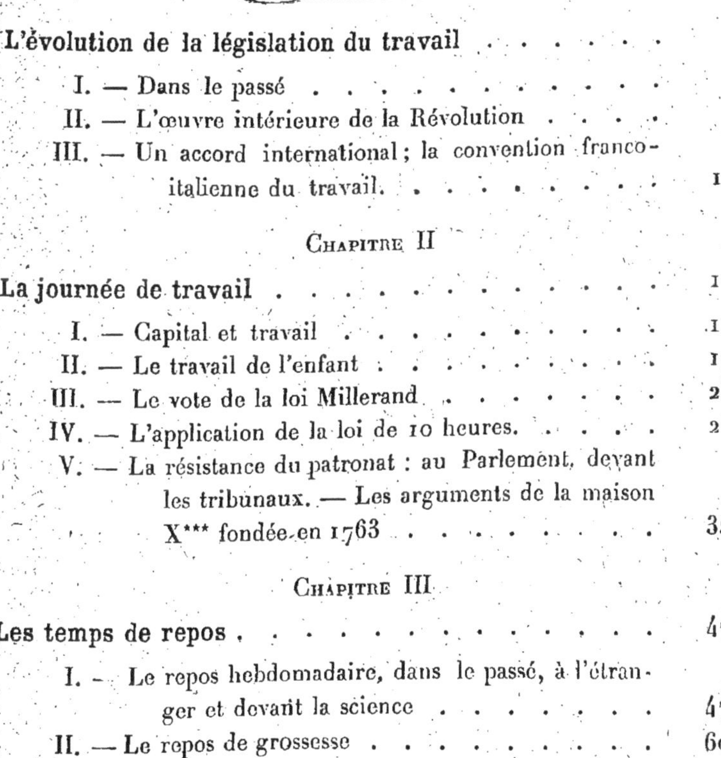

Chapitre IV

Chapitre V

Chapitre VI

CHAPITRE VII

Chapitre VIII

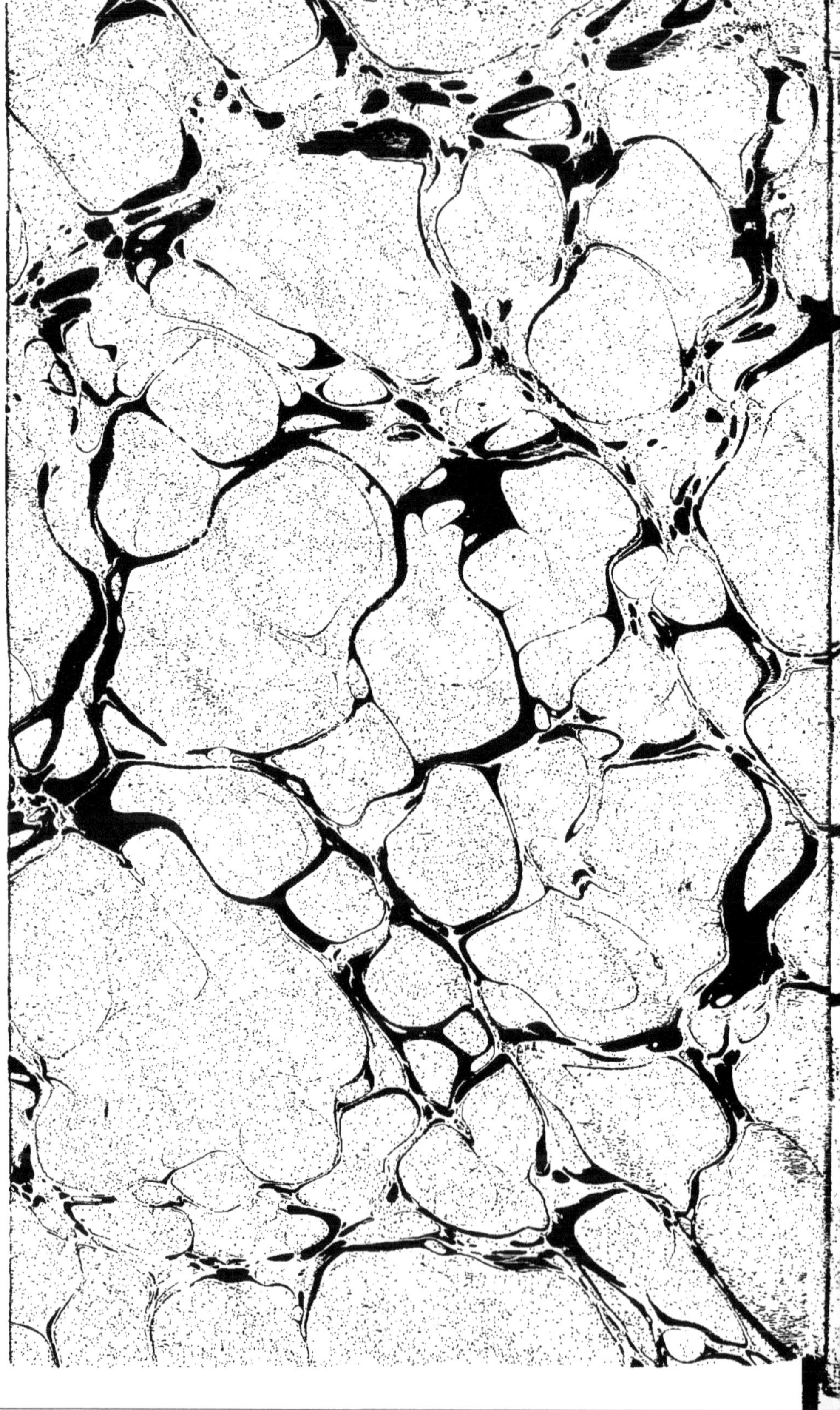

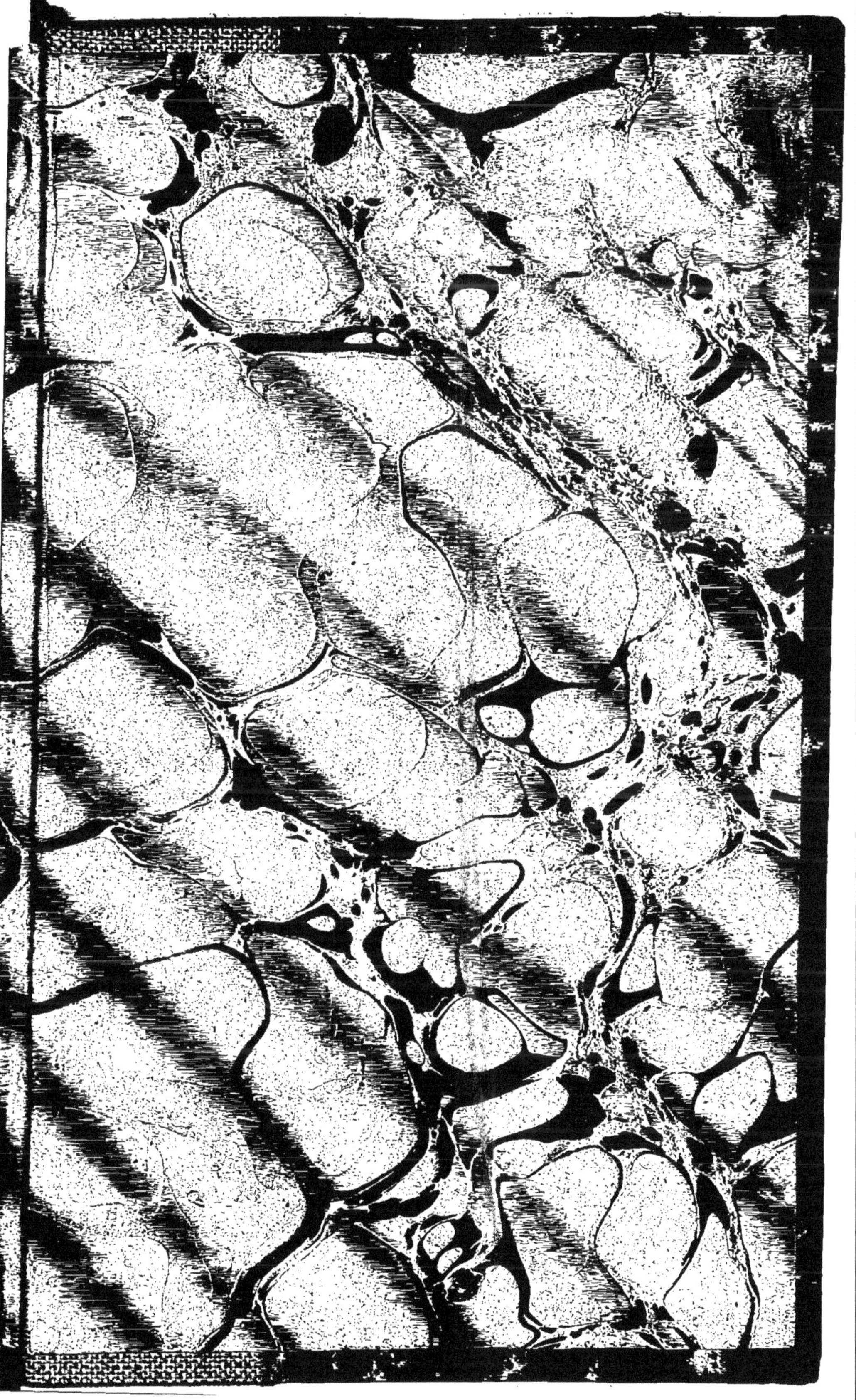

BIBLIOTHEQUE NATIONALE DE FRANCE
3 7502 00831743 2

www.ingramcontent.com/pod-product-compliance
Ingram Content Group UK Ltd.
Pitfield, Milton Keynes, MK11 3LW, UK
UKHW020127130726
13696UKWH00001B/249